KB164421

프란츠 에케르트

Franz Eckert and his Legacy in Japan and Korea. A Family Saga.
With the Memoires of Amalie Martel as Contemporary Witness(가제)

# 프란츠 에케르트

## 아말리에 마르텔의 회상록 수록

한스 알렉산더 크나이더 지음 — 문신원 옮김

Franz Eckert

연암서가

지은이 **한스 알렉산더 크나이더**(Hans-Alexander Kneider)

1956년 독일 보훔에서 태어났다. 독일 보훔 루르대학교(Ruhr Universität Bochum)에서 한국학과 국민경제학, 동아시아 경제학을 전공하였다. 대한민국 정부 장학생으로 선발되어 서울대학교 대학원 국사학과 박사과정을 이수하였다. 한국과 독일의 역사 관계에 관심이 많아, 과거 한국에서 업적을 쌓은 독일인들을 집중 연구하여 수많은 논문을 발표하였다. 특히 1910년 한일병탄 이전까지 한국을 방문하거나 거주했던 독일인들의 방대한 자료를 연구하여 2009년 독일어판 『Globetrotter, Abenteurer, Goldgräber: Auf deutschen Spuren im alten Korea』, 2013년 한국어판 『독일인의 발자취를 따라-한독 관계: 초창기부터 1910년까지』를 출간하였다. 현재 한국 외국어대학교 독일어과와 통번역대학원에서 교수로 재직 중이다.

옮긴이 **문신원**

이화여자대학교 불어교육과를 졸업하고 현재 프랑스어와 영어 전문 번역가로 활동하고 있다. 옮긴 책으로 『침묵의 예술』, 『길을 걸으며』, 『단순한 삶』, 『마음의 힘』, 『느리게 걷는 즐거움』, 『당신의 이성을 마비시키는 그럴듯한 착각들』, 『굿바이, 안네』, 『파리 카페』, 『악의 쾌락 : 변태에 대하여』, 『죽음의 행군』 등이 있다.

# 프란츠 에케르트

2017년 12월 15일 초판 1쇄 인쇄
2017년 12월 20일 초판 1쇄 발행

지은이 | 한스 알렉산더 크나이더
옮긴이 | 문신원
펴낸이 | 권오상
펴낸곳 | 연암서가

등 록 | 2007년 10월 8일(제396-2007-00107호)
주 소 | 경기도 고양시 일산서구 호수로 896, 402-1101
전 화 | 031-907-3010
팩 스 | 031-912-3012
이메일 | yeonamseoga@naver.com
ISBN 979-11-6087-018-3 03990
값 25,000원

* 한국출판문화산업진흥원의 출판콘텐츠 창작자금을 지원받아 제작되었습니다.

# 차례

# 3부 나의 인생

# 글과 음악은 영혼의 거울

작가는 독자를 위해 글을 쓰고 음악가는 청중을 위해 작곡을 한다고 말합니다. 하지만 저자 한스 알렉산더 크나이더 씨는 이번 책을 통해 우리에게 프란츠 에케르트가 단순한 독일 음악가가 아니라는 더 많은 사실들을 들려줍니다. 저자는 에케르트의 음악을 향한 열정과 격랑의 시대를 온 몸으로 버티며 이겨낸 그와 후손들의 삶을 정확한 역사적 사실들로 채워서 우리가 잊어버린 귀중한 사실들을 오롯이 이 책에 담아냈습니다.

크나이더 씨는 저의 오랜 친구이자 같은 동아시아 전문가입니다. 독일역사학자이자 한국학자로 한국에서 30년 가까이 살고 있는 저자도 에케르트처럼 이 시대에 중요한 자취를 남겼다고 저는 감히 말하고 싶습니다. 이 둘은 너무나 닮았습니다. 에케르트도 인생의 35년을 동아시아에서 보냈습니다. 그들은 독일 고향을 떠나 먼 동양에서 진정한 고향을 만들었습니다. 한 명은 멜로디로 다른 한 명은 글을 사용해서 자신의 흔적을 남깁니다. 이런 동서양을 넘나드는 그들의 삶에는 비슷한 점이 많이 있습니다. 독일 보훔 출신의 저자와 독일 노이로데(현 폴란드 지방) 출신의 음악가는 시대를 뛰어넘는 정신적인 교감을 나누는 것 같습니다.

에케르트가 남긴 음악적 유산은 지금까지도 음악계에 많은 영향을 미치지만 일본 국가와 여러 악기 연주법, 특히 한국 최초 애국가를 독일인이 만들었다는 사실을 아는 사람은 많지 않습니다. 또한 동양의 가락을 서양의 멜로디와 적당히 섞어서 다문화적인 편곡을 한 에케르트의 음악을 들으면 결코 유럽인이 만든 음악이라고 생각하지 못할 것입니다. 에케르트는 끊임없이 노력하는 군악단장이었고 성공한 음악가였으며 한 가족의 가장으로 가족과 마지막 여생을 보낸 한국에 묻혔습니다. 그의 흥미진진한 개인사와 후손들 이야기 등, 저자가 들려주는 이 귀중한 사실들에 저는 완전히 사로잡혔습니다.

그의 책은 우리에게 두 번의 감동을 줄 것입니다. 하나는 저자의 방대한 조사에서 알 수 있는 역사학자로서 탐구 열정이고 또 하나는 그의 전작(『독일인의 발자취를 따라』)의 연속물같이 이어지는 시대상황입니다. 에케르트와 그 후손들이 한국과 일본에서 보낸 광범위한 연대기적 구성은 역사적 기억의 문을 활짝 열어줄 것입니다. 저자 크나이더 씨는 수십 년에 걸쳐서 에케르트의 발자취를 찾아다녔고 그의 후손들을 직접 만나 인터뷰를 했으며 아직까지 알려지지 않은 귀중한 사진들과 에케르트의 장녀가 직접 작성한 회상록 등을 건네받았습니다. 저자의 이런 노력으로 우리는 인간적인 에케르트의 면모와 그의 재능, 가족의 뒷이야기 등이 단순한 추정이 아닌 사실임을 알 수 있습니다.

책을 읽을수록 동양에서 한 획을 그은 에케르트를 향한 저자의 크나큰 애정을 느낄 수 있으며 동시에 거울을 보는 듯 닮은 두 사람이 보입니다.

2017년 10월 도쿄에서
콘라드 아데나워재단 일본 대표부
토마스 아베(Thomas Awe) 소장

# 여는 글

  1883년 11월 26일 월요일, 조독수호통상 및 해상조약이 오늘날의 서울인 한성에서 독일 총영사 카를 에두아르트 차페(Carl Eduard Zappe, 1843-1888)와 조선 측 독판교섭통상사무 민영목(閔泳穆, 1826-1884)을 대표로 내세워 체결되었다. 이 의례적인 조약은 독일 제국(1871-1918)과 조선 왕조(1391-1897/1910) 치하 한국의 공식 외교 관계의 시작을 알렸다. 약 이십이년 만인 1905년 11월 17일 금요일에 그 조약은 일본과 맺은 '을사조약(乙巳條約)' 때문에 끝이 났고, 한국의 외교 관계 통제권은 일본 수중에 떨어졌다. 하지만 독일과 한국이 수교를 맺기 전에도 양국 사이에 이미 접촉이 있었기에 독일인들은 계속해서 한국에 거주하며 활동했고, 독일과 한국 사이 외교 관계가 중단된 후에도 한반도를 방문했다. 최초의 독일인이 한국 땅에 발을 디딘 순간부터 한국이 주권을 잃어 1910년에 일제가 강제로 한국을 식민지로 뒤바꾸어놓았을 때까지 동북 아시아 지역에서 활동한 독일인은 삼백명이 넘는 것으로 추정된다.[1]

물론 그들 각자가 모두 똑같이 중요한 인물이었다거나 정치적, 경제적 또는 사회적으로 중요한 역할을 맡은 건 아니었다. 하지만 대부분이 한국과 독일의 역사적인 관계를 형성하는데 긍정적으로 일조한 것은 확실하다. 그중 한국에서 세운 업적으로 여기서 따로 언급할 만큼 예외적인 인물들이 있다. 이들은 양국의 우호관계가 오늘날에 이르는데 크게 기여하였다. 그중 몇 명을 꼽자면 다음과 같다.

### 파울 게오르크 폰 묄렌도르프(Paul Georg von Möllendorff, 1847-1901, 목인덕穆麟德)

1882년부터 1885년까지 조선의 통리아문 협판이 되어 외교와 세관업무를 관장하며 비교적 짧은 기간 한국에 체류하는 동안, 폰 묄렌도르

프는 자신이 맡은 주요 업무를 완수했을 뿐만 아니라 재정, 사법 체계와 군사 문제, 농업, 수공예와 산업과 같은 다양한 분야에서 고문 역할을 맡았으며 다른 업무들도 관장했다. 또한 현대적인 교육 체계를 세우고 한국 산업을 개발하는 일에도 전력을 다했다. 짧은 기간 안에 고종 황제의 독일인 외교고문으로서 고위직에 올라 통리교섭통상사무아문 참의, 협판, 새로운 화폐를 만드는 전

**도판 1** 파울 게오르크 폰 묄렌도르프, 1883년경

---

**1**   한국에 살면서 활동했거나 한국을 방문했던 독일 시민들의 포괄적인 목록과 한독 관계사의 개요에 대해서는 다음을 참조하기 바란다. 한스 알렉산더 크나이더, 『독일인의 발자취를 따라- 한독 관계: 초창기부터 1910년까지』, 서울, 일조각, 2013.

환국 총판까지 역임했다.

## 카를 안드레아스 볼터(Carl Andreas Wolter, 1858-1916, 화이덕華爾德)

1883년에 함부르크 상인이자 상하이 주재 독일 회사 H. C. 에두아르트 마이어 상사(H. C. Eduard Meyer & Co.)의 동업자는 한국 제물포에 지점을 설립하면서 사업을 확장시켰다. '세창양행(世昌洋行)'이라 불린 회사는 전국에 하나밖에 없는 독일 무역 상사여서 대단히 번성했다. 1905년, 세창양행은 거의 전 유럽의 교역을 다루었고, 1910년에는 제물포에서 가장 큰 유럽 무역 상사였다. 카를 볼터는 1907년에 회

도판 2 카를 안드레아스 볼터, 1902년

사를 인수한 후에 '카를 볼터 양행(Carl Wolter & Co.)'으로 이름을 바꾸고 1908년 1월 독일로 돌아갔다. 그의 동업자 파울 쉬르바움(Paul Schirbaum, 1874-1965)이 1950년에 한국전쟁이 발발할 때까지 사업을 이어나갔다.

## 마리 앙투아네트 손탁(Marie Antoinette Sontag, 1838-1922, 손택孫擇)

카를 이바노비치 베베르(Carl Ivanovitsch Waeber, 1841-1910)가 1885년 10월 3일에 제물포항에 러시아 전권대사로 입항했을 때 독일인 아내 유제니(Eugénie, 1850-1921, 결혼 전 성 마아크Maack)와 함께 아내의 먼 친척인 마리 앙투아네트 손탁이 집안일을 돌봐주기 위해 동행했다. 손탁 여

도판 3 마리 앙투아네트 손탁, 1904년

사는 한국에 온 저명한 독일인들 중에 유일한 여성은 아니었지만 가장 중요한 서열에 오른다. 1895년 10월 8일에 명성황후가 시해된 후에 고종 황제는 러시아 공관에서 일년을 지냈다. 고종이 그곳에 머무는 동안 앙투아네트 손탁의 보살핌을 받은 고종의 신임은 점점 더 커져서 환궁한 후에도 조정 의전을 그녀에게 맡길 정도였다. 궁 안 살림살이에 미치는 막대한 영향력과 함께, 그녀는 게스트 하우스를 몇 채 운영했고, 그중 하나는 '손탁호텔'이라는 이름으로 널리 알려졌다. 한국에서 이십사년을 머물렀던 손탁은 1909년 9월 24일에 한국을 떠나 유럽으로 돌아가서 프랑스 칸의 코트다쥐르에서 풍족한 여생을 보냈다.

**요하네스 볼얀**(Johannes Bolljahn, 1862-1928, 불야안佛耶安)

독일외교관으로 한국에서 1887년부터 1898년까지 가장 오래 근무한 페르디난트 크리엔(Ferdinand Krien, 1850-1924) 영사의 적극적인 노력으로 1898년 9월 15일 관립한성덕어학

도판 4 요하네스 볼얀, 1905년

교의 개교식이 거행되었다. 학교 교장은 포메른 태생의 독일 교사 요하네스 볼얀이 맡았다. 그는 1901년부터 1902년까지 황실군사학교에서도 독일어를 가르쳤다. 일본이 1911년에 독일 학교를 해산시키자 그는 프란츠 에케르트의 손자들을 비롯한 여러 아이들의 개인 교사로 계속 공부를 가르쳤다. 볼얀은 1920년에 독일로 돌아갔다.

### 리하르트 분쉬 박사(Richard Wunsch, 1869-1911, 부언사富彦士)

독일 의사 리하르트 분쉬도 한국과 독일의 관계사를 긍정적인 방향으로 이끄는데 지대한 공헌을 했다. 분쉬는 1901년 11월 2일에 한국에 도착해서 1905년 4월까지 고종 황제의 주치의를 맡았다. 그 무렵에 독신이었던 분쉬는 손탁 여사의 집에 자주 들러 동포들과 어울렸다. 후에 일본을 경유해 중국으로 건너가서 당시 독일 조계지 수도이던 칭다오(青島)에서 의사 직을 이어나갔다. 그러다 칭다오 파버 병원(Faber Hospital)에서 근무하던 중에 발진티푸스에 감염되어 1911년 3월 13일에 숨을 거두었다. 딸 게르트루트 클라우센 분쉬(Gertrud Claussen-Wunsch, 1908-1991)가 1976년에 『동아시아의 의사 리하르트 분쉬 박사(Dr. Med. Richard Wunsch, Arzt in Ostasien)』라는 제목으로 출간한 그의 일기와 메모들은 19세기에서 20세기로 넘어가는 전환기의 동아시아 역사를 서술

도판 5 리하르트 분쉬, 1903년경

하는 귀중한 자료다.

## 베네딕도 수도회 수사들

다음으로 언급되어야 할 중요한 독일인은 베네딕도 수도사들이다. 오버바이에른 상트 오틸리엔(St. Ottilien)출신의 베네딕도 수도사들은 1909년 12월에 서울에서 선교 활동을 시작해서 오늘날까지도 대구 근처에 있는 왜관 수도원에서 선교 활동을 펼치고 있다. 보니파시오 사우어(Bonifazius Sauer, 1877-1950), 카시안 니바우어(Cassian Niebauer, 1882-1966), 마르틴 후버(Martin Huber, 1882-1910), 일데폰스 플뢰칭어(Ildefons Flötzinger, 1879-1952), 파샤리스 판가우어(Paschalis Fangauer, 1882-1950) 그리고 안드레아스 에카르트(Andreas Eckardt, 1884-1974)는 한국 베네딕도 수도회 사절단의 개척자들이다.

마지막으로 주목할 만한 독일인은 일본과 한국에 독일 군대 취주악단을 도입하기 위해 평생을 바친 개척자다. 프로이센 출신의 군악단장 프란츠 에케르트는 단순히 짧은 평이나 신문 기사 몇 줄로 언급할 만한 인물이 아니다. 그가 극동지역에서 이룬 업적과 더불어 그의 생애에 대해 광범위하게 연구해볼 만한 가치가 있다. 불행히도 일본과 한국에서 일가족과 함께 삼십오년의 세월을 보낸 이 특

도판 6 일데폰스 플뢰칭어 수사, 1909년

16

별한 음악가의 생애와 업적에 대해서는 그다지 알려져 있지 않다. 따라서 이 책은 프란츠 에케르트와 그의 자녀들에게 헌정하며 그들의 생애를 재구성하려 노력했다. 하지만 출처가 상당히 제한되어 있어서 결코 쉽지 않은 일이었다.

오보에 연주자이자 조선 해군군악학교 교장이며 해군 군악대 지휘자로 1940년대 후반에 이미 프란츠 에케르트에 대한 관심을 보였던 남궁요열(南宮堯悅, 1912-2002)은 이 프로이센 출신의 군악대장을 개인적으로 알았던 사람들이나 관련 자료를 얼마나 힘겹게 찾았는지 잘 보여준다. 그의 이야기는 초창기 조사 시절 에케르트 관련 자료에 얽힌 상황을 다음과 같이 여실히 보여준다.

> 끊임없는 수소문 끝에 구한말 군악대의 생존자 아홉 분 모두를 만나 좌담회를 열어 구 군악대와 에케르트에 관한 이야기를 속기하였고, 에케르트와 가장 친분이 두터웠던 독일인 쉬르바움(당시 75세)의 인천 자택을 1948년 가을에 찾아가 에케르트의 장녀 아말리에와 사위 마르텔의 거처를 알아내는 데 성공하였다. 아말리에를 만난 것은 1949년 1월, 현 중앙박물관 동측 개천가에 있는 한옥에서였다. 그들은 제2차 세계대전 중 중국으로 피난갈 때 모든 사진과 책자, 필름 등 막대한 분량의 자료를 땅 속에 파묻어 두었다가 후에 파냈다고 하는데, 그중에서 에케르트와 군악대에 관련된 자료, 그리고 정치·군사·외교·종교·교육·경제에 관련된 여러 자료들을 입수할 수 있었다. 그 가운데는 대형사진 3백여 장, 원판 필름 1백여 장 등 구한말의 정세에 관련된 귀중한 자료들이 포함되어 있었으므로 필자는 당시 해군본부 사진부에 자료 일체를

복사하여 보관시켰다. 그후 1950년 4월에 해군군악학교(현 숭의학원 자리)에서 그 자료들을 모아 전시회를 열고 나서 미처 정리를 하지 못한 채 교장실(필자는 당시 해군군악학교 교장으로 있었음)에 보관해 두고 있던 중, 뜻하지 않던 6.25사변으로 자료들을 남겨둔 채 후퇴했다가 모든 자료를 분실하고 말았다. 지금 생각하면 참으로 안타까운 일이 아닐 수 없다.[2]

위에서 설명한 것처럼 프란츠 에케르트에 관한 대부분의 서류와 사진 자료는 물론이고 지휘자의 악보나 작품들은 안타깝게도 한국 전쟁 동안 사라지고 말았다. 그래서 부득이하게도 출처가 상당히 제한되어 있어서 꽤나 많은 시간을 들여 집중적으로 조사를 해야 했다. 필자가 약 삼십년 전에 프란츠 에케르트에 관해 조사를 시작했을 때 운 좋게도 그의 손자 세 명을 만날 수 있었다. 아말리에와 에밀 마르텔의 장남으로 프랑스의 메종 알포르(Maisons-Alfort)에 살고 있던 샤를 마르텔(Charles Martel, 1909-1989), 장남 프란츠 에케르트 부부의 딸로 독일 발레흐텐 도팅겐에 살고 있던 도로테아 페르츠 에케르트(Dorothea Pertz-Eckert, 1907-1999), 두 분 다 프란츠 에케르트와 일본과 한국에서의 그의 생애에 관한 정보를 얻는데 대단히 큰 도움을 주셨다. 필자는 1980년대에 몇 차례에 걸쳐 그 분들을 개인적으로 만날 기회가 있었다. 대구에 계시던 이마쿨라타 수녀님(Sr. Immaculata, 1906-1988)과 주고받은 편지 역시 무척 큰 도움이 되었다.

---

2   남궁요열, 『개화기의 한국음악-프란츠 에케르트를 중심으로』, 서울, 세광음악출판사, 1987, 19쪽.

수녀님은 아말리에 마르텔(Amalie Martel)의 장녀로서 본명은 마리 루이즈(Marie-Louise)였다.

필자가 1985년 9월 말엽에 메종 알포르에서 샤를 마르텔을 처음 만났을 때, 샤를은 일본에서 십팔년 그리고 한국에서 오십일년을 보냈던 어머니, 즉 프란츠 에케르트의 장녀의 생애가 생생하게 기록된 "아말리에 마르텔의 회상록"을 가지고 왔다. 이 시점에서 필자는 이런 역사적인 증언을 이토록 오랫동안 비밀스럽게 간직하고 있었던 점에 대해 독자 여러분께 사과해야겠다. 하지만 작업해야 할 부분은 너무 많고 시간은 턱없이 부족해서 좀 더 일찍 출간할 수 없었다.

지난 삼십년 동안 프란츠 에케르트와 그의 생애에 관한 조사 상황은 물론 바뀌었다. 따라서 남궁요열 선생의 작업은 한국에서 진행된 에케르트의 삶에 관한 가장 기본적인 연구였다. 나카무라 리헤이(中村理平)는 1993년에 일본 도쿄에 서구 음악의 도입에 관한 연구 결과를 『양악도입자의 궤적: 일본 근대 양악사 서설(洋藥導入者の軌跡: 日本近代洋藥史序說)』이라는 제목으로 출간했다. 이 책의 제7장은 프란츠 에케르트에게 바치며 에케르트의 일대기에 대한 보다 광범위한 연구를 보여준다. 이 장의 제5절은 민경찬이 한국어로 번역해서 1997년에 〈낭만음악〉 제1호, 1997년 겨울호에 '한국의 이왕조(李王朝) 궁정음악교사 에케르트'라는 제목으로 발표했다.

독일어와 그 외 언어로 출간된 자료로는 다음과 같다. 타니무라 마사지로는 저서 『독일과 일본 문화 교류의 가교 역할을 한 개척자(Brückenbauer. Pioniere des japanisch-deutschen Kulturaustausches)』(Berlin: Japanisch-Deutsches Zentrum und Japanisch-Deutsche Gesellschaft, 2005, pp.

218-227)에서 "일본의 국가 '기미가요'를 만든 일본 관악대의 창시자, 프란츠 에케르트(1852-1916)"를 서술했다. 마틴 슈미트(Martin H. Schmidt)는 『프란츠 에케르트-이미륵-윤이상: 한독문화의 민간 외교관(Franz Eckert - Li Mirok - Yun Isang: Botschafter fremder Kulturen. Deutschland-Korea)』(Norderstedt: Books on Demand, Second Edition 2010)이라는 책을 집필했다.

한국에서 최근에 발표된 프란츠 에케르트 관련 간행물로는 다음과 같은 자료를 들 수 있다. 최창언의 「한국 근대음악사: 대한제국 애국가와 프란츠 에케르트」(음악저널: 서울 2009년 11월호-2011년 3월호), 유진영의 「대한제국 시기 독일인 군악대장 프란츠 에케르트(1852-1916)의 활동에 관한 연구」(독일연구, 제23호, 2012년 6월, 73-101쪽), 이경분·헤르만 고체프스키(Hermann Gottschewski)의 『프란츠 에케르트는 대한제국 애국가의 작곡가인가?-대한제국 애국가에 대한 새로운 고찰』(역사비평사, 역사비평 2012년 겨울호(통권 101호), 373-401쪽).

이 책은 전체 3부로 구성되어 있다. 1부는 프란츠 에케르트의 일대기로 독일과 일본 그리고 한국에서 지낸 그의 생애와 활동을 조명한다. 그런데 음악가로서 에케르트의 실력이나 작곡가로서 선보인 작품과 같은 음악학적인 측면보다는 역사적 사실과 에케르트의 일대기적인 자료를 우선시했다. 2부는 프란츠 에케르트의 자녀들과 그들의 배우자들에게 바치는 내용이며, 가장 중요한 마지막 3부는 "아말리에 마르텔의 회상록"이다.

"아말리에 마르텔의 회상록"은 위에서 언급한 독일 의사 리하르트 분쉬의 일기처럼 역사적으로는 중요하지 않을 수도 있다. 하지만 그럼에도 아말리에 마르텔의 회상록은 19세기 말엽 일본이나 조선 왕조의 몰락기는 물론이고 일제 강점기, 한국전쟁, 외국인들과 남한 포로들의 북한 포로수용소 억류기와 같은 상황을 적나라하게 보여주는 대단히 중요한 증언임에 틀림없다.

"아말리에 마르텔의 회상록"을 편집하고 언급하는 일은 결코 쉬운 일은 아니었다. 누군가 자신이 이주 전에 했던 일을 기억하려 할 때도 여러 가지 사건들을 회상하느라 매우 힘들 터이다. 그러니 아말리에 마르텔처럼 여든살까지는 아니더라도 누군가 자신의 지난 평생과 그 속에서 겪었던 중대한 일들을 다시 떠올리려면 날짜나 이름 그리고 역사적인 사건들을 잊거나 혼동하는 일은 지극히 당연하다. 아말리에 마르텔도 때때로 그런 일을 겪어서 잘못된 날짜들을 수정하고 필요에 따라서 글을 수정하거나 서로 다른 사건들에 대해서 언급하느라 해야 하는 조사량이 방대했다. 그리고 무엇보다도 "프랑스 영사에게 도움을 청해야 했다"거나 "파리 주재 한국 대사가 샤를을 포옹하는 모습이 보였다" 등과 같이 이름이 아니라 직업으로 언급된 사람들의 정확한 이름을 찾아내느라 공을 많이 들여야 했다.

이 다양하고도 방대한 조사는 다른 사람들의 도움 없이는 완성할 수 없었을 것이다. 따라서 위에서 언급된 프란츠 에케르트의 세 증손자 분들 외에도 다음의 '도움의 손길'을 주신 모든 분들께 감사의 뜻을 전하고 싶다.

여러 나라에서 근무한 프랑스 외교관들의 이름들을 일일이 찾는데 도움 주신 프랑스 외무부 관리위원인 아네스 무아네 르 멘(Agnès Moinet-Le

Menn), 고종 황제의 벨기에 고문관이었던 아데마 델콩네와 그의 가족에 대한 정보를 얻는데 협조해주신 전직 서울 주재 벨기에 대사관 외교관 출신인 클레르 반 드 쟁스트(Claire Van de Ginste), 프란츠 에케르트에 관한 방대한 조사를 해주고 에케르트 일가와 약력에 대한 귀중한 자료를 제공해주신 도쿄대학 헤르만 고체프스키(Hermann Gottschewski) 교수에게 감사의 말을 전한다. 그리고 추가적인 정보뿐만 아니라 생생한 예시가 될 수 있는 귀중한 사진 자료 대부분을 제공해주신 프란츠 에케르트의 증손자 크리스티안 멘징(Christian Mensing)에게도 깊이 감사한다.

### 참고사항

필자의 특별한 언급이 없는 한 모든 인용 문구는 영어나 독일어 원본을 그대로 실었으며 괄호 안에 한국어 번역을 실었다. 각주 이외에 필자의 설명은 본문장의 괄호 속에 제시되어 있다.

한스 알렉산더 크나이더

# 1부

~

## 프란츠 에케르트 埃巨多

한국과 일본에서 활동한
프로이센 지휘자[1]

도판 7 프란츠 에케르트, 1905년 2월 7일

---

1    특별한 명시가 없는 한 에케르트의 약력에 관한 모든 정보는 그의 손자 샤를 마르텔, 손녀
     도로테아 페르츠 에케르트, 이마쿨라타 수녀와 증손자 크리스티안 멘징에게서 얻었다.

대신님 귀하!

황제 폐하께서 독일 제국의 음악가 F. 에케르트에게 조선의 국가를 작
곡하고 이곳에서 음악 수업을 한 일에 대한 공로로 3등 태극장을 수여
하시겠다는 대신님의 29일자 서신 잘 받아보았습니다. 함께 보내주신
훈장과 임명장을 에케르트에게 즉시 인도하였으며, 황제 폐하께서 관
대하게 수여하신 훈장에 대해 진심으로 감사하다는 인사를 전해주십
사 대신께 요청드립니다.

아울러 독일제국민에게 보여주신 영광에 대해 저 또한 기쁘며, 이 기회
를 빌려 대신께도 제 공경심을 다시 한 번 드립니다.

H. 와이퍼트

Herr Minister!

Euer Excellenz sehr gefälliges Schreiben vom 29. v. M., mit
welchem Sie mir mitteilen, daß seine Majestät gnädigst geruht

habe, dem Deutschen Reichsangehörigen Musikdirektor F. Eckert
in Anerkennung seiner Verdienste um die Komposition der
koreanischen Nationalhymne und den hiesigen Musikunterricht
die 3te Klasse des Tai keuk Ordens zu verleihen, habe ich zu
erhalten die Ehre gehabt. Herr Eckert, dem ich die mitübersandte
Dekoration und das Patent als bald übermittelt habe, hat
mich ersucht, Eure Excellenz zu bitten, Seiner Majestät seinen
tiefgefühlten und ehrfurchtsvollen Dank für die ihm gnädigst
verliehene hohe Auszeichnung gefälligst zum Ausdruck bringen
zu wollen.

Indem ich diesem Wunsche Folge leiste und mich beehre auch
meinerseits meine Gefühle lebhafter Freude und Genugthuung
anläßlich der einem Deutschen Reichsangehörigen erwiesenen
Ehre auszusprechen, benutze ich diesen Anlaß Eurer Excellenz
die Versicherung meiner ausgezeichneten Hochachtung zu
erneuern.

1903년 1월 6일, 한성 주재 독일 영사 하인리히 와이퍼트(Heinrich
Weipert, 1855-1905)는 외부 대신 조병식(趙秉式, 1823-1907)에게 이런 편
지를 보내 프란츠 에케르트를 대신해 자국인이 받은 훈장에 대해 감사
의 뜻을 표했다.[2] 생애 삼십오년 동안 동남아시아에서 독일 제국을 대

---

2    舊韓國外交文書, 德案 2, 2819호.

표해 서구 음악을 전파해준 공로에 따른 수훈이었다. 특히 프란츠 에케르트가 한국과 일본에 가져온 건 독일의 금관악기 음악이었다. 안타깝게도 동양에서 지낸 그의 생애와 영향력에 대해서는 거의 알려진 바가 없어서 그의 업적은 세상에서 거의 잊히다시피 했다. 하지만 특히나 프란츠 에케르트가 한독 관계의 역사에 상당한 기여를 했고 따라서 한국과 독일 사이에 지금까지 돈독한 우호관계가 이어져 오는데 큰 공

**도판 8** 프란츠 에케르트, 1907년

을 세웠음에는 의심의 여지가 없다. 따라서 이어지는 동서양의 다양한 출처들로 그의 생애를 서술하고 그가 남긴 공로를 추억하려 한다.

프란츠 에케르트는 슐레지엔 글라츠 지방의 작은 마을 노이로데(Neurode, 현재 폴란드 노바루다Nowa Ruda)[3]에서 1852년 윤년 4월 5일 밤 아홉시 삼십분에 태어났다. 아버지 프란츠 니콜라우스 요제프 에케르트(Frantz Nicolaus Joseph Eckert, 1804-1885)[4]는 처음에는 가업을 이어 양재사가 되었다가 1849년에서 1850년쯤 직업을 바꾸어 지역 법정 서기가 되

---

3   브로츠와프 대주교 교회 고문서의 1852년 세례 기록에서, p. 17, no. 129.
4   교구 기록부에 따르면 그의 이름은 '프란츠(Frantz)'로 기재되어 있는데, 확실친 않지만 '프란츠(Franz)'를 기록하면서 생긴 직원의 오타였을 수도 있다. 2016년 1월 3일자로 헤르만 고체프스키 교수에게서 이메일로 받은 교구 기록부 정보.

도판 9 노이로데 시청

었다. 아내 아말리에(Amalie, 결혼 전 성은 클라Klar, 1807-1867)는 여덟 자녀를
낳았으나 막내가 태어날 때는 네 명만이 살아있었다. 그걸로도 부족했
는지 운명은 가혹하게도 딸아이 하나를 중간에 또 데려가서 막내아들
프란츠는 두 누나 채칠리아(Caecilia, 1844-?)와 아말리에 바르바라(Amalie
Barbara, 1848-?)와 형 벤첼(Wenzel, 1846-1901)[5]과 넷이서 자라났다. 에케
르트 가족은 노이로데 키르헨스트라세(Kirchenstraße) 115/116번지에
살았다. 지금은 폴란드어로 코치엘나(Kościelna)라고 불린다.[6]

---

5  프란츠 에케르트의 형제자매의 생년월일과 그들의 일신에 관한 정보는 대부분 도쿄 대학의
   헤르만 고체프스키 교수에게서 받았다. 고체프스키 교수는 폴란드 교회 기록에서 에케르트
   일가에 대해 광범위한 조사를 했다

6  Podjacka, Monika : Mieszkaniec Nowej Rudy dokonał transkrypcji, Hymnu
   Narodowego Japonii, 『Info Nowa Ruda. Urząd Miasta w Nowej Rudzie』. 2006년 9
   월 15일, no. 121, pp. 1, 3. - Olesky, Dagmara : "Franz Eckert", Urząd Miejski w Nowej
   Rudzie, 2008년 4월 9일.

형 벤첼과 마찬가지로 프란츠 에케르트도 아버지의 전철을 밟지 않고 음악에 유난히 흥미를 보였다. 1904년 3월 30일자 신문기사 "일본의 궁정 음악가"에 따르면 이 가문의 핏줄에는 확실히 어떤 천부적인 음악적 재능이 흐르고 있어서 어린 프란츠가 보인 음악적 야심은 전혀 놀랍지도 않았다. 그 기사에는 이런 보도가 실려 있었다.

"노이로데 출신의 지역 법정 서기인 프란츠 에케르트의 아버지는 몇십 년 전에 이따금 재향군인들로 구성된 악단을 이끈 바 있었다. 다양한 직업을 가진 민간인들로 구성된 악단원들은 댄스곡은 물론이고 장례 음악도 연주했다.…"[7]

… Er [Franz Eckert] stammt aus Neurode, wo sein Vater, ein Gerichtskanzlist Eckert, vor Jahrzehnten aus alten gedienten Militärmusikern, die in ihrem Civilverhältniß alle möglichen Ämter bekleideten, eine Gelegenheitskapelle gebildet hatte, mit der er sowohl zum Tanz wie zum Begräbnis aufspielte. …

프란츠의 부모는 일찌감치 아들의 음악적 재능을 알아보고 격려해주었다. 그래서 브레슬라우(Breslau)와 드레스덴(Dresden)에 있는 음악 학교에 다니게 했다. 프란츠는 오보에, 바이올린, 피아노 등 다양한 악기

---

7  "Japans Hofkapellmeister", 〈Indiana Tribüne〉, vol. 27, no. 187, Indianapolis, Marion County, Wednesday, March 30, 1904, p 5. Online : Hoosier State Chronicles : https://newspapers.library.in.gov/cgi-bin/indiana?a=d&d=IT19040330.1.5

를 섭렵했다. 그러다 열일곱살 무렵에 징병되어 폴란드 오펠른(Oppeln) 주도[8]의 상부 슐레지엔 마을 나이세(Neisse, 현재의 니사Nysa)에서 프로이센 군악대원으로 군복무를 시작했다. 1869년에 그는 나이세 보병부대에서 오늘날은 가장 낮은 사병 계급에 해당하는 보조 오보에 연주자로[9] 몇 년을 보냈다.

그 무렵, 프란츠는 마틸데 후흐(Mathilde Huch, 1852-1934)를 만났다. 동갑내기인 마틸데는 아우구스트 후흐(August Huch, 1820-1904)와 요한나(Johanna, 결혼 전 성 프란케Franke, 1824-1896) 부부의 딸로 태어났다. 역시 슐레지엔 출신인 마틸데는 나이세 지역에 있는 마을 라소트에서 프란츠보다 석 달 늦게 태어나서 북동쪽 그로트카우 주에 있는 작은 마을 팔케나우에서 자랐다. 오빠 아우구스트 율리우스 후흐(August Julius Huch, 1845-1905)가 나이세 군악대에서 프란츠 에케르트와 동료 군악대원이었던 사실로 미루어 보아, 두 사람은 오빠 아우구스트 율리우스의 소개로 만나지 않았을까 싶다.[10] 결혼식은 1875년 11월 17일 오후 한시에 팔케나우의 노이 함머 지구에서 열렸다. 두 사람의 나이는 꽃다운 나이 스물셋이었다. 프란츠 에케르트의 군악대장인 프리드리히 단넨베르크(Friedrich Dannenberg)와 마틸데의 오빠 아우구스트 율리우스가 결혼식 증인으로 참석했다.[11]

1871년 10월 28일에 황제 빌헬름 1세(Wilhelm I)의 칙령으로 빌헬름

---

**8** 많은 다른 국가에서 사용하는 '지방'의 의미에 따라 폴란드 최고위 수준 행정 세분으로 나눈 지방행정구역.

**9** 2016년 1월 3일, 헤르만 고체프스키로부터 받은 정보.

**10** 2016년 3월 17일에 헤르만 고체프스키로부터 받은 이메일: 1905년 11월 24일 《Posener Tageblatt》에 실린 아우구스트 율리우스 후흐에 관한 부고 기사

스하펜(Wilhelmshaven)에서 최초의 상임 해군 군악대가 창설되었다. 오 보에 연주자 카를 라탄(Carl Latann, 1840-1888)이 해군 2사단 군악대의 신 임 지휘자로 임명되었다. 이전부터 왕립 군악대에서 여러 연대를 전전 하며 복무했던 라탄은 마침내 해군 군악대를 맡아 강인한 군악대 대원 서른두명을 이끌고 몇 차례 전국 순회공연을 성황리에 마치며 오케스 트라의 대중적인 인기를 높였다.

1875년 11월의 결혼 증명서에 따르면, 프란츠 에케르트는 그때까지 도 나이세에서 보조 오보에 연주자로 복무했던 것으로 추정된다. 이 사 실로 미루어 보아, 그는 결혼 직후에 필경 군보에 실린 광고를 보고 빌 헬름스하펜으로 옮겨갔으리라 여겨도 무방할 듯싶다. 당시에는 흔한 일 이었으므로 빌헬름스하펜에 소위이자 "군악대 지휘관으로 부름을 받았 다"는 주장과는 달리[12], 에케르트는 '수석 오보에 연주자'라는 지위를 얻 은 평범한 신생 군악대 대원이었다. 현재의 '이급 부사관'에 해당하는 이 지위는 아마도 육년이라는 경력을 인정받아 부여받은 모양이다.

결혼하고 약 일년쯤 되었을 무렵인 1876년 12월 31일 오후 9시 45분, 부부의 첫딸이 태어났다. 아이의 이름은 프란츠의 어머니 이름을 따서 아말리에라 지었다.[13] 이년 후 1878년 9월 12일 오전 7시 30분에는 둘

---

11  2016년 1월 1일에 헤르만 고체프스키로부터 받은 이메일: 프란츠 에케르트와 마틸데 후흐 의 결혼증명서.

12  Eckardt, Andre: "Unserem Mitgliede Franz Eckert, dem Pionier deutscher Musik in Japan zum Gedächtnis", 〈MOAG〉, vol. 21(December 1926): Between no. D and E. - 南宮堯悅, 『개화기의 한국음악-프란츠 에케르트 중심으로』, 서울, 세광음악출판사, 1987년 7월, p. 47쪽.

13  2016년 1월 1일자로 헤르만 고체프스키로부터 받은 이메일: 아말리에 에케르트의 출생증 명서, 빌헬름스하펜, 1877년 1월 3일자.

째딸이 태어났다.[14] 하지만 젊은 부부에게 이번에는 운이 따라주지 않았다. 요한나 채칠리에(Johanna Cäcilie)는 태어난 날 다급하게 세례를 받았다. 이는 이미 죽은 채 태어났거나 아니면 머잖아 죽을지 모르는 상태였음을 의미했다.[15]

프란츠 에케르트가 신설 군악대의 젊은 군악대원으로서, 멀리 떨어진 독일의 빌헬름스하펜에서 가장의 의무를 다하는 동안 일본에서는 장차 그의 운명과 삶을 결정짓게 될 굵직한 사건들이 벌어지고 있었다.

---

**14** 2016년 1월 1일자로 헤르만 고체프스키로부터 받은 이메일: 요한나 채칠리에의 출생증명서, 빌헬름스하펜, 1878년 9월 14일자.

**15** 그 아이가 사망한 정확한 날짜나 이유 또는 매장 날짜와 위치는 알 수 없었다. 1878년 독일에서 유아 사망률은 22.6%에 달했다. 이 자료에 대해서는 다음을 참조했다. Gehrmann, Rolf: "Säuglingssterblichkeit in Deutschland im 19. Jahrhundert". 「Comparative Population Studies - Zeitschrift für Bevölkerungswissenschaft」, Vol. 36, 4(2011) : 807-838 (PDF).

# 1

## 일본에서 부름을 받다
## : 배경 이야기

1854년 3월 31일에 맺은 일미화친
조약[16]으로 그동안 폐쇄되어 있던 섬
나라 일본은 미 해군제독 매슈 페리[17]
의 강요로 시모다 항과 하코다테 항을
개방하며 마지못해 서방과 교역을 시
작했다. 일본 정부는 서구 문물을 받
아들여 나라를 쇄신해 모든 방면에서
서양 국가들과 그들의 기술을 따라잡
아야만 국가를 존속시키고 자치를 보
장할 수 있음을 깨달았다. 근대화로

**도판 10** 페리 제독, 1856-58년경

---

**16**  일명 가나가와 조약이라고도 불린다(神奈川條約).

**17**  매슈 캘브레이스 페리(Matthew Calbraith Perry, 1794-1858), 미 해군 장교로 해군 준장의 계
급까지 올랐다. 페리호의 일본 임무에 관해서는 다음을 참조하기 바란다. Roberts, John G.:
Black Ships and Rising Sun; the Opening of Japan to the West. New York 1971.

도판 11 무쓰히토 일왕, 1880년

이어지는 길목을 가로막던 마지막 보수적 장애는 훗날 메이지(明治) 국왕[18]으로 명명되는 젊은 왕 무쓰히토가 1868년 1월 3일 공문으로 1세 1원제를 반포해 국력을 단 한 사람에게 통일시키면서 제거되었다. 그렇게 해서 거의 이백칠십년 동안 유지되어온 도쿠가와 막부(德川幕府)의 족벌체제와 봉건제도는 막을 내렸다. 이와 동시에 일명 메이지 유신(明治維新)이 시작되었다. 이 기간 동안 주 행정, 정책, 군대, 경제, 산업, 교육 등과 같은 전 영역에서 상당한 개혁이 이루어졌다. 이 개혁들을 통해서 고대의 봉건제는 근대적 제국 열강으로 변화했다.[19]

초반에 외국의 사상과 문화가 유입되었을 때만 해도 일본 사회는 아

---

18  무쓰히토(睦仁, 1852-1912)의 통치 좌우명("개화된 지도자")에 따라 일본 국왕은 메이지 덴노라고 불린다. 그는 1867년 2월 13일에 권력을 잡고 1868년 10월 12일에 왕이 되었다. 사후명인 메이지 덴노(明治天皇)는 일본의 122대 왕이었다.

19  메이지 유신에 관해서는 다음을 참조하기 바란다. Jansen, Marius B.: "The Meiji Restoration". In: Jansen, Marius B. (ed.): The Cambridge History of Japan, vol. 5: The nineteenth century. New York 1989, pp. 308-366. - Jansen, Marius B.: The Making of Modern Japan. Cambridge: Harvard University Press 2000. - Beasley, William G.: The Meiji Restoration. Stanford, California, 1972. - Huffman, James: The Meiji Restoration Era, 1868-1889.
At: http://aboutjapan.japansociety.org/content.cfm/the_meiji_restoration_era_1868-1889.

무런 거리낌 없이 흉내 내며 서구화되었다. 그러나 세월이 흐르면서 일본 전통에 따라 형태를 바꾸어 나라의 이익과 필요 그리고 요구에 맞춰 적응시켜 나갔다.[20] 이렇게 개혁이 성공할 수 있었던 이유는 대개는 일명 '오야토이 가이코쿠진(お雇い外国人, 고용된 외국인)'이라 불리는 일본 내 외국인 자문들과 해외 유학파 일본 전문가들의 영향력 덕분이었다.

마침내 일본을 대등하게 인정한 열강들은 미국과 유럽 국가들과 맺은 조약들을 수정해주었다. 1899년에 열강과의 비준과 더불어 서구 열강들의 치외법권이 폐지되었을 뿐만 아니라 오야토이 체제도 끝이 났다.

하지만 일단은 1868년으로 거슬러 올라가 보자. 위에서 언급한 것처럼 메이지 유신과 새로운 시대의 서막이 그 해의 가장 두드러진 특징이었다. 1868년 가을에 새로운 정부 체제를 공고히 하기 위해서 일본은 수도를 교토에서 에도로 옮겼다. 에도는 당대 일본의 정치적 중앙이자 과거 도쿠가와 막부의 중심지였다. 도쿄(東京), 즉 '동양의 수도'라고 개명하면서 왕은 1869년 봄에 마지막 쇼군이 머물던 옛 궁으로 거창한 의식과 함께 옮겨가며 최고통치권자로서 권력 입지를 다졌다. 1868년은 일본에게만 역사적, 정치적으로 중요한 한 해가 아니었다. 몇 해가 채 지나지 않아 그해에 시작된 어떤 사건이 젊은 프란츠 에케르트의 삶에도 지대한 영향을 끼쳤음이 드러난다.

---

20  Hammitzsch, Horst : Geschichte Japans. In : Barloewen, Wolf-D. v. (Ed.) : Abriss der Geschichte außereuropäischer Kulturen, Bd. 2 : Nord- und Innerasien, China, Korea, Japan. München, Wien 1964, p. 297. - Dettmer, Hans A.: Grundzüge der Geschichte Japans. Darmstadt 1985, pp. 89-90. - Hall, John Whitney : Das Japanische Kaiserreich. Frankfurt/Main, Hamburg 1968, pp. 259-286. - Jones, F.C.: Extraterritoriality in Japan and the diplomatic relations resulting in its abolition 1853-1899. New Haven; Reprint, New York 1970.

도판 12 교토에서 도쿄로 옮겨가는 메이지 일왕, 1869년

정치적 과도기와 함께 도쿠가와 막부의 지배계층과 왕을 중심으로 개혁을 보장하는 진보 세력 사이의 정쟁이 시작되었다. 그러자 서방 국가들은 일본 내 자국 국민들을 보호하려는 근심에 휩싸였다. 이에 따라 영국과 아일랜드도 소규모 외국인 공동체를 수호하기 위해 1881년에 '로얄 링컨셔 연대(Royal Lincolnshire Regiment)'라고 개칭되는 '제10보병연대(10th Regiment of Foot)'를 요코하마에 파견했다. 동시에 첫 대대

도판 13 프랑스인들이 만든 일본 최초의 현대식 철갑함(코데츠), 1869년

36

에서 복무했던 아일랜드 출신의 존 윌리엄 펜턴(John William Fenton, 1828-1890)[21]이 최초의 외국인 지휘자로 일본에 오게 되었다.[22]

메이지 유신 초기 단계에 해군도 발전했다. 1869년 7월에 일본 해군(大日本帝國軍)이 공식 창설되었고, 같은 해에 나가사키에 해군 사관학교가 창립되었다. 이런 정황과 영국 군악대의 외국 곡들이 당시에 그런 곡을 처음 들은 일본을 방방곡곡 휘저었던 일 때문에 펜턴에게 새로운 임무가 추가되었다. 사쓰마 번의 다이묘(각 지방의 영지를 다스리며 권력을 누렸던 영주 - 옮긴이)이자 지도자였던 왕자 시마즈 다다요시[23]는 1869년에 청년 서른두명을 요코하마로 보내서 펜턴에게 군악을 배워오도록 했다.

같은 해에 펜턴은 영국 국가 '신이시여 국왕을 굽어 살피소서(God Save the King)'에 대해 보고하면서 일본에도 국가가 필요하다고 역설했다. 그 결과 새로운 일본인 악대 대원들은 일본 군벌의 사쓰마 파 총수

---

21 존 윌리엄 펜턴은 1828년 3월 12일에 아일랜드의 노던 코크 주의 킨세일(Kinsale)에서 태어났다. 1868년에 영국의 10보병연대(나중에 왕실 연대로 개명)의 군악단장으로 일본에 도착했다. 이 연대는 중세의 막부 시대가 입헌군주 시대로 바뀌는 전환기 동안 요코하마에 있는 작은 외국인 공동체를 보호하기 위해 파견되었다. 대대가 1871년에 일본을 떠날 때 펜턴은 새로 결성된 일본 해군의 군악단장으로 그리고 이어서 왕실 궁정 악단장으로 육년을 더 머물렀다. 1877년 4월에 그는 두 번째 아내 제인 필킹턴과 함께 일본을 떠나 샌프란시스코로 향했다. 한동안 스코틀랜드에서 지낸 후에 아내와 두 딸 제시와 마리아와 함께 캘리포니아로 돌아갔다. 펜턴은 1890년 4월 28일에 사망했고, 캘리포니아 산타크루즈에 묻혔다.

22 Galliano, Luciana : Yōgaku. Japanese Music in the 20th Century. The Scarecrow Press 2002, especially chapter 1 : "The Introduction of Western Music". - Joyce, Colin and Julian Ryall : British soldier who wrote Japanese national anthem honored. In : The Telegraph, October 14, 2008, at : http://www.telegraph.co.uk/news/3192637/British-soldier-who-wrote-Japanese-national-anthem-honoured.html.

23 시마즈 다다요시(島津忠義, 1840-1869)의 씨족은 700년 동안 일본을 지배한 귀족 혈통이었다. 처음에는 사쓰마 지방(사쓰마 노 쿠니), 나중에는 사쓰마 공국(사쓰마 한) 또는 사쓰마 번이라 불리던 지역은 요즘은 규슈 섬에 있는 가고시마 현에 해당한다. 시마즈 씨족은 도쿠가와 막부에 맞서 반란을 주도했다.

도판 14 요코하마의 '펜턴의 관악 군악대 제10연대'

이자 포병대장인 오야마 이와오[24]에게 국가에 적당한 가사를 추천해달라고 부탁했다. 오야마는 일본 문학과 중국 문학에 통달한 인물이었다. 오야마는 시가집 『고킨와카슈(古今和歌集)』[25]에서 헤이안 시대(平安時代, 794-1185)의 저자 불명 단가(短歌) 하나를 골랐다. 예부터 생일 같은 잔칫날이면 장수를 기원하며 이 시구를 읊곤 했다. 가마쿠라 시대(鎌倉時代, 1185-1333)에 이 시의 첫줄은 "군주의 치세여 영원하라(기미가요와(君が代は))"는 뜻의 말로 바뀌었고, 여기서 시의 제목이자 국가인 '기미가요'가 파생되었다.

펜턴이 적절한 멜로디를 작곡하는 데는 삼주밖에 걸리지 않아서

---

24 오야마 이와오(大山巖)는 1842년 10월 10일에 가고시마에서 태어났다. 사쓰마 번의 장교로서 도쿠가와 막부 타도 운동을 벌여 메이지 유신의 공신이 되었다. 그는 군대에서 빠르게 승진해서 육군원수이자 전쟁부 장관이 되었다. 1904-1905년 러일 전쟁 때 세운 공로로 공작의 지위를 받았다. 오야마 이와오는 1916년에 12월 10일에 75세에 당뇨병으로 사망했다.

25 일반적으로 '고킨슈(古今集)'라고 알려진 이 시집은 4명의 편찬자가 920년경에 발간한 최초의 일본 시(和歌) 선집이다. 번역된 제목은 다음과 같다. "고대와 현대 시대의 일본 시 모음".

1870년 국왕 앞에서 군대 열병식을 할 때 관악기로 새 국가를 시연할 수 있었다. 하지만 이렇게 빠른 시간 내에 국가를 작곡하느라 멜로디에 장중함이 부족한 탓에 나중에 국가를 새로 작곡해달라는 요구를 받게 되었다.

영국 제1보병 연대는 1871년에 일본을 떠났지만, 펜턴은 일본에서 육년을 더 머물렀다. 그는 1872년 4월에 육군성과 함께 설립된 해군성에서 해군군악대

도판 15 『고긴와카슈』, 1226년

지휘관으로 임명되었다. 1874년에 일본 궁내성은 궁정 악사들은 모두 무조건 서양 음악을 배워야 한다는 포고령을 내렸다. 1876년에 펜턴은 서양 음악을 가르치라는 임무를 부여받았다. 그런데 동양 음악과 서양 음악이 갖고 있는 개념적 그리고 실질적인 차이 때문에 넘을 수 없는

도판 16 펜턴의 '기미가요'

도판 17 베를린 빌헬름슈트라세 76번지 건물, 1880년. 훗날 독일 외무부가 일부 사용

장벽에 부딪치고 말았다. 그뿐만 아니라 '기미가요'를 작곡하려는 다양한 노력이 계속해서 호된 비난을 받은 탓에 탁월한 장점들을 지녔음에도 1877년 3월 31일에 해임되었다. 그리고 다음 달인 4월에 일본을 떠나 샌프란시스코로 향했다.[26]

펜턴이 해임되고 생긴 공석은 당시의 음악 교육이 여전히 초창기에 지나지 않았던 터라 도저히 일본인으로는 자리를 채울 수 없었다. 신무기와 현대적인 전투 대형에 관심이 많았던 일본은 처음에는 음악 전통

26  Nakasone Genkichi: Die Einführung der westlichen, besonders deutschen Musik im Japan der Meiji-Zeit. LIT Verlag: Münster 2003, p. 26. - Tanimura Masajirō: Franz Eckert(1852-1916). Spiritus rector der Blasmusik in Japan, Bearbeiter der japanischen Nationalhymne "Kimigayo". In: Brückenbauer. Pioniere des japanisch-deutschen Kulturaustausches. Berlin, Tokyo 2005, p. 221.

역시 영국식으로 맞추어졌다. 요코하마의 펜턴처럼 적합한 전문가들이 지척에 있었기에 더욱 그랬다. 그러는 동안에 영국보다는 독일이 서양 문화의 고전 음악 전통의 특징을 이루었다는 사실이 일본에서 중요한 기준이 되었다. 새롭게 독일 음악에 관심을 갖게 된 일본은 펜턴의 후계자로 독일인 음악 전문가를 초빙하려는 계획을 세웠다.

일본 해군성은 1878년에 도쿄에 와 있는 독일 사절단에 그에 따른 문의서를 제출했다. 당시에 상인이자 도쿄 주재 독일 공관의 명예 영사로 있던 미카엘 마르틴 배어는[27] 그 서면요청을 받아서 베를린 외무부 장관에게 보냈다.[28] 독일 해군군악행정부는 극동지역에서 독일 음악을 대표할 만한 적임자를 찾아내라는 지시를 받았다. 1904년 3월 30일 수요일자로 발행된 〈Indiana Tribüne〉지(vol. 27, no. 187)에 실린 기사 "일본의 궁정 악단장(Japans Hofkapellmeister)" 내용을 보면, 이 일을 처음 제안받은 사람은 에케르트가 속해 있던 악단 대장인 카를 라탄이었다. 하지만 카를 라탄이 고사하자 프란츠 에케르트가 선택되었고, 그는 도전을 받아들여 명예롭게 퇴역해 1879년 초반에 일본으로 출발한다.

---

**27** 미카엘 마르틴 배어(Michael Martin Baer, 1841-1904)는 1870년부터 1874년까지, 그리고 1877년부터 1881년까지 두 번 도쿄 명예 영사를 지냈다. Ikeda, Tamio : Collectionner les estampes Japonaises? In : Bulletin de l'Association Franco-Japonaise, 25 Ans, no. 103, Paris, Hiver 2009/2010. At : http://www.tanakaya.fr/article_bafj.htm.

**28** 野村光一, "フランツ・エッケルト-音樂教育の推進", 〈音樂お雇い外国人〉, 10호 (1971), pp. 143-161.

# 2

## 일본에서의 생활과 작업

1879년 2월 9일, 프란츠 에케르트는 마르세유(Marseille)에서 프랑스 우편선에 승선해 동양으로 가는 멀고도 험한 여정을 시작했다. 미지의 세상을 향한 기대와 호기심으로 가슴은 부풀었지만 시기적으로 결코 쉽지 않은 출발이었다. 두 살배기 딸 아말리에와 임신 이개월의 아내를 독일에 남겨두고 떠나야 했기 때문이다. 스물일곱살 난 청년 음악가는 3월 29일에 홀로 요코하마에 도착했다. 그리고 31일에 도쿄 해군성에 지원해서 일을 시작했다. 우선은 도쿄 시바 공원(芝公園) 거리 쪽에 있는 한 사찰에서 묵었다. 1884년이 되어서야 도쿄 시바 현 이사라고마치 67번지의 셋방으로 옮겨간다.[29]

처음 받은 이년짜리 계약서에는 다른 근로 조건들과 함께 근로시간

---

29  Tanimura Masajirō: Franz Eckert(1852-1916), p. 221. - 野村光一, "フランツ・エッ
ケルト", p. 148. - Nakasone Genkichi: Die Einführung der westlichen, besonders
deutschen Musik im Japan der Meiji-Zeit, p. 27. - 張師勛, 『黎明의 東西音樂』, 寶晉齋,
서울, 1974, pp. 189-190. - 안나(1883), 카를(1884), 게오르크 에케르트(1886)의 출생증명서.

도판 18 1920년대 도쿄 시바 공원

이 명시되어 있었다. 계약서에 따르면 오전 8시부터 11시 30분까지 일하고, 다시 오후 1시부터 4시까지 매일 여섯시간 반 동안 일을 해야 했다. 교육자이자 교사로서 에케르트는 독일인답게 대단히 철두철미하고 엄격했다. 그는 해군에 독일식 기준을 도입해서 그에 따라 전 대원이 독일어를 배우도록 했다. 그렇게 해서 일본에서 독일식 군악대와 독일 금관음악이 채택되기 시작했다.

그렇지만 에케르트가 일본에서 했던 일 중에 가장 위대하고도 지속적인 업적은 다름 아닌 일본 국가 작곡이었다.[30] 1880년, 일본에 도착한 지 일년 만에 그는 일본 해군성으로부터 국가 '기미가요'의 새 멜로디를 작곡해달라는 요청을 받았다. 요즘 같으면 어떤 음악가든 길이 남

---

30   Zoe, Cincaid: "Composer of Japan's National Anthem Organized Bands Here". In: The Japan Advertiser, Tōkyō, December 7, 1926, p. 10.

을 자신만의 뭔가를 만들어내려 안간힘을 썼을 것이다. 하지만 프란츠 에케르트는 그렇지 않아서 자신을 일본 국가의 '작곡가'라고 단정 짓지 않았다. 〈Mitteilungen der Deutschen Gesellschaft für Natur- und Völkerkunde Ostasiens (MOAG)〉 (vol. 3, no. 23, 1881년 3월)에 실린 "일본 국가(Die japanische Nationalhymne)"라는 제목의 짧은 글에서 프란츠 에케르트는 다음과 같이 국가의 탄생 과정을 설명했다.

"얼마 전에 나는 해군성으로부터 쓸 만한 국가가 없으니 국가를 하나 작곡해달라는 요청을 받았다. 나는 다양한 일본 가락을 소개받아서 다음과 같은 멜로디를 유럽 악기로 화음을 넣고 편곡해 보았다……"

"Vor einiger Zeit wurde ich vom Marine-Ministerium aufgefordert, eine Nationalhymne zu componiren, da eine vom Staate angenommene nicht existire. Auf mein Verlangen wurden mir mehrere japanische Melodien vorgelegt, von welchen ich die im folgenden migetheilte wählte, harmonisirte und für europäische Instrumente arrangirte…"

사실 에케르트는 기존의 시 '기미가요'의 가사에 새로운 멜로디를 작곡하려는 목적으로 창설된 위원회 일원으로 임명되었다. 일본 군악대도 연주할 만하고 서양인들이 듣기에도 무난한 멜로디를 만들어야 했다. 다른 위원들로는 해군 군악대장 나카무라 유스케(中村祐輔, 1852-1925), 육군 군악대장 요쓰모토 요시토요(四元義豊), 그리고 일본 전통 궁

중악단 지휘자(雅樂, 가가쿠)와 궁
내성 작곡가 하야시 히로모리(林
廣守, 1831-1896)가 있었다. 에케
르트는 일본의 대나무 관악기 샤
쿠하치(尺八)로 연주되는 전통
일본 가락들을 유심히 들었다.
그중에서 다섯 곡을 선별해서 궁
정 고관들에게 클라리넷, 바이올
린, 피아노 같은 다양한 악기로
자신이 직접 연주해서 여러 차
례 들려주었다. 늙은 어부들의
노래 중에서 오쿠 요시이사(奧好

**도판 19** 샤쿠하치를 연주하는 전사, 우타가와 구
니요시(歌川国芳, 1797-1862) 제작

義, 1858-1933)와 하야시 히로모리의 아들 아키모리가 작곡하고 하야시
히로모리가 지휘한 가락이 가장 듣기 좋다 하여 오랜 협의 끝에 국가의
새로운 멜로디로 채택되었다. 에케르트는 그 곡을 사중창에 관악기용
으로 편곡했다. 그렇게 해서 다시 만들어진 일본 국가 '기미가요'는 마
침내 1880년 11월 3일에 황궁에서 열린 메이지 국왕 탄생일 연회에서
초연되었다.[31] 가사는 위에서 언급된 일본 시집『고킨와카슈』에서 골라

31  野村光一, "フランツ・エッケルト", pp. 149-150. - Nakasone Genkichi : Die Einführung
der westlichen, besonders deutschen Musik im Japan der Meiji-Zeit, p. 37. - 張師勛,
『黎明의 東西音樂』, p. 190. - Tanimura Masajirō : Franz Eckert(1852-1916), p. 223. -
Zoe, Cincaid : Composer of Japan's National Anthem Organized Bands Here, p. 10.
- 李每浪,『韓國音樂史』, 大韓民國藝術院 1985, p. 422, 549, 550. - Franz Eckert〈日本
歷史大事典〉, vol. 19, p. 290.

다음과 같이 시적으로 번역되었다.

| 일본어 | 발음 | 뜻 |
|---|---|---|
| 君が代は | 기미가요 와 | 군주의 치세는 |
| 千代に八千代に | 지요 니 야치요 니 | 천 대에 팔천 대에 |
| 細石の | 사자레 이시 노 | 작은 조약돌이 |
| 巌となりて | 이와오토 나리테 | 큰 바위가 되어 |
| 苔の生すまで | 고케 노 무스마데 | 이끼가 낄 때까지 |

도판 20 에케르트의 일본 국가 표지

1888년에 해군성은 "F. 에케르트 작곡, 옛 가락에 따른 일본 국가(Japanese Anthem. According to an Ancient Melody, by F. Eckert)"라는 제목으로 일본과 정치적 또는 경제적 관계를 맺고 있는 모든 국가에 작품을 보내서 해외에 널리 알렸다. 하지만 '기미가요'가 국가로 법제화되어 공식 지위를 획득한 건 1999년에 일명 '국기와 국가에 관한 법률(国旗及び国歌に関する法律)'로 해당 법률이 통과되어 8월 13일에 승인되었을 때의 일이다.[32]

무엇보다도 새로운 국가를 만드는데 헌신적으로 기여한 공로를 인정

---

**32** 국기 및 국가에 관한 법률(일본). 출처: 위키피디아: http://en.wikipedia.org/wiki/Act_on_National_Flag_and_Anthem(Japan).

받은 덕분에 에케르트는 이내 인기 있는 저명인사로 알려져 뛰어난 음악가이자 작곡가 그리고 교육자로 명성을 얻게 되었다. 더구나 그의 작품은 상관들에게 훨씬 더 인정을 받아서 해군성에서 여러 차례 계약을 갱신해주었을 뿐만 아니라 다른 기관들에서도 그의 능력과 전문성을 발휘했다.

앞서 언급했다시피, 일본 정부는 서구 열강들을 통해 더 큰 자립과 관련 조약의 평등을 얻어내려 애쓰고 있었다. 그러기 위해서는 강력한 군사력을 갖춘 부강한 국가를 건설해야 했다. 1872년에 개혁이 진행되는 동안에 육군성과 해군성이 창설되었고 동시에 의무교육도 제정되었다. 교과목에는 읽기, 쓰기, 산수 그리고 음악 교육이 포함되었다. 그러나 교사와 교재가 부족해서 초반에는 음악 교육이 등한시될 수밖에 없었다.[33] 이 점은 1879년에 음악취조계(音樂取調係)[34]가 설립되고서야 바뀌었다. 책임자는 이자와 슈지(伊澤修二, 1851-1917)였다. 일본 정부의 다른 많은 장학생들과 마찬가지로 이자와 슈지도 1875년부터 1878년까지 미국에서 유학하며 외국 지식을 섭렵했다. 새로운 부서의 책임과 목적은 다음과 같은 내용이었다.

• 동양 음악과 서양 음악을 병합한 재구성

---

**33** Nakasone Genkichi: Die Einführung der westlichen, besonders deutschen Musik im Japan der Meiji-Zeit, pp. 32-36. - Kauf, Tabea: Izawa Shūjis "Lieder für die Grundschule" (Shōgaku shōka, 1892). Eingeleitet, übersetzt und kommentiert. Bachelorarbeit, Berlin 2011, pp. 5-14.

**34** 일본 최초의 관립 음악 연구 조사기관으로 음악 교과서 집필, 교원 양성 등을 하였고 1887년 도쿄 음악 학교로 개편되었음.

• 초등학교 음악교과서 편찬
• 초등학교 음악교과서를 위한
적절한 일본 곡들의 평가와 선별
• 유능한 음악교사 양성과 선별
• 전 학교에서 음악 교육 시행

부서가 설립되던 해에는 동료 열
한명 중에서 한 사람이 서양음악 교
사가 될 예정이었다. 그 지위를 맡

도판 21 루터 화이팅 메이슨(1828-1896)

은 사람은 미국인 루터 화이팅 메이슨(Luther Whiting Mason, 1828-1896)으로, 유학중에 이자와를 만나 뽑힌 사람이었다. 메이슨은 그 일을 하겠다고 강력하게 의사를 밝혔지만 1882년 11월에 귀국 휴가를 끝내고 돌아와 보니 음악연구부가 속해있는 문부성(文部省)에서 그의 계약서는 취소되어 있었다. 이제는 일본인이 음악 교육을 할 수 있다는 이유에서였다. 이와는 반대로, 1883년 2월 10일에 문부성은 프란츠 에케르트를 메이슨의 후임으로 정했다. 따라서 에케르트는 해군성에서 종일 근무하는 동시에 음악연구부에도 새로 기용되는 이중의 부담을 지게 되었다.

메이슨이 해임된 진짜 이유는 비록 추측일 뿐이지만 다양한 이론이 있다. 가령, 메이슨은 이자와가 일본과 서양의 음악이 접목된 작곡을 열망하는데도 일본 가사에 서양의 멜로디를 더하는데 만족했다는 이야기가 있다.[35] 이자와가 미국에서 지내는 동안 이미 키워왔던 일본에서의 음악 교육에 관한 구상에 따르면 전통 일본 가락의 가치를 더 연구해서 서양 음악으로 단점을 보완해야 했다. 따라서 국가와 일본 전통 음악은

도판 22 음악조사위원회에서 학생들과 함께 있는 메이슨, 1881년

어디서 누가 부르든 아무런 사회적 차이 없이 널리 불릴 수 있어야 했
다.[36] 엔도 히로시(遠藤宏)는 1948년 도쿄에서 발행된 저서 『명치음악사
고(明治音樂史考)』(메이지 시대의 음악사에 관한 고찰)에서 메이슨이 해임되고
에케르트가 등용된 점에 대해 다음과 같이 설명한다.

"에케르트에 비해서 메이슨은 교육적인 자질은 조금 더 뛰어날지 모르
나 예술가는 아니었다. 작곡과 악단 음악과 공연 면에서 에케르트가 단

---

35  Nakasone Genkichi: Die Einführung der westlichen, besonders deutschen
    Musik im Japan der Meiji-Zeit, p. 34. - Kauf, Tabea, Izawa Shūjis "Lieder für die
    Grundschule", p. 11.
36  野村光一, "フランツ・エッケルト", p. 146.

도판 23 도쿄음악학교: 소가쿠도(奏樂堂) 공연장

연 우수했다. 보다 고차원적인 음악을 연구하기 시작한 건 메이슨 시대
가 아니었다. 음악조사부 수장의 지도 원칙에 따른 작업에서 에케르트
는 스승인 메이슨보다 훨씬 유능했다. 독일 음에 일본의 문화 전통을
접목시킨 건 에케르트였다."[37]

　사실 일본 노래의 전통 가락을 토대로 만든 구성을 선택하고 유럽 악
기에 맞게 화음을 넣고 편곡을 하면서 에케르트는 본의 아니게 이자와
의 구상에 꼭 맞는 새로운 일본 국가를 만들어냈다. 이 사실은 에케르
트가 메이슨보다 일본 전통 음악을 더 깊이 이해하고 있었고 따라서 이
자와와 잘 통했다는 점을 보여준다. 에케르트가 국가에 탁월한 기여를
해준 덕분에 교육부 사람들은 서양 음악과 음악 교육에서 단연 독일이

**37**　野村光一, "フランツ·エッケルト", p. 144.

앞서고 있다고 확신하게 되었다. 따라서 에케르트가 메이슨보다 훨씬 자격이 충분하다고 여겨지면서 보다 큰 명성을 누리게 되었다.[38]

　프란츠 에케르트는 1886년 3월까지 음악조사부에 기용되어 관악기와 현악기용 음악, 일반 음악 교육뿐만 아니라 작곡과 화성까지 가르쳤다. 또한 음악 시험 위원과도 협력했다. 프란츠 에케르트의 협조와 영향력 덕분에 그 부서 자체가 1885년에 '음악취조소(音樂取調所)'로 개선되었다. 이년 후에는 '도쿄음악학교(東京音樂學校)'로 성장해 오늘날의 도쿄 예술대학 음악학부(東京芸術大学 音楽学部)가 되었다. 그 음악 기관에서 에케르트가 맡은 위치와 나머지 외국 직원에 대해서 나카소네 겐키치는 이렇게 평했다.

　"… 프랑스인 여섯 명 외에도 음악학교는 독일인 세 명과 영국, 네덜란드, 미국에서 온 사람 한 명씩을 고용했다. 이 열두명의 교사들 중에서 한 사람만, 즉 교장인 에케르트만 전문적으로 훈련된 음악교사였다. 나머지 열한 명도 물론 음악적으로는 뛰어난 실력을 갖고 있고 악기 하나는 연주하든가 아니면 탁월한 가수들이었지만 다른 직업을 갖고 있다가 제법 우연히 고용된 이들이었다."[39]

　"… Neben den sechs Franzosen beschäftigte die Musikschule

**38** "… 이로써 그의 뛰어난 명성이 증명되었다 … und ihm wurde eine überlegene Reputation attestiert", Nakasone Genkichi: Die Einfihung der westlichen, besonders deutschem Musik in Japan der Meiji-Zeit, p. 35.

**39** Nakasone Genkichi: Die Einführung der westlichen, besonders deutschen Musik im Japan der Meiji-Zeit, p. 39.

도판 24 육군사관학교, 1907년

drei Deutsche und jeweils einen Engländer, Holländer und Amerikaner. Nur einer dieser zwölf Lehrkräfte, der Schulleiter Eckert nämlich, war dabei eine fachlich ausgebildete Musiklehrkraft. Die anderen elf waren natürlich musikkundig, beherrschten etwa ein Instrument oder waren begnadete Gesangkünstler, kamen aber aus anderen Berufen und waren mehr oder weniger zufällig zu ihrer Anstellung gekommen."

음악취조계 근무를 마친 후, 에케르트는 해군악대 단장으로 일을 이어나갔다. 하지만 일년 만에 궁내성에서 다시 새로운 제안을 했다. 처음에는 1887년 4월부터 부업으로 일주일에 두 번씩 궁정 고전 음악 부서에서 관현악을 가르쳤다. 그러다가 이듬해 3월에 해군악대 단장 계약이 만료된 후로는 처음에는 일주일에 한 번씩 해군악대를 상대로 수업을 계속 했다. 그러나 머지않아 주도가 전환되어 1899년 3월까지 고전음악 부서 일을 전업으로 했다. 그 당시에 그는 궁정과 군대의 제례음악을 작곡했다. 또한 제국 근위사단 악단도 창설해서 1891년 8월부터 1892년 7월까지 책임을 맡았다.[40]

1873년에 메이지 유신과 일본 군대의 근대화 과정에서 도쿄 서현에 있는 지역 도야마의 이름을 딴 도야마 군사학교(陸軍富山學校)가 창설되었다. 이곳에서 장교들과 병장들은 현대적인 무술 훈련을 받았다. 일년 후 일본 육군사관학교(陸軍士官學校) 장교들은 도쿄의 이치가야 현에 있는 또 다른 훈련학교로 옮겼다. 그런데 도야마는 육군 음악 학교와 제휴를 맺었고, 이곳에서는 프랑스인 샤를 에두아르 가브리엘 르루 (Charles Edouard Gabriel Leroux, 1851-1926)가 이미 1884년에 군악대를 설립했다. 1889년에 르루가 일본을 떠난 후에 프란츠 에케르트가 1890년 4월부터 1894년 3월까지 후임을 맡았다.[41]

1895년 11월부터 에케르트는 본업으로 돌아가서 처음에는 시간제 교

---

**40** Tanimura Masajirō : Franz Eckert(1852-1916), p. 225.

**41** ルル—Leroux, Charles Edouard Gabriel. At : kotobank.jp : https://kotobank.jp/word/ルル—-151153. - Power, Guy : A Brief History of Toyama Ryu. At : http://www.smaa-hq.com/articlep.php?articleid=14 (accessed April 2013). - 나까무라 리헤이(中村理平) : 한국의 이왕조(李王朝) 궁정음악교사 에케르트(Franz Eckert). 민경찬 옮김. 낭만음악 제1호, 서울 : 낭만음악사 1997년, 겨울호, pp. 103-104. - Imperial Japanese Army Academy. At : Wikipedia : http://en.wikipedia.org/wiki/Imperial_Japanese_Army_Academy. 노무라 고이치는(野村光一) 에케르트가 도야마 군사학교에 복무한 기간을 1892년부터 1894년으로 추정한다. 野村光一, "フランツ・エッケルト", 148쪽.

수로, 그리고 1897년 4월부터는 다시 전임교수로 옛 해군악대를 이끌었다. 그러는 동안 프란츠 에케르트가 책임지는 악단은 세 군대로 늘어났다. 해군악대와 육군악대 그리고 궁정 근위사단 악대까지.

위에서 언급한 이자와 슈지는 1892년부터 1893년까지 '소학교용 노래(小學唱歌)'라는 여섯 권짜리 교본을 출간해 학교 음악 교육에 지대한 기여도 했다. 1890년에 이자와가 도쿄 음악학교 학장 지위를 사임하자 문화성은 더는 그의 작업을 공식 발표하지 않았다. 그럼에도 교본은 초등학교 음악교육에 의미심장한 영향을 미쳤다. 에케르트는 이미 재임 중에 음악 취조소에서 이자와와 성공적으로 협업을 한 바가 있어서 초등학교 음악 교과서 제2권과 제3권 편찬에 기여해달라는 요청을 받고 있었다.[42]

이처럼 프란츠 에케르트는 음악적 그리고 교육적 전문성으로 크게 각광받는 대단히 바쁜 사람이었다.

이유는 여러 가지가 있지만 그중 하나는 1894년 8월 1일에 발발해

---

**42**  エツケルト, フランツ, 〈音樂事典〉, Tōkyō, vol. 1, p. 253. – Kauf, Tabea : Izawa Shūjis "Lieder für die Grundschule", p. 14.

서 1895년 4월 17일까지 지속된 청일전쟁이었다. 특히 이 시기에 서양 군악이 전국적으로 더 인기를 얻었다. 안드레 에카르트 교수가 프란츠 에케르트에 관해 쓴 기사 "일본에서 독일 음악을 전파한 선구자인 회원 프란츠 에케르트를 기념하며(Unserem Mitgliede FRANZ ECKERT, dem Pionier deutscher Musik in Japan zum Gedächtnis)"의 다음 발췌본을 보면 에케르트가 성공적인 일본 활동을 이어갈 수 있게 해준 그의 노동관을 엿볼 수 있다.

> "사람들의 칭찬과 비난에 천하 태평한 프란츠 에케르트는 밤늦게까지 일했고, 곡을 작곡하고 새로운 멜로디를 구상했으며, 아침이면 대개 새벽 네 시부터 일상 업무를 시작했다. 처음에는 난해한 부분 때문에 진전이 안 되는 듯했지만 그러면 반주를 다시 쓰고 군악용 곡들을 편곡할 수밖에 없었다. 많은 혼성곡과 행진곡, 무곡 그리고 찬가들이 그의 펜 끝에서 흘러 나왔다. 그 과정에서 독일 멜로디가 결정적인 역할을 했음은 두말할 나위도 없다. 오늘날 많은 독일 노래가 일본 국민의 공유자산이 되었다면 이는 마땅히 그 덕분이다.
>
> 80년대와 90년대에는 다양한 일본 노래들을 작곡하거나 현대적인 표기로 멜로디를 옮기고, 유럽 악기에 맞게 화음을 넣고 편곡도 했다. 특히 다음은 괄목할 만하다.
>
> 〈春雨하루사메(봄비)〉
>
> 〈まりうた ひとしとゃ 마리우타 히토시토 야(공놀이)〉
>
> 〈에시고 지시〉
>
> 〈가포레(익살스러운 춤)〉

〈로쿠단(고토 독주곡)〉"[43]

"Einfach und unbekümmert um Menschenlob und Menschentadel arbeitete Franz Eckert bis in die Nacht hinein, schrieb Noten und ersann neue Melodien und in der Frühe, oft schon um 4 Uhr, begann er von neuem sein Tagewerk. Unmöglich konnte er anfangs mit schweren Stücken vorankommen, so war er genötigt, die Begleitungen neu zu schreiben und andere Stücke für Militärmusik zu arrangieren. Eine Menge von Liederpotpourris und Märschen, Tänzen und Hymnen floß aus seiner Feder. Daß dabei deutsche Melodien eine große Rolle spielen, ist selbstverständlich. Wenn heute so manches deutsche Lied zum Gemeingut des japanischen Volkes geworden ist, so ist dies sicher zum großen Teil sein Verdienst.

In den 80er und 90er Jahren komponierte er auch verschiedene japanische Lieder oder er übertrug japanische Melodien in moderne Notenschrift, harmoniserte und arrangierte sie für europäische Instrumente. Besonders zu nennen sind :

Harusame (Erwachen des Frühlings),

Mariuta hitots to ya (Ballspiel),

Echigo jishi,

---

43　Eckardt, Andre : Unserem Mitgliede Franz Eckert, pp. 3-4.

Kappore (humoristischer Tanz),

Rokudan (für Koto)."

그 외에도, 에케르트는 〈포트 아서(뤼순) 행진곡(Port Arthur March)〉, 〈교주만행진곡(膠州灣行進曲, Der Kiautschouer. Humor Marsch)〉, 〈진군 행진곡(Parade Marsch)〉, 〈도쿄에 대한 기억(Souvenir de Tokyo)〉 등 다양한 행진곡을 작곡했다.[44] 1898년 1월에 일황의 모후 규조 아사코[45]의 장례식에서는 "크나큰 슬픔(悲しみの極み)"이라는 곡을 썼다. 그 곡은 지금까지도 왕실 장례행렬에서 연주되고 있다. 예를 들어 히로히토 국왕(裕仁, 1901-1989)가 1989년 2월 24일에 매장될 때도 에케르트의 "크나큰 슬픔"이 장례행렬을 따라가며 연주되었다. 일본 해군 악단장 다니무라 마사지로(谷村政次郎, 1938)가 지휘를 맡았다.[46]

1899년 3월 31일에 프란츠 에케르트는 해군악대뿐만 아니라 궁내성에서 맡은 모든 지위에서 병가를 내고 얼마 후 이십년 만에 고향 독일로 돌아갔다.[47]

---

44  프란츠 에케르트의 손녀 도리트 페르츠 에케르트가 1984년 2월 26일자로 필자에게 보낸 편지.

45  일본의 121대 왕인 고메이 덴노(孝明天皇, 1831-1867)의 미망인인 구조 아사쿠(九条夙子, 1834-1898, 사후명 에이쇼 태후, 英照皇太后).

46  Tanimura Masajirō : Franz Eckert(1852-1916), p. 223.

47  野村光一, "フランツ·エッケルト", p. 148. - エツケルト, フランツ, 〈音樂事典〉, Tokyo, vol. 1, p. 253.

# 3

## 짧았던 독일로의 귀환

에케르트와 그의 가족이 일본을 떠난 정확한 시점은 확실하지 않다. 관련 기사들과 자료 논문들마다 제각기 다른 시점을 이야기하기 때문이다.

어떤 이들은 1898년이라 하고, 또 어떤 이들은 1899년이라 하며, 심지어 드물게는 1900년이라고 말하는 이들도 있다. 그렇지만 그중 믿을 만하고 정확한 자료는 1993년에 출간된 나카무라 리헤이(中村理平)의 일본 내 서양 음악의 유입에 관한 저서 『양악도입자의 궤적. 일본 근대 양악사 서설』이다. 여기서 나카무라는 1899년 4월 19일이 에케르트가 요코하마에서 출발한 정확한 날짜라고 이야기한다. 아마도 저자는 일본 고문서관에서 관련 자료를 탐색했던 모양이다. 여전히 혹자는 그가 말한 1899년의 날짜도 틀렸을 수 있다고 주장하지만, 에케르트 일가가 일본을 떠나 유럽으로 향하는 길에 배에 오르는 사진들 뒷면에 사진사가 쓴 건지 아니면 에케르트의 지인인 증기선 항해사가 쓴 건지는 몰라도 1899년 4월이라고 적힌 날짜를 보면 그의 얘기를 뒷받침하는 증거가 된다.

도판 26 1899년 4월 '사보이아'호에서. 왼쪽부터 장교 옆에 아말리에, 앞쪽에 아이들 두명 엘리자베트와 게오르크, 게오르크 뒤편에 마틸데와 프란츠 에케르트 부부

따라서 에케르트 일가가 1899년 4월 19일에 요코하마에서 '사보이아(Savoia)'호[48]를 타고 유럽으로 향했다고 추정해도 무방할 듯싶다. 유럽으로 가는 길에 그들은 고베, 홍콩, 콜롬보, 아덴, 포트사이드, 마르세유, 르 아브르를 거쳐서 함부르크에 도착했다. 함부르크에서 여정을 이어 프란츠 에케르트의 형이 살고 있는 베를린으로 갔다. 동생과 마찬가지로 음악가이자 작곡가인 벤첼 에케르트는 베를린 필하모닉 오케스트

---

48  하파크(HAPAG) 증기선 '사보이아'호는 1889년에 영국 동북 지역 월젠드에서 스완, 헌터 & 위갬 리처드슨(Swan, Hunter & Wigham Richardson) 사가 맡아서 제조했다. 원래는 슈테틴에서 레츨라프(E. Retzlaff) 사 소유의 독일 배로 제작되어 '크림힐트'라는 이름이 붙여졌으나, 1898년에 하파크가 사들여서 '사보이아'호로 이름을 바꾸었다. 1917년에 이 증기선은 미국인들에게 압류되어 '제너럴 H. F. 호지스(General H. F. Hodges)'호로 개명되어 결국 1924년 볼티모어에서 부서졌다.

라에 소속되어 있었다.[49] 이 사실 때문에 가끔은 프란츠 에케르트가 독일로 돌아간 후에 베를린 필하모닉 오케스트라에 채용되었다거나 혹은 베를린에 있는 군악대 악단장이 되었다는 터무니없는 주장이 제기되기도 한다.[50]

베를린에 도착한 직후, 프란츠 에케르트는 프로이센 왕립 음악감독 (Königlich Preußischer Musik-Direktor)이라는 지위를 받았다. 이는 비단 군인사로서만이 아니라 에케르트가 일본에서 음악 교사로서 했던 민간인 음악가로서도 인정받아 부여되는 지위였다. '정상적인 상황'에서라면 프로이센 왕립 음악감독이라는 지위를 부여하기 전에 베를린 예술 아카데미에서 적어도 한 작품에 대한 평가가 이루어진다. 그런데 에케르트의 임명 기록을 보면 이런 과정이 생략되었다. 에케르트에게 이 지위가 수여된 이유는 일본 내 독일 공동체의 명성을 강화하기 위한 정치적인 목적이 컸기 때문이었다.[51]

에케르트는 일본에서 이십년 동안 성공적으로 임무를 수행한 공로를 인정받아 1899년 7월 2일에 국가 공로 4등급 훈장(Königlicher Kronenorden Ⅳ. Klasse)을 받았다.[52] 이 훈장과 이전에 이미 받았던, 일본

---

**49**  2001년 4월 19일자로 필자에게 보낸 크리스티안 멘징의 이메일.

**50**  Zoe, Cincaid : Composer of Japan's National Anthem Organized Bands Here, p. 10.
     - Franz Eckert. At : Wikipedia : http://en.wikipedia.org/wiki/Franz_Eckert.

**51**  2016년 1월 2일자로 필자에게 보낸 헤르만 고체프스키의 이메일 : 에케르트의 직위 임명 기록.

**52**  Geheimes Staatsarchiv Preußischer Kulturbesitz : "Königlich preußische Ordensliste", Berlin 1810~1912/13, July 2, 1899, p. 128.

**도판 27** 1921년 슐레지엔의 바드 라이네르츠: 요양원을 담은 파노라마 경관

에서의 공로를 치하하는 다른 훈장들 외에도 1899년 9월 6일에 일본 정부에서 수여하는 욱일장(旭日章)도 받았다.[53]

에케르트 일가는 일주일 정도 형네 집에 머물렀다가 슐레지엔의 슐라우피츠(현재 폴란드의 슬루피제Slupice)라고 불리는 라이헨바흐(Reichenbach) 주의 작은 마을로 옮겨갔다. 프란츠 에케르트의 고향 노이로데에서 동북쪽으로 사십 킬로미터 정도 거리에 있는 마을이었다. 이곳에서 그들은 임시로 에케르트의 누나 아말리에 바르바라로 추정되는 가까운 친척의 집에서 머물렀다.

프란츠 에케르트는 건강 상태가 악화되어 노이로데에서 남서쪽 삼십육 킬로미터 거리에 있는 요양소 바드 라이네르츠(현재 폴란드의 두슈니키

---

**53**  Tanimura Masajirō : Franz Eckert(1852-1916), p. 225.

도판 28 2006년 바드 조덴 알렌도르프의 파노라마 경관

즈드로이(Duszniki-Zdrój)에서 휴식을 취하며 한동안 치료를 받았다. 물론 그 와중에도 가족을 부양하기 위해 새로운 일거리를 찾아서, 독일 헷센 주 북쪽의 온천지대인 베라 마이스너 크라이스의 바드 조덴 알렌도르프 (Bad Sooden-Allendorf) 시의 지역 오케스트라 지휘자에 지원하기도 했다. 에케르트는 1899년 12월 8일에 열린 시의회에서 스파 오케스트라의 새 지휘자로 낙점되었다. 새 지휘자로 에케르트가 처음 언급된 건 1900년 온천 시즌이 시작될 무렵 지역 잡지 〈베라 조덴지역 온천 안내지(Bade-Anzeiger für Sooden an der Werra)〉에서 찾아볼 수 있다. 1900년 5월 18일 자 "관광 소식지(Vergnügungs-Anzeiger)"라는 칼럼으로 에케르트의 일상 업무가 상세히 실렸다. 에케르트는 수요일을 제외하고는 매일 아침 여 덟시에 합창단을 지휘했을 뿐만 아니라 다음과 같은 바쁜 시간표에 따 라 공연도 진행했다.

월요일: 오후 4시부터 오후 6시, 밤 8시부터 밤 10시.

화요일: 오후 4시부터 오후 6시, 밤 8시부터 밤 10시.

목요일: 오전 11시 30분부터 오후 1시, 오후 4시부터 오후 6시.

금요일: 오후 4시부터 오후 6시, 밤 8시부터 밤 10시.

토요일: 오후 4시부터 오후 6시, 밤 8시부터 밤 10시.

일요일: 오후 12시부터 오후 1시, 오후 4시부터 오후 6시, 밤 8시부터 밤 10시.

에케르트와 스케줄이 똑같은 스파 잡지의 마지막 호는 1900년 9월 7일에 발간되었다. 그리고 불과 몇 달 후인 1901년 5월에 다음 스파 시즌이 시작될 때 이미 지휘자 아돌프 마이어 말슈테트(Adolph Meyer-Mahlstedt, 1873-1930)가 에케르트의 후임으로 낙점되었다.[54] 따라서 프란츠 에케르트는 온천장 오케스트라 지휘자로 일한 지 채 일년도 되지 않아 두 번째로 아시아로 불려간 셈이었다.

서울 주재 독일 영사 하인리히 와이퍼트(1855-1905)의 중재로 에케르트는 1900년 연말에 바드 조덴 알렌도르프에서 조선 황제의 부름을 받았다. 그는 조선 궁정에서 악단을 설립해 유럽 악기를 연주하는 음악가들을 가르칠 예정이었다. 해외에 오랜 시간 머물며 좋은 지위에서 격찬을 받았던 사람이라면 누구든 프란츠 에케르트가 이 극동 지역으로의 뜻밖의 두 번째 초대에 얼마나 기뻐했을지 쉽게 짐작이 가리라. 조선 황실에서 얻는 직위는 작은 요양소 지휘자와는 비교도 될 수 없는 지

---

[54] 바드 조덴 알렌도르프의 시 고문서관에서 필자에게 2011년 9월 9일자로 보낸 편지.

**도판 29** 바드 조덴의 지휘자 아돌프 마이어 말슈테트(1873-1930). 1905년 9월 22일자 우편엽서

위였다. 그만큼 무난한 결정이었을 터이다. 그래서 그는 기꺼이 직위를 수락했다. 또한 일본에서 쌓은 이십년 경력을 고려했을 때 일본 음악에 대한 관심에서 자연스레 조선 음악에 관한 호기심도 솟아났으리라 여겨진다. 에케르트는 기쁜 마음으로 이 두 번째 도전을 받아들여서 일본으로 떠날 때와 마찬가지로 이번에도 역시 가족보다 먼저 홀로 조선 땅으로 가는 머나먼 여행을 떠났다.

# 4

## 조선으로 부름을 받다
## : 배경 이야기

프란츠 에케르트가 일본으로 떠났을 무렵, 이웃 국가 조선에서 서양 음악은 선교사들이 소개한 찬송가를 제외하고는 이십년 전 일본과 마찬가지로 완전히 미지의 세계였다. 조선은 이백오십년간의 고립 끝에 일본의 압력으로 1876년에 어쩔 수 없이 개항을 하고 이듬해에 서양 국가들과도 조약을 맺으면서, 조선 왕조는 1897년에 대한제국을 선포하면서 왕국을 근대화하려는 노력의 일환으로 서양 음악을 도입할 필요성을 느꼈다. 서양 외교관들과 거래를 하고 교우를 맺기에 아무래도 조선의 전통 음악은 알맞지 않아서 서양 가락이 근대화의 음향적인 상징이 되었다.

조선이 쇄국정책에서 벗어나 미국(1882년 5월 2일), 영국과 독일(1883년 11월 26일), 이탈리아(1884년 6월 26일), 러시아(1884년 7월 7일), 프랑스(1886년 7월 4일) 그리고 그 외의 다른 서양 국가들과 잇달아 조약을 맺은 직후, 황실은 친중, 친일, 친러파로 분열되었다. 친일파와 친러파가 더 개혁 지향적이어서 나라를 근대화하려는 의지가 더 강했다.

청일전쟁에서 일본이 승리한 후에 중국은 조선에서 영향력을 완전히 잃었고, 따라서 친중파도 마찬가지였다. 당시 명성황후(明成皇后, 1851-1895)는 러시아와 조선 사이의 보다 끈끈한 관계를 주장하는 정부 내 친일파의 강력한 정적이었다. 명성황후의 반일 행동이 가져온 직접적인 결과로서 그리고 조선에 대한 러시아의 영향력이 더 강해지는 것을 막기 위해서 1895년 10월 8일, 일본 주한 공사 미우라 고로(三浦梧樓, 1847-1926)의 사주를 받은 일본 낭인 무리가 궁궐에 난입해 명성황후를 시해했다. 황후의 죽음은 국민적인 불만과 반일감정을 키웠다. 게다가 1894년과 1896년 사이에 일본이 부분적으로 조작한 "갑오개혁(甲午改革)"이라는 극단적인 개혁 때문에 상황은 더욱 악화되었다. 가장 물의를 일으킨 개혁은 1895년 12월 30일에 선포된 '단발령(斷髮令)'이었다. 이는 조선 남자들의 전통적인 상투를 자르라는 명령이었다. 전국적으로 많은 국민들, 특히 일찌감치 친일내각에 환멸을 느낀 보수적인 학자들을 중심으로 반발이 거세게 일었다.

명성황후 시해 사건 후 시위가 확대되자 고종[55]과 황태자 순종[56]은 목숨의 위협을 느껴 1896년 2월 11일에 경복궁에서 러시아 공관으로 몸을 피했다. 그때부터 1897년 2월 20일까지 그곳에서 정부를 운영했다. 일년 동안 황실이 러시아 공관에 피신해 있던 일을 한국사에서는 "아관파천(俄館播遷)"이라고 부른다.[57]

---

[55] 광무제(光武帝) 고종(高宗, 1852. 9. 8-1919. 1. 21)은 조선 왕조의 26대왕(1392년 7월-1897년 10월)이자 대한제국의 초대 황제였다. 고종은 1863년에 어린 나이에 황위에 올라 1907년에 일본인들에게 양위를 강요받을 때까지 나라를 다스렸다.

[56] 순종(純宗, 1874. 3. 25-1926. 4. 24)은 고종의 넷째 아들로서 1907년부터 1910년까지 재위한 조선왕조의 마지막 왕이었다. 사후에는 융희제(隆熙帝)로 칭해졌다.

1896년 4월 1일, 작고한 명성
황후의 조카 민영환(閔泳煥, 1861-
1905)은 러시아 특명전권공사
로 임명되어 조선을 떠나 러시
아로 갔다. 그가 맡은 공무는 조
선 황실 대표로 차르 니콜라우
스 2세(Tsar Nikolaus II)[58] 대관식
에 참석하는 일이었다. 이 대관
식은 1896년 5월 26일에 모스크
바 크렘린 궁의 우스펜스키 사원
(성모승천사원)에서 열렸다. 그런
데 민영환은 대관식 축제 이후에

도판 30 민영환(閔泳煥, 1861-1905), 1904년

러시아 외무장관 알렉세이 보리소비치 로바노프 로스토프스키(Aleksey
Borisovich Lobanov-Rostovsky, 1824-1896)와 비밀 협상을 진행하기 위해
상트페테르부르크로 향했다. 일제의 영향력이 더욱 커지는 것을 막아
조선 정부를 돕기 위해서 민영환은 러시아 군대에 조선 황제를 보호해
줄 것, 충분한 수의 러시아 군사 교관, 러시아 고문 세명, 삼백만 엔 대
출 그리고 조선과 러시아 사이의 전신 통신 개통을 요청했다. 특히 군
사 교관들은 병사 삼천육백명을 훈련시키고 그중에서 수의학 팀과 민

57  이 시기에 관한 자세한 역사는 다음 참조. 이민원, 『명성황후 시해와 아관파천』, 韓國史學硏
    究叢書 36, 서울, 國學資料院, 2002.
58  차르 니콜라우스 2세: 본명 니콜라이 알렉산드로비치 로마노프(Nikolaj Alexandrowitsch
    Romanow, 1868. 5. 18, 상트페테르부르크 - 1918. 7. 17, 예카테린부르크)는 1894년부터 1917년까지
    러시아 제국의 마지막 차르였다.

을 만한 경찰 병력 그리고 군악대를 결성해야 했다.[59]

그러나 1896년 6월 9일에 상트 페테르부르크에서 조약된 '야마가타 로바노프 의정서' 때문에 조선의 요구로 러시아 정부는 입장이 난감했다. 조선과 관련해서 장차 일어날 수 있는 모든 문제에 대해 러시아와 일본 사이의 협의가 담긴 의정서였기 때문이다. 조선 정부의 제안을 받아들이려면 일본과 마찰을 빚어야 하는 상황이었다. 반면에 상트페테르부르크는 그 요청을 완전히 거절하고 싶지 않았다. 러시아 재무부 임시 대표로 따로 조선에 파견된 상하이 러중 은행장 드미트리 드미트리예비치 포코틸로프(Dmitrii Dmitrievich Pokotilov)와는 별도로, 민영환은 10월에 D. V. 푸챠타(D. V. Putiata) 대령, 러시아 군 관계자이자 전 베이징 군 담당관 한명, 위관 두명, 부사관 열명 그리고 군의관 한명과 함께 조선으로 돌아왔다.[60]

1896년 10월 21일에 수도인 한성에 도착한 이후 러시아 장교들은 조선 군대의 상태를 점검하고 별도의 특수부대 팔백명으로 이루어진 시위대를 조직하도록 제안했다. 군사훈련은 11월 4일에 시작되었다. 민영환이 1897년 1월에 새로운 군부대신으로 낙점되자 푸챠타 대령은 "러시아가 주도하는 조선의 육천명 군 병력을 설립하고 삼년 안에 장교와 병사 사만명으로 이루어진 군대로 확대시킬 계획안을 작성했다." 이 계획을 실행하기 위해 러시아 군사 교관 백오십명을 조선으로 초대

59  Lensen, Georg Alexander: Balance of Intrigue. International Rivalry in Korea & Manchuria, 1884-1899. Tallahassee: Florida State University Book, 1982, vol. 2, pp. 648-649.

60  Lensen, Georg Alexander: Balance of Intrigue, p. 652.

**도판 31** 시위대의 조선 군사 교련관들과 러시아 교관들, 1897년

하자는 제안을 했다. 그러나 그의 제안이 알려지자 일본 정부의 반발이 거세지면서 서구 열강들을 둘러싸고 사태는 일파만파 커졌다. 러시아 고위 장성들이 푸차타의 계획을 철회했음에도 외무장관 미하일 니콜라예비치 무라비요프(Mikhail Nikolayevich Muraviev, 1845-1900)는 이에 만족하지 않고 이미 고조된 일본과의 관계를 더 복잡하게 만들지 않도록 극도의 주의를 기울이라고 명령했다.[61]

1897년 4월에 민영환은 다시 푸차타의 계획에 착수했다. 러시아 전권대사 카를 폰 베베르(1841-1910)와 고종이 회동을 가진 이후로 군부대신 민영환은 오년 동안 러시아 훈련 교관 백육십일명을 비밀리에 기용하려는 계획을 세웠다. 교관 백육십일명의 구성은 다음과 같았다. 보병장교 열여덟명, 보병 부사관 아흔일곱명, 포병장교 한명, 병기고 책임

---

**61** Lensen, Georg Alexander : Balance of Intrigue, p. 652.

장교 한명, 포병 여덟명, 포병대 마사담당관 네명, 축성 교관 한명, 다양한 업무를 맡는 부사관 네명, 사관학교 군사학 교수 한명, 장교학교 군사학 교수 한명, 군사파견단 책임자 한명, 사령관 한명, 부사령관 한명, 수석 외과의 한명, 일반 외과의 한명, 간호병 다섯명, 음악 감독 한명, 음악가 세명 그리고 기타 두명.[62]

그런데 민영환의 계획은 외부대신 이완용(李完用, 1858-1926)이 이끄는 조선 내각의 거의 만장일치 반대로 기각되었다. 그러나 군부대신이 내각과 상의없이 카를 폰 베베르와 협상할 전권을 갖고 있었기에 기각시키는 문제도 그리 호락호락하진 않았다.

이 사건들에 앞서 의정부 찬정 탁지부 대신(議政府贊政度支部大臣) 심상훈(沈相薰, 1854-1907)이 이미 1897년 3월 11일에 러시아에서 다양한 악기들을 3,096원에 구입을 요청하는 신청서를 제출했고, 이 신청서는 엿새 후에 의정대신(議政大臣) 김병시(金炳始, 1832-1898)의 승인을 받았다. 같은 해 4월 30일에 열띤 토론 끝에 조선 내각은 마침내 민영환이 제안한대로 러시아 교관들 일부를 초청하기로 동의했다. 그 결과 7월 29일 저녁에 두 번째 군사 교관 그룹이 수도 한성에 도착했다. 이들은 장교 세명과 부사관 열명, 나팔수 두명으로 구성되었다.[63]

러시아 군사 교관 사건과 관련해서 일본 대신 가토 마쓰오(加藤增雄, 1854-?)가 조선에 계속해서 행사하는 압박과 일본과의 직접적인 마찰을 피하려 몸을 사리는 러시아의 행동에 조선 내각에서는 러시아에 대

62  Lensen, Georg Alexander : Balance of Intrigue, p. 892.
63  최창언, "한국 근대음악사: 대한제국애국가와 프란츠 에케르트", 〈음악저널〉, 2010년 1월호, pp. 86-87.

한 반감이 더욱 고조되었다. 따라서 대신들은 재정적 어려움을 핑계로 군대 개편과 갓 도착한 군사교관들 기용을 거절했다. 알렉세이 니콜라 예비치 스페이어(Alexei Nikolajewitsch Schpejer, 1854-1916)는 1897년 9월 3일에 카를 폰 베베르의 뒤를 이은 새로운 러시아 특사로 한성에 도착한 이후로 마침내 개입에 성공해서 10월 중반에 작업에 착수했다. 또한 러시아 나팔수 두 명도 음악 교육을 시작해 갓 창설된 시위대 군악대가 확보한 서양 악기들을 연주할 수 있도록 가르쳤다. 하지만 머지않아 결국 러시아와 일본의 갈등이 고조되면서 장차 조선 군대를 창설하려는 계획을 포기해서 러시아 교관들은 1898년 3월말에 귀국했다.[64]

그럼에도 정치적으로 그리고 조직적으로 상대적으로 길었던 투쟁 과정을 거친 끝에 마침내 서양화된 군악대가 출범되었다. 외국 교관들은 나라를 떠났지만 황실군악대(皇室軍樂隊)는 계속해서 서양 악기들을 연주하며 여러 차례 공연을 했다.[65] 가령, 1898년 9월 1일에 독립협회(獨立協會)가 주최한 조선 개국 506주년 축하식이 있었다. 독립협회는 1896년 7월 2일에 서재필(徐載弼, 1864-1951) 박사의 주도로 설립되었다. 또 다른 행사로는 1899년 4월 29일에 열린 한성 외국어학교 학생들의 대운동회도 있었다.[66]

반복되는 요청과 필요성이 명백해짐에 따라 대한제국 칙령 59호로 마침내 1900년 12월 19일에 서양식 군악대 창설이 엄숙히 선포되었다.

---

64  Lensen, Georg Alexander: Balance of Intrigue, pp. 673-674.
65  최창언, "한국 근대음악사", p. 87.
66  당시에 서울에 있던 어학당은 다음과 같다. 영어, 프랑스어, 독일어, 중국어 그리고 일본어. 이 주제에 관한 더 많은 정보는 다음을 참조하기 바란다. 이광숙, 『개화기의 외국어교육: 1883-1911』, 서울대학교출판문화원, 2014년.

4개 조항으로 구성된 칙령 59호는 음악가들의 수(51명), 그들의 봉급 그리고 군악대의 공식 창설 날짜를 발포일과 같은 날로 결정했다.[67]

〈칙령 제 59호〉

군악대 설치에 관한 건

제1조: 군악 2개대를 설치하여 1개대는 시위에 부속시키고 1개대는 시위 기병대에 부속시킬 사.

제2조: 군악대의 직원은 좌개 별대에 의활 사.

제3조: 군악대 소속 직원의 봉급은 개국 504년 칙령 제 88호 무관직 상당 관등 봉급령 제1조에 준하여 일반 관등 봉급령에 의할 사.

제4조: 본령은 발포일로부터 시행할 사.

군악대 자체는 이미 일본 군악대를 관찰한 바와 같이 프로이센식으로 준비되었던 듯하다. 독일을 모델로 삼았다는 또 다른 근거는 프로이센의 왕자 알베르트 빌헬름 하인리히(Albert Wilhelm Heinrich, 1862-1929)의 방한이다. 하인리히 왕자는 독일 황제 빌헬름 2세(1859-1941)의 동생이자 독일의 동아시아 순양함 함대의 2분대 대장이자 해군 부제독으로서 조선을 두 차례 방문했다. 첫 번째는 기함 '도이칠란트(Deutschland)' 호를 타고 부산으로 항해해서 1898년 7월 28일부터 8월 6일까지 머물렀다. 두 번째 방문은 1899년 6월 8일에 제물포를 찾아 대한제국 고위 장성 대표단의 환영을 받았다. 하인리히 왕자는 장교 여섯명, 주치의 한

---

**67**  南宮堯悅, 『개화기의 한국음악』, pp. 44-45.

명, 지휘자 한명, 음악가 열명, 부
사관 한명 그리고 해군 병사 스
물여덟명의 수행을 받으면서 이
튿날 한성으로 올라와 고종 황제
를 알현했다. 그날 저녁 만찬이
진행되는 동안에 '도이칠란트'호
의 해군악대가 황제 일가 앞에서
공연을 펼쳐 황제에게 특별한 인
상을 남겼는데, 이 일이 계기가
되어 조선 궁정에 프로이센 군악
대를 모델로 한 군악대를 창설하
도록 결정되었다.

도판 32 프로이센의 하인리히 왕자, 1914년

　그 결과, 독일 영사관은 요청에 따라 프란츠 에케르트를 조선으로 초
빙했다. 그의 명성은 이미 일본에서 조선까지 자자하게 퍼졌기 때문이
다. 조선에서 독일 음악가를 초빙한 이유가 이 때문이었던 것으로 여겨
진다.[68]

　조선에서 독일인 음악가를 초빙하게 된 경위에 대해 또 하나 가능한
설명은 다음과 같다. 1883년 11월 26일 월요일, 독일 총영사 카를 에
두아르트 차페와 병조판서 민영목은 조독수호조약을 체결했다. 이 조
약과 더불어 독일 제국과 대한제국 사이의 공식 외교 관계가 시작되었

68 李宥善, 『韓國洋樂十八年史』, 서울, 中央大學校出版局 1968년, 195쪽. - Der Deutsche,
　der Nationalhymnen für Asien schrieb. In : Ost-Dienst. Beilage : Korea-Dienst, Nr.
　143 (1983년 5월).

**도판 33** '라이프치히'호. 1889년 프리츠 스톨텐베르크의 목판화

다.[69] 그날 저녁 조독조약 체결을 축하하는 연회가 베풀어진 자리에서 총영사 차페가 조약 협상을 위해 이끌고 왔던 콜베트 함(다른 배들을 공격으로부터 보호하는 소형 호위함-옮긴이) '라이프치히(Leipzig)'의 해군 군악대가 간주곡을 연주했다. 평생 그런 음악이라고는 들어본 적 없었던 조선 사람들은 로잘리 폰 묄렌도르프(Rosalie von Möllendorff)가 묘사하는 것과 같은 반응을 보였다.

"헤르비히(Herbig) 선장은 축제 행사를 위해 라이프치히호의 해군군악대를 한성에 보냈다. 만찬은 악대의 연주로 시작하였다. 하객들은 모두 자리에 앉아 음식을 기다리는 중이었다. 내 남편이 참다못해 왜 이렇게 식사가 늦어지는지 알아보려고 밖으로 나가보니 조선 시종들이 김이 모락모락 나는 접시와 그릇을 양손에 든 채 음식 나르는 일조차 잊고서 넋을 놓은채 음악을 듣고 있었다.

---

**69** 한독관계 역사에 대한 자세한 정보는 다음을 참조하기 바란다. 한스 알렉산더 크나이더, 『독일인의 발자취를 따라- 한독 관계: 초창기부터 1910년까지』, 서울, 일조각, 2013.

또 한 번은 악단이 박동(서울시 종로구에 있는 동으로 오늘날의 수송동에 해당하는 지역-옮긴이) 우리 집 뜰에서 연주를 하고 있었다. 조선인들은 지붕이 야트막한 우리 집 주변에 화려한 옷차림으로 앉아 있었는데, 외국인들의 신기한 음악에 놀라 감탄하며 그 자리에 얼어붙은 듯했다."[70]

"… Kapitän Herbig hatte zu diesen Feierlichkeiten die Musikkapelle der Leipzig nach Seoul geschickt. Sie spielte zuerst im Jamen zu Beginn des Diners. Alle Gäste hatten ihre Plätze eingenommen und warteten auf die Speisen, die aufgetragen werden sollten. Edlich ging mein Mann hinaus, um sich nach dem Grund der Verzögerung umzusehen, da standen die koreanischen Diener mit den dampfenden Tellern und Schüsseln in den Händen, vor Erstaunen wie festgebannt, und lauschten der Musik, darüber hatten sie vergessen zu servieren.

Am anderen Tag spielte die Kapelle in unserem großen Hof in Paktong, da saßen die Koreaner in ihren bunten Gewändern rings um unser Haus auf den Dächern ihrer niedrigen Häuser, in Staunen und Verwunderung über dies neue Wunder der Fremden fast erstarrt."

그렇지만 과연 조선 관리들이 이 공연에서 받은 강렬한 인상 때문에

---

**70**  Moellendorff, R[osalie] von : P. G. von Moellendorff. Ein Lebensbild. Leipzig 1930, p. 66.

독일인 지휘자를 채용했을까 하는 문제는 딱히 단정 지어 대답할 수 없다. 어쨌든 조선 정부가 궁정에 유럽식 악단을 설립하기로 결정한 사실만큼은 확실하다. 오보에 명인이자 음악 이론 전문가인 프란츠 에케르트가 그들이 선택한 지휘자가 된 연유는 아마도 이웃나라 일본에서 꽤 오랜 기간 체류한 덕에 조선까지 명성이 자자했고 여러 나라에서 (특히 일본과 독일에서) 받은 훈장과 명예상들 덕분이었을 것이다.

# 5

## 한국에서의 생활과 업적

안타깝게도 프란츠 에케르트가 독일을 떠난 정확한 시점은 확인할 길이 없다. 관련 자료들을 보아도 이 문제에 대한 확실한 해답은 없다. 가령, 당시 일간지 〈황성신문(皇城新聞)〉[71] 1900년 12월 18일자에는 이런 기사가 실렸다.

"향일(向日) 조정에서 덕국(德國) 악사(樂師) 에케르트 씨를 고빙하였는데 기한은 3년이오, 월봉은 3백원이니 동씨(同氏)가 악기를 휴대하고 덕국으로부터 일전(日前)에 발정(發程)하여 도한(到韓)한 후 재경(在京) 각대(各隊)의 군악(軍樂)을 교수(教授)할 터이다……"[72]

---

[71] 남궁억(南宮檍, 1863-1939)과 나수연(羅壽淵, 1861-1926)은 1898년에 유교 개혁파들의 대변인으로 〈황성신문(皇城新聞)〉을 창간했다. 최초의 일간지로 1910년까지 발간되었다. 일본 점령기에 일본인들의 압박으로 이름을 〈한성신문(漢城新聞)〉으로 고치기도 했다.

[72] 皇城新聞, 光武 4年 12月 18日付.

도판 34 마르세유의 구 항구

이와는 대조적으로 에케르트의 맏딸 아말리에는 "내 아버지 프란츠 에케르트, 일본 국가 '기미가요'의 작곡가(Franz Eckert, mein Vater, Der Componist der japanischen National-Hymne 'Kimigayo')"[73]라는 제목의 어느 기사에서 프란츠 에케르트가 1901년 초반까지도 여행을 떠나지 않았다고 밝혔다.

따라서 우리는 1900년 12월 말엽이거나 또는 1901년 초반에 바로 출발했으리라고 추측만 할 수 있을 뿐이다. 과거에 일본에서 그랬던 것처럼 한동안 조선에서 혼자 지낼 생각에 아마도 가정적인 에케르트는 크리스마스와 새해 첫 날까지 가족과 함께 보내고 싶었던 모양이다. 당시에 유럽에서 동양까지 오는 유람선 여행은 대략 오십일 정도 걸렸으니 이 가설이 맞을 것이다. 에케르트가 쉰두대의 관현악기들과 함께 서울에 도

---

[73]  朝鮮總督府圖書館,『文獻報國』, 6卷 1號, 1940年 1月 1日, pp. 2-3.

착한 날이 1901년 2월 19일이었음은 확실하기 때문이다.[74]

2011년 4월 8일에 "프란츠 에케르트, 한국의 근대 서양음악 도입사와 대한 제국 국가"라는 제목으로 온라인 발표된 기사에 따르면[75], 에케르트는 오스트리아 빈의 '짐머만(Zimmermann)'이라는 기업에서 악기들을 제공받아 한국으로 가져왔다고 한다. 하지만 글의

도판 35 요하네스 볼얀, 1904년

저자는 이 정보를 확실하게 뒷받침하지는 못했다.

에케르트는 일찌감치 일본에서 가깝게 지냈던 오랜 친구 요하네스 볼얀이 서울에서 자신을 맞아주어 무척 반가웠다. 발트 해 연안에 위치한 포메른 우제돔(Usedom) 섬의 작은 마을 파스케(Paske) 태생인 볼얀은 1889년에 처음 일본으로 와서 도쿄에 있는 독일 개신교 공동체의 사립학교 교사로 지냈다. 도쿄에서 머무는 동안 그는 프란츠 에케르트 가족을 만나 에케르트 아이들의 개인교사가 되어주기도 했다. 볼얀은 1898년에 일본

---

74  Allen, Horace N.: A Chronological Index. Seoul 1901, p. 44. - 舊韓國外交文書, 德安 2, 2369. - 李有善, 『韓國洋樂八十年史』, pp. 194-197. - 張師勛, 『黎明의 東西音樂』, pp. 189-199. - 南宮堯悅, "舊韓末 이래 '洋樂 80年史' 정리", 〈한국일보〉, 1982년 7월 14일. - 전성환, "황제의 명을 받아 민영환이 가사를 지은 에케르트의 '대한제국 애국가', 〈음악동아〉, 1986년 1월호, pp. 102-104. - 노동은, 『한국근대음악사』 1, 서울: 한길사, 1995, pp. 484-488. - "Korean Taste of Western Music Traces Back to 1901". In: The Korea Times, Friday, August 13, 1982, p. 5.

75  http://online4kim.next/xe/16282

| 독어 | 한국어 | 수량 |
|---|---|---|
| Kleine Flöte | 피콜로 | 1 |
| Große Flöte | 플루트 | 2 |
| Hoboe | 오보에 | 2 |
| Kleine Klarinette | Eb 클라리넷 | 7 |
| Klarinette | Bb 클라리넷 | 1 |
| Altklarinette | 알토 클라리넷 | 1 |
| Bassklarinette | 베이스 클라리넷 | 1 |
| Fagott | 바순(파곳) | 2 |
| Sopran–Saxhorn | 소프라노 색소른 | 1 |
| Trompete | Bb 트럼펫 | 5 |
| Flügelhorn | 플루겔 호른 | 2 |
| Ventilhorn | 프렌치 호른 | 4 |
| Althorn | 알토 호른 | 4 |
| Euphonium | 유포니움 | 4 |
| Posaune | 테너 트롬본 | 3 |
| Bassposaune | 베이스 트롬본 | 1 |
| Tuba | 튜바 | 3 |
| Sousaphon | 수자폰 | 1 |
| Große Trommel | 큰 북 | 1 |
| Kleine Trommel | 작은 북 | 1 |
| Becken | 심벌즈 | 1 |
| Triangel | 트라이앵글 | 1 |
| Tamburin | 탬버린 | 1 |
| Kastagnetten | 캐스터네츠 | 1 |
| Glockenspiel | 글로켄슈필 | 1 |
| | | 52 |

을 떠나 조선으로 와서 관립 한성 독어 학교(官立漢城德語學) 교장이 되었다.

이 학교는 1898년 9월 15일
에 설립된 최초의 독일 학
교다.[76]

도판 36 1902년, 명동 성당을 배경으로 한 서울 거리

처음 몇 주 동안 에케르
트는 오랜 친구와 함께 아
늑한 숙소를 물색하면서
서울 사회와 환경에 대한
소개도 충분히 받았다. 당
시 영자신문 〈The Korea
Review〉에는 다음과 같은 기사가 실렸다.

"한국 정부는 프란츠 에케르트의 도움을 받아 서울에 황실 군악대를
조직하기로 했다. 2월 19일에 내한한 에케르트 씨는 일본 정부에서도
이십년 동안 비슷한 자격으로 고용되었으므로 동양에서 쌓은 오랜 경
력으로 미루어보아 한국인들을 훈련시키는데도 탁월한 능력을 보여주
리라 여겨진다. 한국인들의 음악 애호와 그 경험이 결합되면 분명 훌륭
한 군악대가 탄생될 것이다."[77]

"The Korean Government has secured the services of Franz

---

**76** 요하네스 볼얀(1862. 2. 20, 파스케 - 1928. 10. 25, 슈비네뮌데). 요하네스 볼얀의 자세한 일대
기에 대해서는 다음을 참조한다. 한스 알렉산더 크나이더, 『독일인의 발자취를 따라』, pp.
155-169.

**77** "News Calendar". In : The Korea Review, vol. 1, no. 2 (Feb. 1901), p. 74.

Eckert, Kgl. Preussischer Musik Direktor, to organize an Imperial Band in Seoul. Mr. Eckert who arrived on Feb. 19th was employed for twenty years by the Japanese government in a similar capacity and we cannot doubt that his long experience in the East will be of great value in training Koreans. That experience combined with the Korean's taste for music will, we doubt not, result in an excellent band."

한 달 후인 3월 19일에 에케르트는 새로운 환경에 적응이 되자 고종 황제를 공식 알현하여 환영을 받았다.[78] 그 자리에는 러시아·대표 알렉 산드르 이바노비치 파블로프(Aleksandr Ivanovich Pavlov, 1860-1923)와 일 본 수상 하야시 곤스케(林權助, 1860-1939) 그리고 독일 영사 하인리히 와 이퍼트도 참석했다.

그동안에 조선 군부성은 이윤용(李允用, 1854-1939)을 군부대신으로 임 명해 군악대 임시 대장으로 삼아 악단 결성에 필요한 준비를 일임했다.[79]

독일인 악대장이 조선에서 준비 작업을 시작한 여건은 계약서를 토 대로 기록할 수 있었다. 1901년 6월 14일, 군부와 외부(外部) 독일 영사 관의 지원을 받아 계약서의 임시 문안이 작성되었다.

그 계약은 1902년 4월 5일이 되어야 매듭지어졌다. 계약 협정안은 독 일어와 한문으로 네 통 작성되었다. 게다가 만일 소통에 문제가 발생하

---

**78** 舊韓國外交文書, 德案 2, 2386.

**79** 張師勛, 『黎明의 東西音樂』, p. 192.

도판 37 1907년 오른쪽에 독일 영사관이 보이는 서울 경관

면 독일어 해석이 우선하였다. 그래서 두 달 후인 6월 30일에야 마침내 조약이 날인되어 조선의 두 개 부처와 독일 영사관 그리고 프란츠 에케르트에게 분배되었다.[80] 계약 내용과 조항은 다음과 같이 한문으로 작성되었다.[81]

계약서
군부와 외부 대신들이 함께 작성

군부대신이 소환한 독일 제국의 프로이센 군악대 지휘자 에케르트는 황실 근위대 소속 군악대 음악 교수로 내정되어 다음과 같이 합의한다.

**80**  舊韓國外交文書, 德案 2, 2447, 2652, 2698, 2703.
**81**  張師勛, 『黎明의 東西音樂』, pp. 193-194. - 나까무라 리혜이: 한국의 이왕조 궁정음악교사 에케르트, p. 108.

1. 각 교수는 광무 5년 2월 1일(1901년 2월 1일)부터 고정 삼년으로 요청된다.

2. 각 교수는 항구 세관을 통해 금화 또는 은행권으로 삼백원을 받는다.

3. 각 교수는 매달 숙박비용으로 금화 또는 은행권으로 삼십원을 받는다. 상응하는 숙소를 제공받을 경우 숙박비는 지불되지 않는다.

4. 각 교수는 독일에서 한국으로 오는 비용으로 금화 또는 은행권으로 두 달 치 봉급 육백원을 받는다.

5. 각 교수는 육개월 계약해지 기간을 갖는다. 이 기한을 따르지 않으면 계약은 자동 연장된다.

6. 각 교수는 이 계약 기간을 채우고 사임을 하여 독일로 돌아가게 되면 여행 경비로 금화 또는 은행권으로 두 달 치 봉급 육백원을 받는다.

7. 각 교수는 일 년에 한 번 한달의 휴가를 받는다. 휴가를 신청하면 첫 달 동안은 봉급 전액을, 두 번째 달에는 봉급의 절반을 지불받고, 세 번째 달부터는 봉급을 받지 않는다. 석 달 동안 병가를 내고 회복이 불가능하여 업무에 적합지 않다면 상호 계약은 종료되고 각 교수는 직급에서 삭제된다.

8. 각 교수가 그릇된 행동을 하거나 부정직한 행동을 하는 경우 또는 의무를 성실히 임하지 않을 경우 군부대신은 이 문제를 외부대신과 독일 영사관에게 보고하여 계약 기간이 남았더라도 각 교수를 해임한다.

9. 이 상호 계약은 각각 독일어와 한문본으로 네 통 작성된다. 군부대신, 외부대신, 독일 영사관에서 한 부씩 보관되고, 각 한 부는 각 교수가 보관한다.

**도판 38** 1904년 에케르트의 정원에서. 왼쪽 앞줄부터: 안나 이레네와 아말리에 에케르트. 뒷줄: 리하르트 분쉬 박사, 마틸데 에케르트, 요하네스 볼얀

언어가 다르기 때문에 추후 착오가 있을 경우, 계약서 독일어 본을 기본으로 채택한다.

광무 6년 4월 5일

군부대신 한진창

외부 협상부서 장 이응익

독일어 기술 프란츠 에케르트

물론 한 달 봉급 삼백원은 지금으로 치면 대단히 적은 금액처럼 여겨질 수 있다. 하지만 1900년 무렵에 쌀 이킬로에 삼전(1전=1원의 1/100)이었던 점을 감안하면 상당히 후한 금액이었음을 알 수 있다.

에케르트가 첫 주 동안 요하네스 볼얀과 함께 거처를 찾는 사이에 정부는 덕수궁(德壽宮) 근처 현재 중구 태평로 근처에 집을 한 채 제공해주

도판 39 남대문과 정동을 배경으로 남산에서 서울을 굽어본 풍경, 1906년

었다. 그래서 초반에는 숙박비 삼십원을 제공받지 않았다. 그는 1902년 3월에 가족이 도착하기 직전에 남산(南山) 근처 현재의 회현동에 넓은 정원이 딸린 이층 가옥으로 집을 옮겼다.[82]

에케르트의 숙소와 '삶의 방식'에 대해서 1901년부터 1905년까지 고종의 주치의를 맡았던 리하르트 분쉬 박사[83]는 다음과 같이 유쾌한 일화를 들려준다.

---

**82** 李有善, 『韓國洋樂八十年史』, p. 196.

**83** 리하르트 분쉬 박사(1869.8.4, 히르슈베르크 - 1911.3.13, 칭다오)는 1901-1905년까지 고종 황제의 주치의였다. 1905년 4월에 그는 일본으로부터 부름을 받아 1908년 6월까지 영국 공관에서 의사로 지내다가 독일 증기선 '하인리히 친왕' 호를 타고 요코하마를 떠나 칭다오로 향했다. 1911년 2월에 유행성 발진티푸스에 감염되어 1911년 3월 13일에 41세의 나이로 중국에서 숨을 거두었다. 자세한 전기는 다음 참조: Claussen-Wunsch, Gertrud (Ed.): Dr. med. Richard Wunsch. Arzt in Ostasien. Büsingen/Hochrhein 1976, 그리고 한스 알렉산더 크나이더, 『독일인의 발자취를 따라』, pp. 185-196.

"독일인 지휘자 에케르트는 시내 위쪽에 산림이 우거진 남산에서 살고 있다. 에케르트는 시골인 노이로데 출신이기 때문에 몸가짐이 소박하고 꾸밈없다. 그는 집에서 돼지를 몇 마리 키웠는데 가족이 아직 안 왔기 때문에 살아있는 생명체를 곁에 두고 싶어서였다. 그러나 이 돼지들이 제법 토실하게 살이 오르자 세마리를 차례로 도둑맞았다. 남은 돼지는 모두의 의견에 따라 적당한 시점에 도살하였다. 덕분에 에케르트와 독일어 교사 볼얀과 나는 좋은 고기와 햄을 먹을 수 있었는데, 소시지는 안타깝게도 먹기 직전에 누군가 훔쳐가 버렸다. 나는 고기를 먹을 때 어울리는 좋은 노래 가사를 지었다."[84]

"Hoch über der Stadt, am bewaldeten Südberge (Namsan) wohnt der deutsche Musikdirektor Eckert. Eckert ist auf dem Lande bei Neurode zu Hause und hat daher ländliche Allüren. Er hatte sich eine kleine Schweinezucht zugelegt, um in Abwesenheit seiner Familie wenigstens etwas Lebendiges um sich zu haben. Drei von den Schweinen sind, eines nach dem anderen, gestohlen worden, als sie bereits einen gewissen Grad von Fettigkeit erreicht hatten. Das vierte ist dann aber auf allgemeinen Beschluß noch rechtzeitig geschlachtet worden, und so haben wenigstens Eckert, der deutsche Lehrer Bolljahn und ich jeder noch etwas Wellfleisch und Schinken bekommen. Die Wurst ist leider auch

---

**84** Claussen-Wunsch, Gertrud : Dr. med. Richard Wunsch, p. 98.

noch im letzten Augenblick gestohlen worden. Ich habe zu dem Wellfleischessen schöne passende Lieder gedichtet."

악단을 맡아 유럽 악기를 가르치기로 한 에케르트의 임무는 결코 쉬운 일이 아니었다. 과거 도쿄 시절과 마찬가지로 아무 준비 없이 처음부터 시작해야 했다. 조선은 오랜 세월 동안 단단히 폐쇄되어 그때까지만 해도 서양 음악은 실질적으로 전혀 알려져 있지 않았기 때문이다. 그래서 그는 백명 가량의 일반 병사들 중에서 어느 정도 음감이 괜찮아 보이는 병사 오십명을 선별했다. 하지만 일본에서 쌓은 경험도 있는 데다 꾸준한 노력과 인내심을 발휘해 일부 후보들을 교체해가면서 불과 여섯 달 만에 유럽 악기들을 다룰 줄 아는 숙련된 궁중 악단으로 만들어냈다. 자부심 강한 한국 음악인 오십명으로 구성되었던 악단은 다음 해에는 일시적으로 칠십명까지 늘기도 했다.[85]

에케르트가 작업 초반에 맞부딪친 어려움 중 하나는 당연히 언어 장벽이었다. 독일어학교 교장인 오랜 친구 요하네스 볼얀의 집에서 처음 몇 주를 지내는 동안 분명 그 문제에 대해서도 의논을 했을 것이다. 에케르트가 먼저 통역사를 요구했는지 볼얀이 제안을 했는지는 확실치 않다. 어쨌든 근면한 독일학교 학생 백우용(白禹鏞, 1883-1930)이 에케르트의 통역사로 배정되었다.

백우용은 1898년에 관립한성덕어학교에 입학했다. 1901년 1월 10일에 졸업을 하고 나서 제일 먼저 에케르트의 통역사로 일을 하면서 같은

85  Eckardt, Andre : Unserem Mitgliede Franz Eckert, p. 5.

해 9월에 대한제국 육군무관학교(大韓帝國 陸軍武官學校)에 입대했다. 이 듬해 8월 9일에는 육군보병참위(陸軍步兵參尉)로 임명되었다. 그와 동시에 황실 군악대 복귀 명령을 받고 계속해서 에케르트의 통역사 겸 클라리넷 연주자로 활동했다. 그러다가 1907년에는 프란츠 에케르트에게 작곡과 지휘 훈련을 충분히 받은 군악대 지휘자가 되었다.[86]

에케르트의 교수로서의 자질에 대해 남궁요열은 프란츠 에케르트에 관한 저서에서 다음과 같은 대표적인 묘사를 하고 있다.[87]

처음에는 가르칠 때에 독일식 발음이 한국의 군악대원들에게 잘 소화될 리 없었다. 에케르트가 칠판에 적은 음계를 가리키며 '체(C), 데(D), 에(E), 에프(F)…' 등을 큰소리로 부르며 대원들에게 따라하도록 시켰으나 혀가 잘 돌지 않아 발음만 제대로 내게 하는 데도 몹시 애를 먹었다. 그러면서도 대원들에게 한 번씩 시켜 보았다.

어떤 대원이 '에프' 하다가 혀가 잘 돌아가지 않자 한편에서 깔깔대는 웃음 소리가 터져 나올 수 밖에 없었다. 가뜩이나 가르치는 데 짜증까지 났던 에케르트는 몹시 화를 내면서 돌아서며 웃은 사람을 찾아냈다. 그러나 정작 웃은 사람은 시치미를 떼고 앉아 있자 옆에서 그 광경을 본 대원들이 일제히 폭소를 터뜨렸다. 이에 더욱 화가 난 에케르트는 지휘봉으로 웃은 사람들을 사정없이 때렸다고 한다. 이런 식으로 겨우 음계 연습이 끝나자 피치 파이프를 사용해서 정확한 음정을 가르쳤다.

---

**86** 張師勛, 『黎明의 東西音樂』, p. 198.
**87** 南宮堯悅, "개화기의 한국음악", pp. 63-64.

즉, 한 사람 한 사람씩 차례로 시창시키며 발음과 음정이 틀리면 피치 파이프를 불어 음정을 맞춰 음감 교육과 시청 교육을 겸한 기초교육을 철저히 실시했다. 그 덕분에 대원들의 음감은 전체적으로 향상되었고 상당한 수준에 달하였다고 한다. 특히 대원을 지도함에 있어서 진도가 느리고 성적이 불량한 대원이 있으면 그를 위하여 끝까지 지도해서 낙오자가 되지 않도록 끈기 있게 가르쳐 쓸모 있는 대원을 만들어 냈다.

그러나 그의 끈기도 때론 욕설로 변하고, 위에서 든 것 같이 매로 무섭게 다루기도 하였다 한다. 어떤 때는 가르치는 것이 잘 안 되면 독일어로 욕설을 퍼붓고 교실 문을 박차고 나갔다. 그리고는 옆방으로 가 창밖을 내다보며 술 한 모금을 홀짝 들이켰다. 그는 보통 뒷주머니에 납작한 위스키 병을 넣고 다니며 향수도 달래고 화가 난 마음을 진정시켰던 것이다. 이럴 때면 으레 백우용이 나타나 용서를 빌고 다시 선생님을 교실로 모셨다. 에케르트가 웃는 얼굴로 교실에 들어서면 대원들은 엄숙하고도 미안한 분위기에서 더욱 열심히 공부했다.

가르치다가 뜻대로 되지 않아 화도 많이 냈던 에케르트였지만 일본에서 9개월 교육한 실적과 한국인이 3개월 교육받은 실력이 맞먹는다며 항상 한국인의 재능과 열의에 감탄했다.

당시 옛 시절에 교육이 얼마나 힘들었는지 그리고 그런 상황에서 학생들이 얼마나 가혹한 처벌을 받으면서 공부하고 연습해야 했는지는 1922년 12월 3일(다이쇼 11년 12월 3일, 12면)에 시사 잡지 〈동명(東明)〉[88]에 실린 "조선 양악의 몽환적 내력(朝鮮洋樂의 夢幻的 來歷)"이라는 글에 다음과 같이 잘 묘사되어 있다.

"있는 악기(樂器)로 불야불야 가르치기 시작(始作)하는데 머리 뒤가 납작하면 슬기롭지 못하다고 쫓아낸다. 악기를 조금만 잘 못 들어도 주먹뺨이 풀풀 날은다. 하야매에 못 이기어도 망하는 빗혜 내쫓는 빗혜 한참 풍파(風波)를 겪은 후에 주야(晝夜)를 불철하고 쥐구멍에 소를 못듯하야 가르치었다. 그러느라니 군악(軍樂)이란 사기(士氣)를 도웁기는 고사(姑捨)하고 사졸(士卒)들을 들복는 것이라 하야 원성(怨聲)이 자자(藉藉)하얏스나……"

에케르트는 서울에서 일을 시작한 직후에 대한제국 애국가를 작곡해 달라는 요청을 받았다. 그때까지 국가가 없었기 때문이다. 에케르트는 전에 일본에서 했던 대로 계획을 진행했는데 이번에는 몇 가지 난관에 부딪쳤다. 함께 작업할 음악인 위원회도 없었을 뿐더러 조선 음악 기록도 거의 전무했기 때문이다. 당시에 참고할 수 있는 거라고는 1896년 2월에 〈The Korea Repository〉 3권에 실린 "한국의 성악(Korean Vocal Music)"이라는 호머 베잘렐 헐버트(1863-1949)[89]의 글이 고작이었다. 이 글에서 헐버트는 한국의 성악을 설명하면서 세 등급으로 즉, 한국 전형적인 스타일의 단시인 시조와 대중적인 스타일의 민요 그리고 세 번째 스타일인 '중간 등급'으로 나누었다. 헐버트의 표현에 따르면 시조는

---

**88**  1922년에 최남선(崔南善, 1890. 4. 26-1957. 10. 10)은 출판사 '동명'(정식 명칭 동명사(東明社))을 설립하면서 동시에 같은 이름의 주간지를 발간하기 시작했다. 1924년, 그는 두 번째 잡지 〈시대일보(時代日報)〉를 발간했으나 일본 정부의 압력 때문에 곧바로 회사를 포기했다.

**89**  호머 베잘렐 헐버트(Homer Bezaleel Hulbert, 1863-1949)는 1886년에 최초로 한국에 온 미국인으로서 오년 동안 영어를 가르쳤다. 1893년에 그는 선교사로 한국에 돌아왔다가 1907년에 일제의 침탈 행위를 비판하다가 강제 출국 당했다.

"지극히 안단테이면서 떨리는" 스타일이어서 국가로는 적당하지 않았다. 대중적인 스타일의 사례로 헐버트는 가장 유명한 민요 "아리랑"을 소개하면서 이렇게 말했다. "보통의 한국 사람에게 이 노래는 음식으로 치면 쌀과 같은 존재다. 즉, 다른 모든 것은 부수적인 것에 지나지 않는다는 뜻이다. 이 노래는 언제 어디서나 들을 수 있다." 따라서 소작농들이나 평범한 사람들이 누구나 알고 있고 어디서나 부르는 노래 역시 당시 동양인들의 인식으로는 찬가로 적합하지 않았다. 헐버트는 세 번째 스타일에 대해 설명하면서 "바람이 분다"라는 노래를 선택했다. 이 노래도 민요지만 "시조와는 격이 다르고", 대중적인 스타일인 민요보다 "훨씬 앞선" 스타일이었다. 에케르트의 악보와 비교해 보아도, 헐버트가 기록한 한국 민요인 "바람이 분다"의 멜로디를 선택해 유럽 악기로 화음을 맞추어 편곡했다는 결론을 뒷받침한다.[90]

이런 식으로 생겨난 대한제국 애국가(大韓帝國 愛國歌) 악보는 1901년 7월 1일에 궁정에서 소개되어 같은 해 9월 7일에 고종 황제의 마흔아홉 번째 생일인 만수성절(萬壽聖節)에 초연되었다. 애국가 가사의 첫 판본은 한문과 고전 한글 그리고 현대 한글로 다음과 같이 표기된다.[91]

| 한문 표기 | 고전 한글 표기 | 현대 한글 표기 |
| --- | --- | --- |
| 上帝保佑皇帝聖上 | 상뎨(上帝)는 우리 황뎨를 도으스 | 하느님은 우리 황제를 도우사. |
| 聖壽無疆 | 성슈무강(聖壽無疆)ᄒᆞᆺ | 성수무강하사 |

---

90 한국 최초의 애국가에 대한 자세한 설명은 다음을 참조한다. Lee Kyungboon, "Die erste koreanische Nationalhymne : Ihre Quelle, Franz Eckerts Bearbeitung und die Frage der Text-Musik-Relation", OAG-Notizen 12 (2012), pp. 30-39.

91 대한제국의 국가. https://ko.wikipedia.org/wiki/대한제국의_국가

| 海屋籌山 | 히옥듀(海屋籌)를 산(山)갓치 ᄡᅳ으시고 | 큰 수명의 수를 산같이 쌓으시고. |
|---|---|---|
| 威權瀛廣 | 위권(威權)이 환영(環瀛)에 쓸치사 | 위엄과 권세를 천하에 떨치사 |
| 于千萬歲 | 오! 천만세(於千萬歲)에 복녹(福祿)이 | 오! 천만세에 기쁨과 즐거움이 |
| 福祿無窮 | 일신(日新)케 ᄒᆞ소서 | 날로 새롭게 하소서 |
| 上帝保佑皇帝聖上 | 상뎨(上帝)는 우리 황뎨(皇帝)를 도우소서 | 하느님은 우리 황제를 도우소서 |

　그러나 대한제국 애국가는 1902년 8월 15일이 되어서야 정식으로 세계에 알려질 수 있었다. 당시에는 표지와 악보를 인쇄하는 일이 기술적으로 불가능했기 때문에 한국을 소개하는 데 부끄럽지 않도록 애국가 악보 인쇄는 독일에서 해야 했다. 1902년에 열쪽 분량의 애국가가 네 가지 색상으로 인쇄되어 오십여개 국가에 배포되었다.[92]

　그런데 그렇게 작곡된 애국가는 높낮이 성조 때문에 실질적으로 노래를 부르기가 너무 어려워서 대단히 힘들었다고 한다. 게다가 1910년 한일합병 이후로 '기미가요'가 애국가를 대체했다. 1902년 12월 20일, 에케르트는 애국가를 작곡한 공로와 고종 황제의 황실 악단을 가르친 업적을 인정받아 태극 3등급 훈장을 받았다.[93]

**도판 40** 에케르트의 대한제국 애국가 표지, 1902년

**92** 南宮堯悅, "개화기의 한국음악", pp. 71-72.
**93** 李宥善, 『韓國洋樂八十年史』, p. 196. - 舊韓國外交文書, 德案 2, no. 2816, 2819. - Allen, Horace N.: Supplement to a Chronological Index, p. 28.

**도판 41** 대한제국 태극장 훈 3등

일간지 〈The Korea Review〉에 실린 기사를 보면 고종 황제의 만수성절 연회와 관련하여 에케르트의 작업이 거둔 성공을 입증한다.

"… [1901년 9월] 7일 아침에 궁에서 황제의 탄생을 경축한 외국인들에게 가장 잊지 못할 연회는 프란츠 에케르트 박사의 지도를 받은 신 군악대의 첫 출연이었다. 스물일곱개 부분으로 구성된 군악대는 불과 넉 달 연습했을 뿐인데 한국인들이 어떻게 외국 악기로 저런 음악을 연주했을까 싶은 생각에 깜짝 놀랄 정도로 일사불란했다. 에케르트 박사에게나 한국인 음악가들에게나 더없이 명예로웠던 점은 그런 결과를 얻을 수 있었던 것이 지휘자의 부단한 노력 때문이기도 하지만 한국인들이 친밀하고도 충실하게 전심전력해준 덕분이기도 하기 때문이다. 말쑥한 제복, 광택이 나는 악기들, 완벽한 박자, 부드러운 리듬과 하모니, 이 모두가 어우러져 듣는 이들이 전혀 예상치 못한 즐거움을 만끽하게 만들었다. 이어지는 환호갈채는 그 음악에 걸맞은 기쁨을 증명해 보였다. 이런 추세라면 서울은 머잖아 극동지역에서 버금갈 만한 상대가 없는 성공적인 악단을 갖추게 될 전망이다."**94**

---

**94** The Korea Review, vol. 1; no. 9 (Sep. 1901), p. 412. 그런데 기자가 프란츠 에케르트와 관련된 제목에 '박사'라고 쓴 것은 오류다. 에케르트는 박사 학위를 받은 적이 없다.

"… To the foreigners who congratulated His Majesty at the palace on the morning of the 7th [September 1901], the most memorable part of the entertainment was the first appearance of the new military band, which has been under the tutelage of Dr. Franz Eckert. The band consisted of twenty-seven pieces, well balanced and handled in a manner, which caused astonishment that such music could be rendered by Koreans on foreign instruments after only four months' practice. The greatest credit is due both to Dr. Eckert and to the Korean musicians, for the result attained must have called for unremitted work on the part of the director and close and faithful application on the part of the Koreans. Handsome uniforms, polished instruments, perfect time, smoothness of rhythm [sic.] and harmony, all combined to give an effect that was wholly unexpected and delightful to the audience. The repeated applause gave evidence of the pleasure, which the music afforded. At this rate Seoul will soon have a band that can compete successfully with anything in the Far East."

이 기사는 외국인들뿐만 아니라 한국인들도 프란츠 에케르트가 지휘한 악단에 똑같이 열광했음을 여실히 보여준다. 한 부유한 양반은 군악대의 연주와 생소한 음악에 유독 사로잡혀서 에케르트와 군악대 대원들에게 건물 한 채를 지원해주었다. 그래서 일년 후인 1902년 6월 12일부터 파고다 공원 근처에 완공된 건물을 사용할 수 있었다.[95] 이후 이곳

**도판 42** 에케르트와 군악대, 1904년경

에서 에케르트는 대원들을 혹독하게 가르쳤다. 아침에는 음악 이론을 가르치고 오후에는 실습을 시켰다. 이런 식으로 황실 군악대에서 이룬 에케르트의 업적은 대단히 성공적이어서 황실에서 정기적으로 공식 행사 공연을 했을 뿐만 아니라, 1902년 6월부터는 매주 목요일 오전 열한 시에 파고다 공원(현재의 탑골공원)으로 연습 장소를 옮겨서 연주회를 펼쳐 모든 유럽 거주민들을 기쁘게 해주기도 했다. 그는 청중들에게 자신이 작곡한 행진곡이나 리하르트 바그너(Richard Wagner, 1813-1883)의 가곡과 같은 곡들을 들려주었다.[96]

에케르트가 특별한 일을 하면서 받은 수많은 평판을 엿볼 수 있는 기

---

**95** 이 건물은 1920년부터 도서관으로 사용되었고 1923년에는 새 건물로 바뀌었다. 1968년에 그 도서관은 서울 사직동(社稷洞)으로 옮겨졌다.

**96** Kroebel, Emma : Wie ich an den Koreanischen Kaiserhof kam. Berlin-Schöneberg : Jacobsthal & Co. 1909, pp. 147-148. - Tanimura Masajirō : Franz Eckert(1852-1916), pp. 225-226. - 李有善, 『韓國洋樂八十年史』, p. 139.

**도판 43** 1906년 탑골공원에서 군악대와 공연을 하고 있는 에케르트

사가 있다. 1902년 9월에 독일 동아시아 함대 부사령관 리하르트 가이
슬러(Richard Geißler, 1848-1922)가 내한했을 때 같은 해 11월 14일자 〈덕
문신보(德文新報, Der Ostasiatische Lloyd)〉에 실린 기사다. 가이슬러는 고
종을 알현하면서 황궁 연회에 초대되었다. 기사에서는 다음과 같이 이
야기한다.

(…) 독일인 지휘자이자 신망 받는 교수 에케르트의 지휘 아래 오십 명
가량의 음악가들로 이루어진 군악대가 타펠무지크(일명 '식탁 음악'이라
고도 하며, 17-18세기의 궁정이나 귀족 사회에서 즐기던 일종의 사교 음악-옮긴
이)를 연주했다. 일본 국가뿐만 아니라 대한제국 애국가의 작곡가로도
알려진 지휘자 에케르트가 제자들에게 완전히 생소한 음악 장르를 소
개하고 그렇게 단기간에 높은 음악적 수준의 교육을 해냈다는 점은 확

실히 주목할 만하고 인정받아 마땅하다(…)**97**

"… Die Tafelmusik wurde von der etwa 50 Mann starken
Militärkapelle unter Leitung ihres bewährten Lehrers und
Dirigenten, des deutschen Musikdirektors Herrn Eckert,
ausgeführt. Es ist durchaus bemerkenswert und verdient vollste
Anerkennung, in wie kurzer Zeit es Herr Direktor Eckert,
bekanntlich der Komponist der japanischen und koreanischen
Natioalhymne, verstanden hat, die Zöglinge der Kapelle in das
ihnen völlig fremde Genre von Musik einzuführen und sie auf die
in anbetracht der kurzen Zeit seines Wirkens recht bedeutende
Höhe musikalischer Ausbildung zu bringen. …"

한국에 도착한 지 일년 만인 1902년 3월에 에케르트는 독일에서 오
는 가족을 한국으로 데려오기 위해 일본 고베로 떠났다. 여섯 자녀 중
에 세 딸만 어머니를 따라 한국에 왔다. 세 아들은 모두 교육 때문에 독
일에서 기숙학교에 다녔다.**98**

서울에서 독일 측 변리공사 콘라트 폰 잘데른(Conrad von Saldern, 1847-
1908)이 1903년 7월 28일자로 외무부협판 이중하(李重夏, 1846-1917)에
게 보낸 편지는 프란츠 에케르트가 동시에 하나도 아닌 두 악단을 책임

---

**97**  Der Ostasiatische Lloyd, vol. 16, Nov. 14, 1902, p. 928.
**98**  Claussen-Wunsch, Gertrud : Dr. med. Richard Wunsch, p. 98.

**도판 44** 에케르트의 악단, 1904년

지고 있었다는 사실을 뒷받침한다.

> "(…) 에케르트 씨의 계약이 내년으로 만료되어 계약 변동사항을 일년
> 전에 통보해야 하기에 알려드립니다. 지난 일년 동안 두 번째 악단을
> 교육한 뛰어난 성과에 대해 에케르트 씨에게 총액 1,275엔을 지불할 것
> 을 발의하고, 나아가서 계약이 새로 갱신됨에 따라 두 번째 악단 지도
> 비용으로 매달 추가적으로 150엔을, 즉 다달이 총 450엔을 받을 수 있
> 도록 하는 조항을 포함해 주시길 제안합니다.
> 두 번째 악단을 지도하느라 에케르트 씨가 들인 공을 감안하신다면, 매
> 일 두 번째 악단과 네시간씩 더 작업해야 한다는 점을 고려하시고, 이
> 는 구 계약서에서 일정이 정해져 있지 않은 모든 업무이니 제 발의를
> 이해해주시리라 믿습니다. (…)"[99]

---

**99** 舊韓國外交文書, 德案 2, no. 2891.

"···Da der Kontrakt des Herrn Eckert im nächsten Jahre abläuft und Änderungen des Kontrakts ein Jahr vorher angesagt werden müssen, so stelle ich hiermit den Antrag, dass Herrn Eckert für das verflossene Jahr die ihm für die Ausbildung der zweiten Kapelle geschuldete Summe von Yen 1.275 jetzt ausgezahlt werde und dass in dem neu abzuschließenden Kontrakt die Bestimmung aufgenommen werde, dass er für die Ausbildung der zweiten Kapelle monatlich 150 Yen mehr, d.h. im Ganzen 450 Yen monatlich zu bekommen hat.

Wenn Sie die Mühe kennten, die Herr Eckert anwenden muss, um auch noch die zweite Kapelle auszubilden, und wenn Sie in Betracht ziehen, dass er täglich 4 Stunden mehr Arbeit hat mit der zweiten Kapelle, alles Arbeiten, die in dem alten Kontrakt nicht vorgesehen sind, so würden Sie diesen Antrag begreiflich finden ···"

이 편지와 그 밖의 다른 한국 자료들을 보면, 프란츠 에케르트가 처음에는 군부에 고용되어 군악대 하나를 훈련해야 했으나 곧 궁내부(宮內府)의 두 번째 악단도 규합해야 했다는 결론을 내릴 수 있다. 이런 정황으로 보아 에케르트의 소속이 차후에 궁내성(宮內省)로 공식 전환되었다는 설명이 가능하다.[100]

---

**100** 張師勛, 『黎明의 東西音樂』, pp. 194-195. - 나까무라 리혜이, 『한국의 이왕조 궁정음악교사 에케르트』, p. 118.

이런 상황에서 어디서 무슨 음악을 연주하든 듣는 사람들이 기뻐할 만한 방식으로 동시에 두 악단을 교육하는 에케르트의 노력은 대단히 특별했음을 인정할 수밖에 없다. 교수로서 그리고 지휘자로서 에케르트의 능력이 입증되는 동시에 그가 가르친 한국인 음악가들의 재능이 괄목할 만한 성장을 거두었다는 사실은 다음 사례에서 보듯 1905년에 벌어진 경연대회에서 증명되기도 한다.

도판 45 프란츠 에케르트의 교주만 행진곡

1890년 3월 18일에 오토 폰 비스마르크(Otto von Bismarck)가 사임한 이후, 빌헬름 2세 황제는 군사력 증강, 특히 해군력 증강과 함께 팽창정책 확대를 추구했다. 이런 제국주의적 야망에 따라 오토 폰 디더리히스(Otto von Diederichs, 1843-1918) 제독이 1897년 11월 14일에 중국 산동 지방 연안의 자오저우(膠州) 만을 강제로 점령했다. 이런 행동에 대한 존경의 표시로 에케르트는 일명 "교주만행진곡(膠州灣行進曲, Der Kiautschouer. Humor Marsch für Pianoforte)"을 작곡하기도 했다.

칭다오(靑島)를 수도로 하는 독일의 새로운 조계지가 된 자오저우 만은 독일제국 동아시아 함대의 거점인 동시에 극동지역 서구 열강들의 정치 무대에서 독일의 새로운 역할을 상징했다. 자오저우의 독일 정부는 자국의 정치적 역량을 과시하고 동아시아에 이를 알리기 위해 위에

도판 46 1905년 3월 15일에 독일 공관 앞에서 그라프 폰 몰트케와 그의 일행

서 언급한 1902년 9월의 리하르트 가이슬러 부사령관 방문과 마찬가지로 일본뿐만 아니라 한국으로도 군함을 자주 보냈다.

이런 "의례적인 방문" 중 하나는 1905년 3월에 독일 동아시아 함대 해군소장 하인리히 카를 레온하르트 그라프 폰 몰트케(Heinrich Karl Leonhard Graf von Moltke, 1854-1922)가 한반도를 방문했을 때의 일이었다.[101] 기함 '퓌르스트 비스마르크(Fürst Bismarck)'호[102]를 이끌고 제물포 항에 입성한 그라프 폰 몰트케는 함대의 해군 군악대를 포함한 많은 이들을 동반했다. 변리공사 콘라트 폰 잘데른은 3월 15일에 독일 공관에

---

[101] 남궁요열은 자신의 책 『개화기의 한국음악』에서 이 사건을 언급했는데, 1905년에 '독일 황태자'가 '엠덴'호를 타고 한국을 방문했다는 내용은 틀린 내용이다. 독일 황제 빌헬름 2세의 장남인 프리드리히 빌헬름 빅토르 아우구스트 에른스트 폰 프로이센(1882. 5. 6-1951. 7. 20)은 독일 동아시아 소함대에서 복역한 일도 없거니와 '엠덴'호를 타고 방한한 일도 없다. '엠덴'호는 1910년 9월 17일 이전에 칭다오에 정박한 일도 없었다.

[102] 당시 독일 동아시아 소함대 부제독의 기함은 '한자'호였는데, 무슨 연유에서였는지는 모르겠지만 독일 동아시아 함대 해군소장 하인리히 카를 레오나르트 그라프 폰 몰트케(1854-1922)는 '퓌르스트 비스마르크'호를 타고 한국을 방문했다. '퓌르스트 비스마르크'호는 제독과 그의 상관인 해군중장 쿠르트 폰 프리트비츠 운트 가프론(Curt von Prittwitz und Gaffron, 1948. 7. 16-1922. 2. 16)의 기함이었다.

**도판 47** 탑골공원, 1904년경

서 그라프 폰 몰트케 일행을 위한 환영 연회를 베풀었다.

당시 두 악대의 공연이 관습적이었는지 아니면 당시 누군가가 음악 공연을 제안했는지는 모르겠지만, 안타깝게도 당시 초대된 독일 해군 군악대와 우리 측 군악대의 음악 공연이 어떠했는지는 상세히 알 길이 없다. 그렇지만 확실한 건 '퓌르스트 비스마르크'호의 해군 군악대와 에케르트 군악대의 막간극이 준비되어 탑동공원(塔洞公園)에 모인 외국인과 시민들을 기쁘고 즐겁게 해주었다는 사실이다. 두 악단 모두 자국의 국가를 포함해 여덟곡씩을 준비해서 차례로 연주했다. 그런 공연이 펼쳐지는 일은 극히 드문 일이었던 만큼 답골공원에는 외교관들, 대한제국 정부의 고위 인사들 그리고 외국과 지역의 고위관리들을 포함한 많은 인파가 모였다.

공연이 막 시작되었을 무렵, 외교관 관중 속에서 누군가 악보를 바꿔

**도판 48** 1906년, 서울 남산에서 친구들과 함께 있는 에케르트 일가

보라고 제안해서 에케르트의 악단은 독일 해군 군악대가 준비해온 곡들을 즉석에서 연주해야 했고, 독일 군악대도 마찬가지였다. 처음 보는 악보를 즉흥적으로 읽고 연주하면서 진정한 경쟁이 되었을 테고, 관중에게는 더없이 흥미진진했을 터이다. 이런 제안을 들은 관중은 몹시 열광하며 곧바로 찬성했고, 에케르트와 해군 군악대 동료들도 이 도전을 흔쾌히 받아들였다.

독일에서 온 손님들은 대한제국 애국가를 연주하면서 경쟁을 시작했다. 그 곡을 한 번도 연습해보지 않았던 터라 단원 중 한 명이 목관악기를 연주하다가 아주 살짝이긴 하지만 알아차릴 수 있을 만한 실수를 하기도 했다. 반면에 에케르트의 군악대는 완벽하게 독일 국가를 연주해냈다. 한국 악단은 전에도 독일 국가를 연주할 기회가 많이 있었기에 그들에게는 처음 보는 악보가 아니었다. 하지만 그들은 처음 보는 다른 악보들도 조금의 실수도 없이 연달아 연주한 반면에, 독일 악단은 특히 한국 민요들을 연주할 때 불협화음을 몇 번씩 냈다. 간단히 말해서, 이 음악 경쟁에서 확실한 승자는 프란츠 에케르트와 그의 악단이었다는 사실이다. 고종 황제는 악단의 성공에 관한 소식을 듣고 곧바로 에케르트와 단원들에게 축하 인사를 건네면서 상금 이천원을 하사했다.[103]

단장으로서 그리고 작곡가로서 맡은 임무 외에도 에케르트는 고전 음악 위원회에서 활동하면서 한국 전통 음악을 탐색하는 연구에 매진하기도 했다. 게다가 한국 민요에 지대한 관심을 보이며 작곡하는 작품에 민요의 가락뿐만 아니라 가사(歌詞)도 틈틈이 편곡해 넣었다.

의전행사가 거행되거나 대중 공원에서 프롬나드 콘서트(많은 청중들이 공원 등에서 바닥에 앉거나 일어서서 음악을 듣는 콘서트-옮긴이)가 진행되는 동안 궁정 음악단이 입장할 때면 에케르트는 모든 이들로부터 환호를 받았고, 한국에 사는 외국인들이나 한국인들 모두에게 두루 인기를 얻었다. 1909년에 베네딕도 수도회 선교사로 한국을 찾았고 훗날 1950년에 뮌헨에서 열린 동아시아 세미나에서 독일 내 한국학연구회를 설립하기도 한 안드레 에카르트 교수도 프란츠 에케르트를 만난 일을 높이 평가했다.[104]

---

**103** 이 음악경쟁에 대한 자세한 정보는 다음을 참조하기 바란다. 南宮堯悅, 『개화기의 한국음악』, pp. 91~94. - 최창언, 『한국 근대음악사』, 2010년 12월호, p. 96. - "朝鮮洋樂의 夢幻的 來歷", 東明, 東明社 1922 (대정 11), 제14호, p. 12.

**104** Eckardt, Andre : Wie ich Korea erlebte. Frankfurt/Main und Bonn 1950, p. 47.

**도판 49** 1906년 서울의 일본 통감부 청사

"나도 곧 독일인 악단장 프란츠 에케르트를 만났다. 그는 일본과 한국의 국가를 작곡한 사람으로 알려진 인물이자 현재 서울에서 군악대를 이끌고 있다. 나는 그가 보내준 저녁 음악회 초대를 기꺼이 받아들였고, 나의 동포가 단기간에 마흔다섯명의 관현악단을 훌륭히 교육시켰다는 사실에 경탄을 금치 못했다. 독일 민요 혼성곡은 관악기 연주자들과 청중들에게 특히 인기 있었다. 베르디, 비제 그리고 리하르트 바그너의 곡 연주는 여느 독일 악단 못지않았다. 프란츠 에케르트는 팔년동안 한국인 박선생[105]을 자신의 부악대장이자 후임으로 교육시켰다."

"Bald wurde ich auch mit dem deutschen Kapellmeister Franz

---

[105] 에카르트가 한국인 지휘자의 이름을 잘못 기재했다. 그의 성은 박씨가 아니라 백씨였다.

Eckert, dem Schöpfer der japanischen und koreanischen Nationalhymne, bekannt, der in Seoul die Militärkapelle leitet. Gerne folgte ich seiner freundlichen Einladung zu einem Musikabend und war erstaunt, in welch kurzer Zeit mein Landsmann eine Blechmusikkapelle von 45 Mann ausgebildet hatte. Ein Potpourri deutscher Volkslieder war bei Bläsern wie Hörern besonders beliebt. Der Vortrag von Kompositionen von Verdi, Bizet und Richard Wagner hätte auch jeder deutschen Kapelle Ehre gemacht. In achtjährigem Unterricht hatte Franz Eckert einen Koreaner, Pak sonsäng, als seinen stellvertretenden Kapellmeister und Nachfolger ausgebildet."

한편, 악단의 운명은 조국의 운명과 밀접하게 연결되었다. 1905년 11월 17일, 일본이 대한제국 내각에 조약을 제시했다. 이 조약은 대한제국을 공식적으로 일본의 지배를 받는 피보호국으로 합병한다는 내용이었다. 그 시점부터 황제의 권력은 사라졌고, 대한제국 육군은 감축되었으며 경찰권은 일본에 양도되었다. 이제 정부뿐만 아니라 통신과 우편 그리고 언론도 일본의 통제 아래 놓였다. 1906년 2월 1일, 서울에 공관이 설치되었고 초대통감으로 이토 히로부미[106]가 부임했다. 이토 히로부미는 한국 정부에 대해 직접 법률안을 통과시킬 권한을 부여받

---

[106] 이토 히로부미(伊藤博文, 1841. 10. 16-1909. 10. 26)는 일본의 정치가로서 일본 초대 내각 총리대신이자 조선 초대 통감이었다. 1909년 10월 26일에 만주 하얼빈에서 안중근(安重根, 1879. 9. 2 - 1910. 3. 26) 의사에게 저격 당했다.

**도판50** 1906년 탑골공원에서 프란츠 에케르트와 백우용(손에 지휘봉을 들고 있는)과 군악대

앉고, 국내뿐만 아니라 외교 업무까지도 도맡아 했다. 도쿄의 일본 외무성은 조선의 대외관계를 통제했고, 따라서 국내 정책은 고스란히 한성에 있는 일본 총영사의 수중에 놓였다.

일제의 정치 개입에 따라 1907년 7월 20일에 황제가 된 순종은 일본 정부로부터 그해 7월 31일에 군대 해산 명령을 내리도록 강요받았다. 그런데 일부 한국 병사들이 저항하는 바람에 한국 정규군의 해산은 1907년 9월 3일에야 이루어졌다. 이에 따라 군악대는 더는 쓸모가 없어졌고 악단에서 에케르트의 존재도 위험해졌다. 하지만 작은 군부대 하나는 황실의 사적인 방위군으로 유지되었다. 에케르트의 악단은 이 군대의 일환으로 '제실군악대(帝室軍樂隊)'로 개명되었다.

1910년 8월 22일, 내각총리대신 이완용은 조선황실을 일본의 속국으로 격하시키는 한일병탄에 서명했다. 8월 29일에 이 조약이 발효되면서 조선 왕실은 519년 만에 막을 내렸다. 순종 황제는 그날 포고와 함께 퇴위해야 했고 일본 정부로부터 '이왕'이라는 호칭을 받았다. 결국 1911년 2월에 새 정부인 조선총독부는 조선 왕가의 업무를 책임지는 조직, 일

명 이왕직(李王職)을 설립했다. 이
왕직은 기존의 황실 업무를 담당하
던 궁내부(宮內府)를 계승한 조직으
로서 일본 궁내성(宮內省)의 통제를
받으면서 조선통감의 감시도 받았
다. 직접적인 결과로, 에케르트의
제실군악대는 다시 황실의 서양 악
대라는 의미의 '이왕직양악대(李王
職洋樂隊)'로 개명되었다.[107]

도판 51  1909년 자택 정원에서 에케르트

따라서 일본 정부는 에케르트의
악대를 다른 군악대들처럼 폐지하
지 않고 대신에 왕가 방위군의 일
부로 유지하기로 결정했고, 그렇게 해서 더 존속할 수 있게 했다. 그 이
유는 프란츠 에케르트가 이십년 동안 일본에서 위대한 업적을 일구어
냈기 때문인 것으로 보인다. 즉, 그의 업적이 잊히지 않은 만큼 그에 걸
맞게 품위를 지켜주기 위해서였던 듯하다. 왕가를 위한 예산을 일본 정
부가 승인하고 결정함에 따라 에케르트의 악대와 대원들도 일본의 재
정적 지원을 받았다.

1914년에 제1차 세계대전이 시작되어 독일과 일본이 적대국으로 마
주치면서 상대적으로 큰 그의 악대를 유지하기 위해 필요한 자유와 비

---

107  노동은, 『한국근대음악사』, pp. 537, 541-542. - 南宮堯悅, 『개화기의 한국음악』, p. 101. -
이세라, 『한국의 서양음악 수와 발전에 있어서 양악대의 영향』, p. 8.

**도판 52** 양화진 외인 묘지에 있는 프란츠 에케르트의 묘, 1926년.

용은 에케르트로서도 더는 어쩔 도리가 없었다. 가장 큰 장애는 왕가를 위한 예산이 삭감되어서 악대를 유지할 수가 없게 되었다는 점이었다. 결국 이런 재정적 난관에 봉착한 '이왕직양악대'는 1915년에 공식 해체되었다.

이 시점까지만 해도 에케르트 악대의 역사적인 세부사항과 운명은 별다른 어려움 없이 재구성해 볼 수 있다. 그렇지만 언제 그리고 왜 에케르트가 악대의 지휘자 직을 포기하고 상임 클라리넷 연주자 백우용에게 업무를 넘겨주기로 했는지 그리고 '이왕직양악대'가 해체된 정확한 시점은 불분명하다. 이 문제에 관한 정보는 방대한 자료만큼이나 다양해서 다음과 같이 서로 다른 주장이 제기된다.

'이왕직양악대' 해체와 관련된 내용은 서로 다른 세 자료에서 제각각 다른 세 날짜가 언급된다. 연대기 순으로 제일 빠른 날짜는 1915년 3월로, 제주 국립 대학교에서 "한국 군악대의 발전방향에 관한 조사연구-해군 군악대를 중심으로"[108]라는 제목으로 빈대욱(賓大旭)이 쓴 석사 논문

---

[108] 賓大旭: 韓國 軍樂隊의 發展 方向에 關한 調査研究-海軍 軍樂隊를 中心으로. 濟州大學校 敎育大學院, 2007年 8月, p. 9. (PDF)

에서 주장된다. 두 번째 날짜는 남궁요열이 저서『개화기의 한국음악-프란츠 에케르트를 중심으로』[109]에서 주장하는 1915년 5월이며, 장사훈은 저서『여명의 동서음악』[110]에서 1915년 12월 12일이라고 주장한다.

논란이 많은 또 하나의 주장은 악대가 해체될 당시에 남아 있던 대원들의 수와 관련된 부분이다. 남궁요열은 2015년 3월 12일에 온라인에 공개된 "대한뎨국 애국가(대한제국애국가) 소고"라는 제목의 한 연구에서 쉰한명의 이름을 밝힌 반면, 1912년에 이미 대원수가 고작 스물일곱명으로 줄었다고 이야기한다.[111]

그렇지만 프란츠 에케르트가 만들고 십사년 넘게 지휘한 악대가 완전히 해체된 해가 1915년인 것은 확실하다. 하지만 그것이 악대의 끝이었다거나 적어도 대원들 자체의 끝은 아니었다. 그 이후로 남은 음악가들은 이따금 다양한 공식 행사나 연회에 초대되어 연주를 하면서 '이왕직양악대'라는 옛 이름을 계속 사용했다. 1919년 말엽이 되어서야 백우용과 남은 열아홉명의 대원들은 새로운 '민간악대'를 결성해 '경성악대(京城樂隊)'[112]라 칭하고 1930년에 악대가 최종 해체될 때까지 생계를 유지했다.

프란츠 에케르트가 악화되는 건강 상태 때문에 1915년에 악대의 지휘자 직을 포기할 수밖에 없었는지 아니면 이왕직 양악대가 해체된 이유가 또 다른 문제 때문인지는 확실치 않다. 어쨌든 에케르트는 1916년

---

**109** 南宮堯悅,『개화기의 한국음악 – 프란츠 에케르트를 중심으로』, p. 101.

**110** 張師勛: 黎明의 東西音樂, p. 198.

**111** 대한뎨국 애국가(大韓帝國愛國歌) 소고. http://blog.daum.net/cjddka49/15711625

**112** 일제 식민지 시대(1910-1945)에 서울의 이름은 일본어로 게이조(京城) 또는 한국어로 경성이라 불렸다.

8월 6일에 회현동 자택에서 밤 9시 30분경에 과도한 흡연으로 생긴 인후암으로 생을 마쳤다. 향년 예순넷이었다. 에케르트의 사망 소식을 들은 순종 황제는 오랜 세월 한국에서 프로이센 출신 악대장으로서 훌륭히 일해 준 데 대한 개인적인 감사의 표시로 백원을 쾌척했다. 전시상황이었고 독일과 일본 사이의 적대감도 무릅쓰고 일본 정부는 장례식에 참석할 공식 대표들을 파견했다. 장례식은 8월 8일에 명동 성당에서 치러졌다. 한국인들과 일본에서의 오랜 활동을 잊지 않은 일본인들 모두에게서 받은 그 모든 명예와 함께, 에케르트는 마침내 서울 마포구 합정동에 위치한 양화진 외인묘지(楊花津 外人墓地)에 안장되었다. 서양 일간지들에 실린 수많은 부고기사들을 보아도 에케르트가 비단 동아시아에서만 상당한 명성을 지닌 인물이 아니었음을 확실히 입증한다.[113]

위대한 노력과 헌신으로 프란츠 에케르트가 요즘까지도 독일 음악이 한국에서 상당한 가치를 지니도록 기여했음은 의심의 여지가 없다.

프란츠 에케르트는 유족으로 아내 마틸데와 여섯 자녀를 남겼다.
아말리에 에케르트(1876년 12월 31일, 빌헬름스하펜 - 1969년 4월 21일, 포틀랜드(미국))
프란츠 에케르트(1879년 9월 23일, 빌헬름스하펜 - 1959년 12월 13일, 함부르크)

---

113 북미의 몇 가지 사례: "German Composer Dies in Korea", *Harrisburg Daily Independent*(Pennsylvania), Sep. 15, 1916. - "Composer Dead", *Arkansas City Daily Traveler*(Kansas), Sep. 16, 1916. - "German Who Composed Japan's Anthem Dead", *The Republic*(Columbus, Indiana), Sep. 18, 1916. - "Composer of Japanese National Anthem Dead", *El Paso Herald*(Texas), Sep. 20, 1916. - "Composed Jap. Anthem", *The Ottawa Herald*(Kansas), Sep. 26, 1916.

안나 이레네 에케르트(1883년 3월 5일, 도쿄 - ?)

카를 에케르트(1884년 8월 16일, 도쿄 - 1959년 7월 26일, 함부르크)

게오르크 에케르트(1886년 1월 3일, 도쿄 - 공식 사망일자(전쟁 중 실종되어 생사를 알 수 없어 서류상 사망처리 함) : 1950년 12월 31일)

엘리자베트 에케르트(1887년 9월 23일, 도쿄 - 1977년 9월 19일, 프리드리히스하펜)

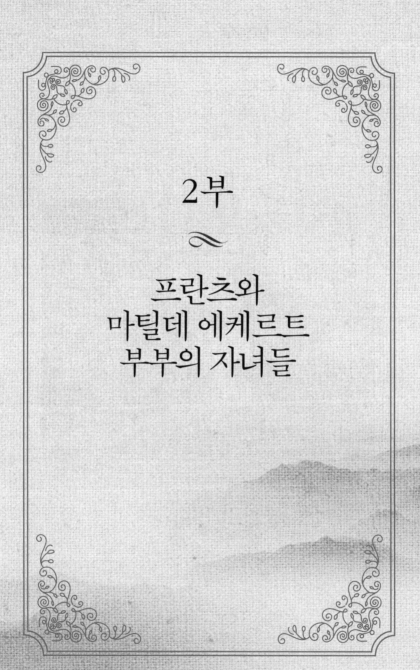

# 2부

## 프란츠와
## 마틸데 에케르트
## 부부의 자녀들

**도판 53** 1892년 도쿄에서 마틸데 에케르트와 자녀들. 왼쪽에서부터 오른쪽으로: 게오르크, 카를, 프란츠, 엘리자베트, 마틸데, 아말리에 그리고 안나 이레네

# 1

## 아말리에 에케르트 (Amalie Eckert, 애칭: 말첸 – Malchen)

1876년 12월 31일, 빌헬름스하펜(독일) – 1969년 4월 21일, 오리건 포틀랜드(미국)

프란츠 에케르트가 1879년 초반에 일본으로 발령이 날 때 맏딸 아말리에는 겨우 두 살이었고, 아내 마틸데는 갓 태어난 딸을 잃고 다시 세 번째 아이를 임신한 지 두 달째였다. 그러니 스물일곱살밖에 안 된 젊은 아버지가 아내와 딸을 독일에 두고 떠난다는 건 당연히 쉽지 않은 결정이었을 터다. 하지만 반면에 들어본 적도 없을 머나먼 동양에 있는 생소한

**도판 54** 1904년 아말리에 에케르트

나라로 먼저 여행을 떠나는 일은 현명한 처사였다. 그렇게 해서 프란츠 에케르트는 최대한 빨리 가족이 도쿄에 올 수 있도록 만반의 준비를 갖춰 아늑하게 만들어놓겠노라 약속하고 마지못해 가족을 떠났다. 그런데 일본이라는 먼 곳까지 어린아이와 갓 태어난 아기를 데리고 여행한

도판 55 1904년 아말리에 에케르트

다는 일이 좀체 쉽지 않은 일이다 보니 이년이 지나서야 1881년 3월에 마틸데는 독일을 떠났고, 아말리에가 네 살 때에야 일본에서 마침내 가족이 합쳐졌다.

도쿄에서 아말리에는 처음에는 개인교습을 받다가 열네 살 때 요코하마에 있는 프랑스 수녀들이 운영하는 생 모르 국제학교[1]에 다니며 프랑스어와 자수를 배웠다. 아말리에는 어렸을 때부터 피아노 수업을 받아서 열여섯 살에는 아버지 공연에 틈틈이 따라다니며 반주를 할 수 있을 정도로 숙련된 피아노 솜씨를 보였다.

일본에서 십팔년을 보낸 아말리에는 스물두 살이 되던 1899년 4월에 가족과 함께 일본을 떠났다. 독일에 돌아와서는 기후 변화 때문에 건강에 문제가 생겨서 어머니와 함께 치료차 슐레지엔 지방의 프로이센 주도인 브레슬라우에 갔다. 1900년 초반에 조텐 알렌도르프의 휴양지로 이사할 때까지 그곳에서 한동안 친구들과 함께 지냈다. 그해 연말에 프란츠 에케르트는 서울 주재 독일 대사 하인리히 와이퍼트로부터 한국

---

1    요코하마에 있는 생 모르 국제학교(Saint Maur International School)는 1872년에 프랑스 원장 수녀 마틸드 마리 쥐스틴 라클로(Mathilde Marie-Justine Raclot, 1814-1911)와 성 영해(嬰孩) 예수 수녀회 또는 "생 모르 수녀회 - Les Dames de Saint-Maur" 신도인 다른 네 명의 프랑스와 아일랜드 출신의 수녀들이 설립했다. 아시아에서는 가장 오래되었고 세계에서는 세 번째로 오래된 국제학교다.

으로 와달라는 제안을 받고 머나먼 동양에서 보내온 두 번째 도전을 받아들였다. 그렇게 해서 1901년 초에 그는 조선 왕국의 수도에 아내와 아이들이 도착할 때까지 모든 준비를 해놓기로 하고 다시 가족들보다 먼저 여행을 떠났다.

일년 후, 1902년 초반에 아말리에와 두 여동생 안나 이레네와 엘리자베트는 어머니와 함께 벨기에 안트베르펜(Antwerp) 항구에서 일본 증기선 '가마쿠라'호[2]를 타고 일본으로 향했다. 남동생들은 학업을 계속하기 위해 독일에 남았다. 1902년 3월에 고베에 도착했을 때 아버지는 이미 이웃나라로 인도하기 위해 기다리고 있었다. 그들은 먼저 고베에서 부산으로 가는 작은 보트를 탔고, 부산에서 배로 제물포까지 갔다가, 거기서 기차를 타고 서울로 가 마침내 새 보금자리에 도착했다. 3월 29일에 독일 학교 교장이자 에케르트 일가의 오랜 친구 요하네스 볼얀이 환영인사 겸 자신의 집으로 저녁 초대를 했다. 그때 아말리에는 조선 황실의 독일인 주치의 리하르트 분쉬와 당시 서울에 거주하던 작은 독일 지역 사회 사람들을 처음 만났다. 약 한 달쯤 후에 고종 황제와 순종 황태자와 순명 황태자비[3] 내외는 덕수궁에서 아말리에와 그녀의 가족을 알현하며 한국에 온 것을 환영했다.

아말리에는 서울에 도착한 지 몇 달 후에 황실 의전관이자 서울에 있는 서구식 게스트하우스의 주인인 마리 앙투아네트 손탁[4]을 알게 되었

---

2  '일본우선주식회사(日本郵船株式會社)' 또는 NYK 라인의 일본 수송선 겸 증기선. 1896년에 안트베르펜에서 기항하는 유럽 운항을 시작했다.

3  순명효황후 민씨(純明孝皇后 閔氏, 1872. 11. 20 - 1904. 11. 5)는 순종의 정비로 순종이 즉위하기 전에 경운궁에서 서른셋의 젊은 나이로 숨을 거두었다.

**도판 56** 1905년 2월 7일 손탁 여사

다. 식사를 하거나 다른 외국인들이나 지역 고관들을 만나 잡담을 나누기 위해 게스트하우스를 즐겨 찾던 독신남 리하르트 분쉬 덕분이었다. 손탁 여사는 마침 새로운 조수가 필요했던 터라 그의 추천으로 아말리에가 빈 자리를 채우게 되었다. 요하네스 볼얀이 1902년 7월에 이백 라이히스마르크(독일에서 사용하던 옛 마르크 화폐-옮긴이) 월급에 무료 숙박과 같은 고용 조건[5]을 협상해 주었다. 아말리에는 1902년 8월부터 1905년 1월 말까지 게스트하우스에서 일을 하기 시작해 하인들을 책임지고 손탁 여사가 집에 없을 때면 집안일을 도맡아 했다.

유능한 여성 사업가답게 손탁 여사는 서울에 세 개의 소유지와 집 여러 채를 갖고 있었다. 땅으로 치면 약 5,530평방미터(1,675평)에 해당하는 면적이었다. 부동산 세 채 모두 정동에 있었다. 하나는 73평의 1번지 1호, 그리고 1184평의 공관거리 29번지에 가장 큰 부동산 그리고 418평의 16번지.[6] 손탁 여사가 언제 처음 언급된 땅을 소유하게 되어 작은 호텔을 운영하게 되었는지는 확실하지 않다. 그렇지만 그녀는 1890년부터

---

**4**   앙투아네트 손탁에 대한 보다 자세한 내력에 대해서는 다음을 참조하기 바란다. 한스 알렉산더 크나이더, 『독일인의 발자취를 따라』, pp. 196-214.

**5**   Claussen-Wunsch, Gertrud : Dr. med. Richard Wunsch, pp. 120, 147.

**6**   경성부관내지적목록(京城府管內地籍目錄), 1917년. - Claussen-Wunsch, p. 75.

한국에서 활동 중이던 미국인 선교사 다니엘 L. 기포드(Daniel L. Gifford)
가 살던 29번지의 전통 한옥을 1896년에 사들였다. 기포드는 건강상의
문제로 1896년에 미국으로 귀국하고 이년 후에 한국으로 돌아왔다가
1900년 4월에 경기도 남부 지방을 방문하다가 갑자기 사망했다.[7]

또 다른 사실은 손탁 여사가 1898년에 고종 황제로부터 공관거리
16번지 소유지를 하사받았다는 점이다. 앞에서 언급했다시피, 고종 황
제는 1896년 2월 명성황후 시해 사건 직후에 러시아 공관으로 피신했
다. 그곳에 머무는 일년 동안 고종은 황제의 개인적인 용무와 특히 식사
를 책임지고 있던 앙투아네트 손탁의 각별한 보살핌을 받았다. 고종이
1897년 2월에 오늘날의 덕수궁인 경운궁으로 돌아온 후에 앙투아네트
손탁은 보살핌과 후원에 대한 감사의 표시로 1898년 3월 16일에 16번
지 땅을 받았다. 러시아와 조선 사이의 외교 관계와 관련된 구한국외교
문서(舊韓國外交文書) 18권, 아안(俄案) 2안에 보면 '로공관좌변양관(露公
館左邊洋館)을 손탁 여사에게 하사하는 증서'가 이렇게 실려 있다.


"황성 정동 러시아공관 대문 왼쪽 편에 황실소유의 방 5개가 딸린 벽돌
건물(博屋) 한 채를 덕국규녀(德國閨女) 손탁(宋多奇)에게 상으로 내려,
이로써 그 노고를 치하한다, 이에 그 뜻을 받들어 궁내부는 독일 규녀
손탁 양에게 이 양관을 주노라."


**7**  장규식, 『대한제국 중립외교의 거점, 손탁호텔』, 2003년 9월 6일. http://www.pressian.
com/news/article.html?no=8413. - 다니엘(Glifford, Daniel L.), 한국콘텐츠진흥
원: http://www.culturecontent.com/content/contentView.do?content_id-체
07100236001.

문제의 벽돌건물은 오늘날 캐나다 대사관 자리에 있었다. 고종의 감사와는 별도로 고종이 이 건물을 기부한 또 다른 이유는 황실 손님들이 머물 숙소가 필요했기 때문이었다. 당시에는 그런 숙소가 따로 없었다. 손탁 여사는 그런 면에서 이미 탁월한 능력을 보여주었던 터라 안심하고 임무를 맡길 수 있었다. 그에 맞춰서 공관 거리 16번지의 벽돌건물에서 앙투아네트 손탁은 황실 손님들과 황실 주치의 리하르트 분쉬 박사와 같은 독신들을 위한 첫 호텔을 열었다. 리하르트 분쉬 박사는 1902년 4월 9일에 부모에게 보낸 편지에서 이렇게 말했다.

"지난 달 말에 저는 요리사를 쫓아내고 요즘 황실 의전관인 미스 손탁의 집에서 밥을 먹고 있습니다. 요리솜씨가 훌륭하거든요. 저 말고도 벨기에 영사와 프랑스 공관 서기도 그곳에서 식사를 한답니다. 우리는 프랑스어로 대화를 나눕니다. 정오가 되면 저는 사람을 보내서 점심을 챙겨오게 합니다. 그리고 저녁에는 궁을 나서서 그곳에 가죠. 그 집은 궁 바로 뒤편에 있거든요.…"**8**

"…Meinen Koch habe ich Ende vorigen Monats weggejagt und esse nun bei Fräulein Sontag, der Haushofmeisterin der kaiserlichen Familie. Die Küche ist dort vorzüglich. … Außer mir essen noch der belgische Konsul und der französische Gesandtschaftssekretär dort. Die Unterhaltungssprache ist

---

**8** Claussen-Wunsch, Gertrud : Dr. med. Richard Wunsch, p. 110.

franzÖsisch. Mittags lasse ich mir das Essen holen. Abends gehe ich vom Palast aus hin. Das Haus liegt gleich hinter dem Palast."

훗날 '손탁호텔'로 알려지게 되는 게스트하우스의 건설은 1902년 10월에야 끝이 났으니 위의 편지는 아말리에 에케르트가 손탁 여사의 16번지 소유지에서 갓 일을 시작했을 때임이 분명하다.

이윽고 점점 더 많은 외국인 방문객들이 서울을 찾으면서 그곳에 있는 황실 손님들에게 방 다섯개로는 충분하지 않게 되어 더 큰 숙소가 필요해졌다. 고종 황제가 직접 내탕금(內帑金: 임금의 개인적인 돈)에서 필요한 상당량의 액수를 쾌척한 후, 1884년부터 조선에서 살고 있던 러시아 건축가 아파나시 이바노비치 세레딘 사바틴(Afanasii Ivanovich Seredin-Sabatin, 薩巴珍, 1860-1921)이 명을 받들어 29번지 소유지에 서구식 이층짜리 벽돌 건물을 지었다.[9] 침실 스물다섯개 딸린 새로운 게 스트하우스는 1902년 10월에 조 선에서 가장 현대적이고 화려 한 호텔로 완공되어 처음에 서양 인들에게는 '황실' 또는 '프라이 빗 호텔'로 불렸고, 조선 사람들 에게는 '한성빈관(漢城賓館)' 또는

도판 57 1907년 6월 15일자 J. 보에르의 '손탁 호텔' 광고

---

9　　오늘날 서울 梨花女子高等學教 심슨 紀念館 바로 옆.

**도판 58** 1904년 레이멘(Lyeemoon)호를 타고. 왼쪽에서부터 리하르트 분쉬, 아말리에, 엘리자베트, 오토 멘징

'손탁부인가(孫擇夫人家)'로 불렸다. 이층은 황실 손님들이나 고위급 방문객들 그리고 귀족계층 전용인 반면에 일층은 '일반' 손님들을 위한 객실, 독서실, 레스토랑, 바, 당구장 그리고 조선 최초의 커피숍이 있었다.

그런데 손탁 여사는 1907년 6월 15일자의 어느 신문 광고에서 볼 수 있듯이 이 호텔을 그리 오래 유지하지는 못했다.[10] 새로운 소유주이자 매니저인 프랑스인 J. 보에르(J. Boher)는 게스트하우스를 '손탁호텔'로 개명했지만, 1917년에 다시 한국 최초의 여학교인 '이화학당'에 팔려서 기숙학교 건물로 사용되었다. 결국 옛 '손탁호텔'은 1922년에 허물어졌다.

당시에 리하르트 분쉬는 1902년 손탁 호텔의 단골이었고, 막 서른세 살이 되었는데도 여전히 독신이었다. 절망적일 정도는 아니었지만 그래도 꽤나 진지하게 적당한 배우자감을 물색하던 그는 스물다섯의 젊

---

[10] "손탁 여사. 다양한 문화를 기반으로 조선 궁정에서 일한 개척자 Fräulein Son(n)tag(1838-1922). Eine deutsche Pionierin mit interkulturellem Background am koreanischen Kaiserhof"라는 제목으로 2014년 7월 9일에 출간된 논문에서 실비아 브래젤(Sylvia Bräsel)은 손탁 여사가 1904년 2월 8일에 발발한 러일전쟁이 시작되기 전에 이미 게스트하우스를 팔았다고 주장한다. 그런데 브래젤은 이와 관련된 출처를 전혀 밝히고 있지 않아서 그녀의 주장은 확인할 수 없었다.

**도판 59** 1904년 서울 프랑스 공관 세미나 참석자들. 아말리에: 앞줄 오른쪽에서 두 번째. 에밀 마르텔: 둘째줄 왼쪽

은 아말리에를 눈여겨보게 되었다. 두 사람은 자주 어울리며 함께 보트 여행을 가기도 했다. 1902년 8월에 분쉬는 부모에게 보내는 편지에서 아말리에 에케르트가 새 커튼을 사서는 직접 바느질을 해서 자신의 집 전체 실내 장식을 새로 꾸며주었다고 이야기했다. 그는 계속해서 그녀의 친절함과 다정함을 칭찬했다.[11] 그런데 일년 후인 1903년 6월 15일에 부모에게 보내는 다른 편지에서는 이렇게 말했다.

"이제는 저도 좋은 지위와 집, 넓은 정원, 아내를 부양할 만한 월급을

---

11 Claussen-Wunsch, Gertrud: Dr. med. Richard Wunsch, p. 124.

받고 있습니다. […] 그런데 결혼 적령기의 여성이 없어서 최소한의 선택의 여지도 없습니다. 최근에 음악 지휘자의 딸과 거의 약혼할 뻔했는데 신중한 제 성격 탓에 그만두었습니다. 쉽지 않은 결정이었습니다. 그 아가씨가 정말 마음에 들었거든요. […] 영리하고 경제관념이 있는 아가씨고, 일본어, 영어, 프랑스어 그리고 독일어를 유창하게 구사합니다. 피아노도 굉장히 잘 친답니다. 그러니까 한마디로 장점이 아주 많은 아가씨입니다. 하지만 그녀는 제가 염두에 두고 있는, 제 지위에 충분히 걸맞은 여성이 되지는 못할 것입니다…"**12**

"… Ich habe nun auch eine Stellung, ein Haus, einen großen Garten und ein Einkommen, mit dem ich evtl. eine Frau ernähren könnte. … [Aber] hier sind keine heiratsfähigen Mädchen, wenigstens keine Auswahl. Ich war nahe daran, mich mit einer der Töchter des Musikdirektors zu verloben, habe es aber als vorsichtiger Mann gelassen, wenn es mir auch sehr schwer geworden ist. Ich habe das Mädchen riesig gern. … Sie ist auch gescheit und wirtschaftlich, spricht japanisch, englisch, französisch und deutsch fließend. Sie spielt famos Klavier, kurz, sie hat viele gute Seiten. Aber sie wird nie eine Dame werden, wie ich sie mir jetzt für meine Räpresentationspflichten vorstelle. …"

---

12   Claussen-Wunsch, Gertrud : Dr. med. Richard Wunsch, p. 147.

일 년 동안 이렇게 비교적 가깝게 지낸 친분 때문에 아말리에는 리하르트 분쉬와 약혼하게 되리라고 희망을 품었겠지만 정작 천생연분은 따로 있었다.

손탁의 게스트하우스에서 일하면서 아말리에는 프랑스 공관에서 정기적으로 열리는 세미나에도 참석하기 시작했다. 그런 식으로 독일 의사에 대한 상실감을 극복해 나가던 중에 미래의 남편을 만나게 되었다. 세미나에서 아말리에는 프랑스어를 가르치는 에밀 마르텔(Emile Martel)을 만났다. 에밀은 서울에 있는 프랑스 학교 교장이었고, 프란츠 에케르트보다 스물두살 어린 동료여서 아말리에에게도 이미 친숙한 사람이었다.

에밀 마르텔과 아말리에는 1904년에 약혼하고, 현재의 명동성당인 당시 종현성당에서 1905년 2월 7일에 결혼식을 올렸다.[13] 다음의 결혼식 묘사는 〈The Korea Review〉의 "뉴스 캘린더(News Calendar)"에 실린 내용이다.

"서울에 있는 프랑스 성당에서 2월 7일 화요일 아침 열 시에 아말리에 에케르트 양과 에밀 마르텔 씨의 결혼식이 진행되었다. 신부는 프란츠 에케르트의 차녀이고 마르텔 씨는 서울에 있는 한국 정부 프랑스어 학교의 유명한 교장이다. 초대된 많은 인사들이 성당에서 열린 인상적인

---

13  1892년 8월 5일, 고종 황제는 성당의 정초식을 진행하게 했지만 첫 청일전쟁(1894. 8. 1-1895. 4. 17) 때문에 성당의 준공은 1898년 5월 29일까지 연기되었다가 마침내 성모의 무염시태에 헌정하는 성축식이 거행되었다. 초창기의 '종현성당(鐘峴聖堂)'이라는 이름은 일제 강점기에 '천주교회(天主敎會)'로 바뀌었다가 1945년에 해방을 기념하며 현재의 '명동성당(明洞聖堂)'으로 다시 바뀌었다.

**도판 60** 1905년 2월 7일에 아말리에 에케르트와 에밀 마르텔의 결혼식 직전에 찍은 사진(프랑스 공사관 앞에서). 왼쪽부터 앞 줄: 요하네스 볼얀, 에밀 마르텔, 아말리에 에케르트, 피에르 베르토, 프란츠 에케르트. 뒷줄: 라포르트 부인, 마틸데 에케르트, 콜랭 드 플랑시, 베르토 부인, 두앵. 셋째 줄: 에르네스트 라포르트, 엘리자베트 에케르트, 콘라트 폰 잘데른. 맨 뒷줄: 베르토, 트레망세, 알폰스 트레뮐레

예식의 증인이 되어 혼인신고서에 서명을 했고, 미스 손탁의 거처로 몰려가서 다과를 들며 축하해주었다. 발코니에서 대기하던 황실 악대는 식이 진행되는 동안 어려운 선곡들을 대단히 훌륭하게 연주했다. 본지는 기나긴 친구들 목록과 함께 신혼부부에게 풍성한 행복을 빌어주는 바이다."[14]

---

**14** The Korea Review, vol. 5, no. 2(February 1905), p. 79. 본 기사에는 '차녀'라고 되어 있었지만 아말리에는 장녀이다. 기사에 오류가 있었던 것으로 추정된다.

"At the French cathedral in Seoul at ten o'clock in the morning of Tuesday, Feb. 7 occurred the Marriage of Mademoiselle Amelie Eckert to Mons. Emile Martel. The bride is second daughter of Franz Eckert and Mr. Martel is the well-known head of the Korean Government French language school in Seoul. A large company of invited guests witnessed the impressive ceremony at the cathedral, signed the marriage register, and repaired to the residence of Miss Sontag to extend their congratulations and partake of refreshments. The Imperial Band screened in a balcony presented in a highly credible manner a number of difficult selections during the ceremony. With an extended list of friends the Review wishes abundant happiness to the newly wedded pair."

프랑스 학교의 스케줄이 바빠서 젊은 부부는 신혼여행을 멀리 가지 못하고 1905년 10월에 부산에서 닷새만 보냈다. 아말리에는 그 결혼으로 축복과도 같은 다섯 아이들(마리 루이즈, 마리 앙투아네트, 샤를, 프랑수아, 마르게리트)을 모두 서울에서 출산했다.

1910년 8월 22일, 내각 총리대신 이완용이 한일합병조약에 서명한 후에 한국 정부는 에밀 마르텔을 해고했다. 아말리에는 그 참에 온 가족과 함께 일본 고베에 사는 남동생 프란츠를 만나러 갔다. 한 달 후에 서울로 돌아온 에밀 마르텔은 이번에는 다시 일본 정부에 고용되어 계속 교사 일을 해나갔다. 그렇지만 1914년 8월 4일, 제1차 세계대전이 발발한 직후에 징집되어 나흘 후인 8월 8일에 프랑스로 출발했다. 그리

**도판 61** 1907년 소풍. 왼쪽에 프란츠 에케르트, 앞쪽에 일본인 하녀와 마리 루이즈, 마리 앙투아네트와 에밀 마르텔. 에밀 마르텔 뒤에 아말리에와 어머니 마틸데

**도판 62** 1906년 에케르트의 정원에서

도판 63 히틀러 유겐트-1938년 8월 17일 일본 방문

고 1919년 11월 11일까지 서울에 돌아오지 못했다.

그 동안에 아말리에는 자녀들에게 피아노를 가르치고 최대한 자주 부모를 찾아뵈면서 바쁘게 지냈다. 수입원이라고는 정부에서 나오는 남편의 박봉뿐이었기 때문에 서울 근교에 있는 시골 집 텃밭에서 키운 딸기와 채소들을 팔아서 조금씩 가욋돈을 벌었다. 1918년부터는 다른 아이들에게 피아노 강습도 하고 영어와 프랑스어도 가르치기 시작했다. 그런 식으로 남편의 빈자리를 메우면서 생활고를 이겨냈다. 이런 상황은 에밀 마르텔이 1919년 11월에 서울에 돌아와 다시 여러 학교와 경성제국대학에서 교수 일을 시작할 때까지 계속되었다.

1930년대 후반에 독일과 일본은 가까운 동맹국이 되어 비록 정치적이고 대외 선전용이긴 했지만 두 나라 사이의 문화 교류가 발생했다. 교환 학생에 초점이 맞추어져서 주거니 받거니 하는 방문이 이루어졌다. 예를 들어 '히틀러 유겐트(Hitlerjugend, 나치 독일의 청소년단)' 대원 서

**도판 64** 1938년 일본에서 히틀러 유겐트

른 명으로 이루어진 대표단이 1938년 8월 16일에 '그나이제나우(Gneisenau)'호를 타고 요코하마에 도착해서 11월까지 일본을 여행했다.[15] 같은 해 가을에 한국에 있던 일본 정부는 일본 국가 '기미가요'의 역사에 관한 영화를 제작했다. 이때 아말리에는 메리놀 외방전교회(The Maryknoll Fathers and Brothers) 일원인 패트릭 제임스 번(Patrick James Byrne) 목사로부터 초대를 받아 교토에 갔다. 번 목사가 아말리에를 초대한 이유는 당시 히틀러 유겐트의 방문을 맞이해서 일본 국가를 만든 독일 작곡가 프란츠 에케르트의 딸을 만나면 일본인들에게 인상적이겠다는 생각을 했기 때문이었던 듯하다.

잠깐 동안 일본을 여행하고 돌아온 직후에 아말리에는 이번에는 큰아들 샤를에게서 중국 톈진에 들르라는 연락을 받는다. 둘째 아들 프랑수아가 징집되어 중국을 떠나 프랑스로 가게 되었기 때문이다. 1938년 10월 1일에 아말리에는 기차를 타고 톈진으로 가서 두 아들을 만나 시누이와 함께 한 달 동안 머물며 톈진을 관광했다.

---

**15** 독일-일본 관계. http://en.wikipedia.org/wiki/German%E2%80%93Japanese_relations.
  - Hitlerjugend visits Japan. At: Axis History Forum: http://forum.axishistory.com/
  viewtopic.php?t=101635 (2011년 4월 15일 접속)

**도판 65** 1941년 12월 진주만 공격

　1941년 12월 7일에 태평양 전쟁이 시작되어 일본이 영국령 말라야 (Malaya)를 침공하고 진주만 공격을 감행하자 미국인들은 전부 한국을 떠나야 했다. 에밀 마르텔도 뜻하지 않게 아무 이유 없이 1944년 12월에 한국을 떠나라는 일본의 명령을 받았다. 그는 칠순 생일(1944년 12월 14일)이 지난 직후에 일본인 경찰관 두 명의 경호를 받으면서 딸 마리 앙투아네트와 함께 기차를 타고 톈진으로 가서 누이동생 가족과 맏아들 샤를과 함께 지냈다. 1947년 11월이 되어야 간신히 서울로 돌아올 수 있었다. 그동안 아말리에는 여러 차례 이사를 하며 통역 일과 친구들의 도움을 받아서 근근이 생계를 유지했다.

　1949년 9월 19일에 남편이 세상을 떠난 후, 아말리에는 아들 샤를과 딸 마르게리트의 부양을 받았다. 이듬해 6월 25일에 북한군이 서울을 침입한 지 한 달 후인 7월 30일, 아말리에와 마르게리트는 북한 보안원에 체포되었다. 이들은 먼저 체포된 아들 샤를과 서울에 거주하던 다른 외국인들과 함께 북한으로 압송되어 포로수용소 몇 군데에 분산 수용되었다. 한동안 평양에 있는 감옥에 수감되었다가 기차로 압록강 근처 자강도 만포 시로 이송되었다. 그 해 11월 1일에 그곳에서부터 미군 포로 칠백쉰여덟명과 민간인 일흔네명의 일명 '호랑이 죽음의 행군(Tiger Death March)'이 시작되었다. 이 행군은 여드레 후 백오십 킬로미터 북쪽 도시 중강진에서 끝이 났다. 이 행군 중에 많은 사람들이 목숨을 잃었고 아말리에와 그녀의 자식들은 간신히 살아남았다.[16] 후에 외교관 무리는 다른 죄수들과 격리되어 아말리에와 마르게리트, 샤를은 이 무리와 함께 다시 만포 시로 돌아가 어느 농장에 배치되어 나머지 수감 생활을 했다. 서울에서 체포된 지 거의 삼년이 지나서야 평양으로 이송되었다가 마침내 1953년 4월 16일에 석방되었다.

평양북도 도청소재지인 신의주와 중국 북부 랴오닝 성에서 가장 큰 도시인 선양을 경유해서 1953년 4월 30일에 기차로 모스크바에 도착했다. 그곳에서 다시 베를린을 경유해 파리로 갔다. 아말리에 모녀가 파리에서 지내며 미국의 입국 허가서를 기다리는 동안, 아말리에는 1954년과 1955년에 베네딕도 수녀회의 초대로 독일 툿칭(Tutzing)에 있는 수도원을 두 차례 찾았다. 아말리에는 그곳에서 이마쿨라타 수녀가 되어 있

---

16 "호랑이 죽음의 행군"에 관한 보다 자세한 정보는 다음을 참조하기 바란다. "Battle of Korea : The Boys Come Home." In : Life Magazine, Monday, May 11, 1953. - Carlson, Lewis H.: Remembered prisoners of a forgotten war. New York : St. Martin's Press; April 18, 2002. - Crosbie, Philip : March till they die. Dublin : Clonskeaagh Co. 1956. - Deane, Philip : I should have died. New York : Atheneum 1977. - Zellers, Larry : In Enemy Hands : A Prisoner in North Korea. University Press of Kentucky 1991.

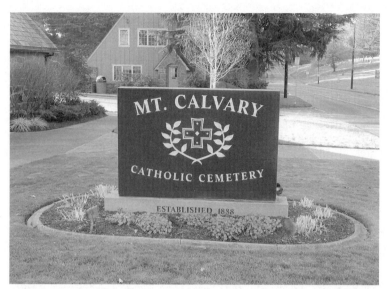

도판 66 오리건 주 포틀랜드의 캘버리 묘지

도판 67 포틀랜드의 캘버리 묘지에 있는 아말리에 마르텔의 묘비

는 맏딸 마리 루이즈와 재회했다. 마리 루이즈 역시 1949년부터 1953년까지 북한군의 포로로 억류되어 있었다.

마침내 미국으로부터 입국 허가서를 받은 아말리에와 마르게리트는 1955년 5월 18일에 프랑스를 떠나 르 아브르에서 증기선 '리베르테(Liberté)'호를 타고 닷새 만에 뉴욕에 도착했다. 다시 뉴욕에서 비행기를 타고 최종 목적지인 오리건 주의 포틀랜드로 향했다. 이후 아말리에와 마르게리트는 마리 앙투아네트와 그녀의 남편 리차드 디폴드(Richard G. Dippold, 1913-1997)와 함께 포틀랜드에서 여생을 보냈다.

일본과 한국에서 파란만장한 삶을 살았던 아말리에 마르텔은 오랜 친구들을 한국에 남겨두고 온 터라 외로웠다. 그래서 딸과 사위와 함께 살면서도 늘 서울에 있는 옛 집을 그리워했다. 1969년 4월 21일에 아말리에는 미국 오리건 주에서 아흔두살의 고령으로 숨을 거두었고, 포틀랜드에 있는 캘버리 묘지(Mt. Calvary Cemetery)에 안장되었다.

### 에밀 마르텔(Emile Martel, 한국명: 마태을 馬太乙)
#### (1874년 12월 4일, 요코하마-1949년 9월 19일, 서울)

에밀 마르텔은 요코하마에서 프랑스 세관 관리 알폰스 마르텔(Alphonse Martel)과 그의 일본인 아내 루이즈 곤도(Louise 近藤)의 맏아들로 태어났다.[17] 아버지가 상하이와 톈진에 사무실이 있는 프랑스 무

---

17 에밀 마르텔(Emile Martel: 1874-1949): http://jungdong.culturecontent.com/main/viw. asp?seq=제0710a00226. - 홍순호: "에밀 마르텔(Emile Martel)의 생애와 활동", 〈교회와 역사〉 93, 한국교회사연구소, 1983.

역회사에서 일하기 위해 중국으
로 가자, 에밀은 톈진에 있는 프
랑스 중학교에 다녔다. 졸업 후에
는 프랑스로 가서 고등교육을 받
았다. 아버지의 원대로 1816년에
설립된 프랑스의 가장 오래되고
유서 깊은 공학기술 학교인 '생
테티엔 에콜데민 그랑제콜(École
nationale supérieure des mines de
Saint-Étienne)'에서 공학을 전공했
다. 4년 과정을 무난히 마친 에밀
은 중국으로 돌아가서 상하이 해

도판 68 서울에서 에밀 마르텔, 1904년

군 세관(上海海關)에서 아버지와 함께 근무했다.

그 시기에 에밀은 프랑스 전권대사 빅토르 에밀 마리 조제프 콜랭 드
플랑시(Victor Emile Marie Joseph Collin de Plancy, 1853-1924)의 추천을 받
아 프랑스 학교 교장으로 임명되었다. 제안을 받아들인 에밀은 1895년
10월 5일에 서울에 도착해서 1896년 1월 6일에 프랑스어학교를 개설
했다.[18]

1910년 한일합병조약(韓日倂合条約) 이후에 에밀은 한국 정부에서 해
고되었지만 한 달 후에 새로 설립된 일본총독부에 재채용되었다. 그는
프랑스어 교사로 재직하다가 제1차 세계대전이 발발하자 프랑스군에

---

18 Allen, Horace N.: A Chronological Index. Seoul 1901, p. 31.

**도판 69** 학생들과 함께 있는 에밀 마르텔, 1904년경

**도판 70** 2016년 4월 에케르트의 무덤 뒤편 마르텔의 묘

징집되어 1914년 8월 8일에 프 랑스로 떠나야 했다. 오년 후인 1919년 11월 11일에야 서울에 돌아왔다. 처음에는 별다른 직 업 없이 일본이 허가한 유일한 영자신문 〈서울 프레스(The Seoul Press)〉의 편집자로 잠깐 일했다. 하지만 머지않아 몇몇 학교와 경 성제국대학교에서 다시 교수 일 을 하게 되었다. 경성제국대학(京 城帝国大学)은 1924년에 창설되어 훗날 1946년에 서울대학교로 개 칭되었다.

**도판 71** 2015년 6월, 서울 양화진 외인 묘지의 에밀 마르텔의 묘

  1941년 12월에 태평양 전쟁이 발발하자 모든 미국인들이 한국을 떠나야 했다. 에밀 마르텔도 알 수 없는 이유로 일본인들에게 쫓겨나 1944년 12월에 중국으로 떠나 톈진에서 동생과 맏아들 샤를의 집에 머 물렀다. 그러다 1947년 11월에 마침내 서울로 돌아왔다. 거의 오십년 가까운 세월 동안 두 번의 외유 외에는 평생을 한국에서 살며 일해 왔 던 에밀은 1949년 9월 19일 새벽 네시에 숨을 거두어 서울 양화진 외인 묘지에 장인인 프란츠 에케르트의 무덤 바로 뒤편에 안장되었다.

## 자녀들:

1. **마리 루이즈**(Marie-Louise, 한국명: 마영순馬英順, 별칭: 룰루 – Lulu, 이마쿨라타 수녀Sr. Immaculata) (1906년 3월 4일, 서울 – 1988년 12월 5일, 대구)

아말리에의 첫 아이 출산을 도와준 일본인 의사는 아이가 일요일에 태어나길 바랐다. 독일 여행을 갓 마치고 돌아온 의사는 일요일에 태어나는 아기들을 위한 독일 시 한 편을 소개했다. 그 시가 효과가 있었는지, 마리 루이즈는 정말로 1906년 3월 4일 일요일에 태어났다.

베네딕도 수도사들이 1909년 말엽에 한국에서 선교 활동을 시작했을 때 아말리에와 에밀 마르텔 부부는 매주 일요일마다 아이들을 데리고 성당에 가서 미사를 드렸다. 그 시기에 마리 루이즈는 수도원장인 보니파시오 사우어를 만났다. 사우어 원장은 마리 루이즈의 첫 영성체와 고해성사를 준비했을 뿐만 아니라 장차 그녀를 미래 베네딕도 수도회 수녀로 이끄는 발판이 되었다.

1914년에 제1차 세계대전이 발발한 후에 아버지 에밀 마르텔은 많은 프랑스 성직자들과 함께 프랑스로 떠나야 했다. 아버지가 한국 땅을 비운 동안에 베네딕도 수도사들, 특히 사우어 원장은 남자 아이들을

**도판 72** 수도원장 보니파시오 사우어(1877-1950)

도판 73  1928년 5월 원산의 첫 수도 지원자들. 왼쪽에서 두 번째가 마리 루이즈

보살피면서 아이들이 매일 아침 어머니에게서 받는 수업 외에 따로 아이들에게 보충 수업을 해주었다.

당시, 1917년 가을까지만 해도 서울에는 가톨릭 학교가 없었기 때문에 아말리에는 두 딸 마리 루이즈와 마리 앙투아네트를 일본에 있는 학교에 보냈다. 두 딸은 도쿄에서 프랑스 수녀들이 이끄는 성심학교(School of the Sacred Heard)에 다녔다. 그들은 그곳에서 육년 동안 공부하며 여름 방학 때만 두 달 가량 서울에 와서 지냈다. 1924년에 딸들은 졸업을 하고 한국으로 돌아왔다.

마리 루이즈는 성심학교에서 예수회 수사이자 독일 제3제국시대에 가톨릭 레지스탕스의 지도자였던 뮌헨의 루퍼트 마이어(Rupert Mayer, 1876-1945) 신부[19]의 누이 네 명 중 한 사람인 마이어 원장수녀를 만났

도판 74　1930년 5월 24일 원산 최초의 수련 수녀들. 보니파시오 사우어 수도원장 뒤편에 마리 루이즈

다. 마리 루이즈는 마이어 수녀에게 깊은 애착을 느껴 평생 친분을 유지했다. 당연히 마이어 원장수녀는 마리 루이즈가 수녀가 되기로 결심하는데 가장 큰 영향을 미친 인물 중 하나였다.

　1884년에 안드레아스 암라인(Andreas Amrhein, 1844-1927) 신부는 독일 바이에른 지방의 라이헨바흐(Reichenbach)에 베네딕도 수도회를 설립했다. 이듬해 9월 24일, 첫 여성 신도 후보자 네 명이 라이헨바흐 수도원에 들어갔다. 이 날은 현재 베네딕도 수녀회의 창립일로 여겨진다. 1887년에 공동체 전체가 훗날 오딜리아 연합회가 되는 오버바이에른의 엠밍(Emming)으로 옮겼다. 수녀들의 새 모원 건물이 1904년에 툿칭에서 완

---

**19**　제1차 세계대전에서 철십자 훈장을 받은 최초의 사제이자 예수회 신부인 루퍼트 마이어는 나치에 잡혀 일곱 번 감금되었고 작센하우젠 수용소에서 일곱 달을 지냈다. 교황 요한 바오로 2세는 1987년 5월 3일에 그를 시복했다.

공되자 베네딕도 수녀회는 1904년 7월 29일에 상트 오틸리엔에서 툿칭으로 옮겼다. 1923년, 대주교인 보니파시오 사우어가 수녀회를 방문해 한국의 북쪽과 만주지역에 갓 신설된 대목구를 도와달라고 부탁했다. 그 대목구는 한국에 몇 명 되지 않는 베네딕도 선교사들이 감당하기에는 너무 컸다. 이년 뒤인 1925년 9월 27일, 최초의 수녀 네명이 동양으로 향하는 머나먼 여행길에 올랐다. 거의 두 달이 지나 11월 21일에 마침내 목적지인 원산에 도착했다.

마리 루이즈는 1928년 1월 31일에 부모의 축복 속에 원산에 있는 베네딕도 수녀회에 합류했다. 일곱 명의 수도지원자들 중 한 사람이었던 그녀는 1930년 5월 24일에 정식 수녀가 되면서 "이마쿨라타"로 이름을 바꾸었다. 이마쿨라타 수녀가 첫 신앙고백을 한 때는 일 년 후인 1931년 5월 25일, 그리고 1933년 11월 16일이었고, 종신서원은 1934년 5월 26일에 원산에 있는 교구 교회에서 이루어졌다.[20] 1945년까지 이마쿨라타 수녀는 수련 수녀 기간 동안 젤라트릭스(Zelatrix: 젊은 수녀들의 규율을 책임지는 연장자 수녀)로서 도움을 줄 수 있도록 허용되었다. 프랑스인이라는 이유로 1945년에 정치적인 사유로 억류될 뻔했으나 대신에 원산 수도원에서 강원도 신고산이라는 작은 마을에 있는 베네딕도 수녀회의 지소로 보내졌다.

1949년 5월 12일 이른 아침, 신고산에 있는 베네딕도 수녀들은 모두 북한군의 포로로 사로잡혀서 처음에는 원산으로 압송되어 덕원 수도원에서 잡혀온 베네딕도 수도회 수사들과 함께 화물기차에 올랐다. 평

---

**20** Leben und Sterben unserer Schwester Immaculata Martel OSB. (PDF).

**도판 75** 1933년 11월 16일 첫 신앙고백

양으로 이송된 그들은 혹독한 상황 속에 수감되어 걸핏하면 심문을 받았다. 북한 보안원에게 유죄 판결을 받고 평양에 있는 감옥에 갇혀 지내는 동안[21] 이마쿨라타 수녀와 다른 수녀들은 8월 5일에 다시 한 번 기차로 이송되어 북서쪽 5.4킬로미터 거리의 산속 깊은 곳에 있는 일명 옥사덕 수용소(자강도 전천군 쌍방리)로 보내졌다. 그들은 그곳 들판에서 강제 노역을 해야 했다.

미군이 1950년 가을에 북한으로 진격하면서 포로로 잡혀있던 베네딕도 수도회 수사들은 북쪽 자강도 압록강변 국경선에 위치한 만포로 후송되었다. 만포에서 그들은 1951년 1월 중반에 옥사덕으로 다시 이송될 때까지 두 달 정도를 미국 비행기의 폭격을 피하며 안간힘을 쓰고 위태로운 삶을 살았다.

1953년 8월부터 12월까지 남아 있는 한국전쟁의 포로들은 전부 본국으로 송환되었다. 일명 '빅 스위치 작전(Operation Big Switch)'이라 불린

---

**21** 무고죄로 유죄를 선고받은 독일 수도사들 중에는 투옥 중 옥사한 주교 보니파시오 사우어(1877. 1. 10-1950. 2. 7), 역시 옥사한 신부 루페르트 클링자이스(1890. 1. 5-1950. 4. 6), 처형된 신부 루시우스 로트(1890. 2. 19-1950. 10. 3), 처형된 신부 그레고르 스테거(1900. 12. 30-1950. 10. 3), 처형된 신부 다고베르트 엔크(1907. 9. 15-1950. 10. 3), 처형된 수사 그레고르 기게리히(1913. 4. 29-1950. 10. 4), 처형된 수사 요제프 그라하머(1888. 6. 1-1950. 10. 4), 처형된 수사 루드비히 피셔(1902. 10. 23-1950. 10. 11) 등이 있다.

이 전쟁포로 교환으로 베네딕도 수도
회 수녀들과 수사들도 마침내 11월
19일에 석방되어 평양으로 후송되었
다. 그들은 기차로 평양 수용소로 보
내져 새 옷가지들을 제공받았고, 사
년반 만에 처음으로 제대로 된 빵과
소시지 그리고 너무나 오랫동안 구경
도 해보지 못했던 맛있는 음식들을
먹었다.

**도판 76** 1954년 1월 22일, 북한 포로수용
소에서 석방된 후의 이마쿨라타 수녀

같은 해 12월, 독일 베네딕도 수도
회 수사들은 평양을 떠나 독일로 돌
아갔다. 동독 정부가 통행료를 지불
했다. 하지만 이마쿨라타 수녀는 독
일인이 아니라 프랑스인이었기 때문에 여행이 연기되었다. 새로운 협상
끝에 모든 포로들은 1954년 1월에 드디어 북한을 떠날 수 있었다.

1월 8일, 그들은 평양의 열아홉개 구역 중 하나인 순안에서 기차를 타
고 우선 신의주로 이동했다. 그곳에서 압록강을 건너 중국의 인근 도시
단동으로 건너가 이튿날 기차를 타고 유럽으로 되돌아가는 여정을 시
작했다. 1월 11일, 그들은 중국과 러시아 국경 도시인 만주에 도착해서
밤 열시에 시베리아 횡단 철도로 귀향 여정을 이어갔다. 베이징, 모스크
바, 브레스트를 경유해 1월 21일에 동독 프랑크푸르트 오더(Frankfurt/
Oder)에 도착해 버스를 타고 독일 중부 튀링겐 주의 도시 아이제나흐
(Eisenach)에 있는 임시 난민 수용소를 거쳐 서독으로 국경을 넘었다. 뮌

**도판 77** 1956년에 어느 후원자와 함께 있는 이마쿨라타 수녀

헨에서 베네딕도 수도회 수사들은 다시 나뉘어 상트 오틸리엔으로 돌아간 반면에 수녀들은 1월 24일에 툿칭에 있는 수녀원에 도착했다.[22]

이마쿨라타 수녀는 툿칭 모원을 그때 처음 보았다. 이마쿨라타 수녀가 어찌나 기뻐하던지 동료 수녀들은 그녀가 북한 포로수용소에서 오랫동안 감금되어 있었다는 사실을 잊

을 정도였다. 하지만 무엇보다도 행복한 순간은 어머니와 여동생 마르게리트를 만났던 때였다. 십사년 동안 헤어져 있던 이들 모녀는 1954년과 이듬해에 두 번 만났다.

1955년 8월에 이마쿨라타 수녀는 동양으로 되돌아갔다. 동행한 동료 베네딕도 수도회 수녀인 카리타스 호펜치츠(1913-2005) 수녀도 1938년부터 원산에서 지내다가 옥사덕에서 함께 수용생활을 했다.[23] 카리타스 수녀는 1955년 11월 29일에 부산에 도착했고, 이마쿨라타 수녀는 일본으로 가서 오사카 남쪽 와카야마 현에 있는 작은 도시 하시모토와 다나베의 어느 유치원에서 오년 동안 일했다. 1961년에 유치원이 문을 닫자

---

**22** Schicksal in Korea. Deutsche Missionare berichten. St. Ottilien 1974, 2nd edition, pp. 104-107, 108-111.

**23** Sr. Caritas Hopfenzitz, OSB. http://www.osbtutzing.it/de/Sr._Caritas_hopfenzitz.pdf

한국으로 돌아와서 1961-1967년 까지 수도원 부원장으로 베네딕도 수녀들을 돕다가 대구에서 새 수도원을 재건했다. 이후에 김천에 있는 지회에서 수석 수녀로 지냈다. 이곳은 현재 수녀들이 여학교로 운영하고 있다.

**도판 78** 1980년대 이마쿨라타 수녀

1974년 11월에 이마쿨라타 수녀는 평소 바람대로 대구 근처 경산에서 베네딕도 수녀들이 운영하는 '기도의 집'에 들어갔다. 그곳에서 그녀는 여생을 늘 차분하고 친근하며 주변 사람들을 돕는 사람으로 기도하면서 지냈다.

어느 날 수녀는 성당에 가는 길에 쓰러져서 대퇴골 경부골절상을 입었다. 대구 파티마 병원에서 수술을 받았지만 회복하지 못하고 휠체어에 의지하게 되었다. 1984년에 병원에서 치료를 받는 동안 수녀는 가족과 자신에 관한 이야기가 담긴 두 통의 편지를 필자에게 보냈다. 수녀는 몸을 움직이지 못하는 외에도 유방암이 생겨서 끝내 기력을 잃고 1988년 12월 5일 오전 7시 45분에 세상을 떠났다.[24]

24　Leben und Sterben unserer Schwester Immaculata Martel OSB, pdf.

## 2. 마리 앙투아네트(Marie-Antoinette, 별칭: 네테를레 - Netterle 와 토니 - Toni)

(1907년 4월 23일, 서울 - 1989년 12월, 오리건 주 포틀랜드(미국))

마리 앙투아네트는 언니 마리 루이즈와 마찬가지로 처음에는 집에서 어머니에게 공부와 피아노를 배웠다. 1917년 가을에 자매 모두 도쿄 성심학교에 입학했다. 그때부터 육년 동안은 여름방학 때만 잠깐씩 한국 집에 들렀다. 졸업 후, 1924년에 마리 앙투아네트 자매는 서울로 돌아왔다.

1945년 8월 15일, 일왕 히로히토는 라디오 방송을 통해서 일본의 항복을 공식 선포했고, 마지막 조선총독 아베 노부유키(阿部信行, 1875-1953)는 한국 국민들에게 정부를 돌려주었다. 삼주 후인 1945년 9월 8일, 존 리드 하지(John R. Hodge, 1893-1963) 사령관이 이끄는 미군이 인천에 상륙했다. 미국의 개입으로 이승만(李承晚, 1875-1965)이 새 정부의 수장으로 임명되어 1948년 대한민국 초대 대통령이 되었다.

한 일본 친구의 추천으로 마리 앙투아네트는 일본에서 돌아온 지 얼마 안 되었을 때부터 한성전기회사(漢城電氣會社)에서 통역사로 일하기 시작했다. 1945년에 미군이 한국에 상륙한 이후에도 같은 회사에서 일을 계속했지만 단지 이번에는 미국이 경영

도판 79 마리 앙투아네트, 1955년

**도판 80** 더글러스 맥아더 장군(왼쪽)과 이승만 박사, 1945년

**도판 81** 1975년, 마리 앙투아네트, 마르게리트, 이마쿨라타 수녀

**도판 82** 1955년 리차드 디폴드

권을 쥔 상태였다. 그 무렵에 미래의 남편인 미군 리차드 G. 디폴드를 만났다. 두 사람의 결혼식은 1948년 7월 10일 서울에서 열렸다. 마리 앙투아네트는 곧바로 남편을 따라 미국 오리건 주 멀트노머 카운티(Multnomah County)의 포틀랜드로 떠났다. 그렇게 시기적절하게 한국을 떠난 덕분에 곧이어 일어난 한국전쟁과 북한에 억류되는 일을 피할 수 있었다.

아말리에와 마르게리트 모녀는 북한군의 손아귀에서 풀려나 유럽에 도착한 이후 미국으로 이민을 가서 마리 앙투아네트와 리차드 부부가 있는 포틀랜드에서 함께 살았다.

둘째 딸인 마리 앙투아네트와 리차드 부부는 1989년 12월에 마리 앙투아네트가 사망할 때까지 자식 없이 오붓하게 살았다. 장례식은 12월 28일에 치러졌고, 그녀는 포틀랜드 근처 캘버리 묘지에 안장되었다.(부활의 정원 구역 6116호 5번)

## 리차드 G. 디폴드

(Richard G. Dippold, 별칭 딕 - Dick, 1913. 1. 18, 펜실베이니아 주 세인트 메리스-1997. 2. 8, 오리건 주 포틀랜드)

1945년 9월에 처음으로 미군이 인천에 상륙한 후 얼마 되지 않아서

**도판 83** 리차드와 마리 앙투아네트 디폴드의 묘(부활의 정원 구역, 6116호, 4번과 5번)

육군공병에서 기술 병장으로 복역 중이던 리차드 디폴드의 부대는 서울로 올라가라는 명령을 받았다. 그는 그곳에서 마리 앙투아네트를 만나 결혼했고, 곧바로 새신부와 함께 미국으로 복귀했다. 아내가 세상을 떠난 후 거의 칠년 후인 1997년 2월 8일에 리차드도 아내 뒤를 따라 숨을 거두었고, 나흘 후 캘버리 묘지에 아내 곁에 묻혔다.(부활의 정원 구역 6116호 4번, 5번)

### 3. 샤를

(Charles, 1909. 3. 1, 서울 –1989. 1. 6, 발 드 마른 지역의 리메이 브레반느(프랑스))

샤를은 1909년 3월 1일 저녁 일곱시 무렵, 서울 자택에서 아말리에와 에밀 마르텔 부부의 장남으로 태어났다. 1914년, 만 다섯 살이 되던 해에 샤를은 성홍열에 걸려 몹시 앓았다. 병원에 입원한 지 삼주 만에 간신히 퇴원은 했지만 호된 병세 끝에 한쪽 눈을 실명하고 말았다.

샤를도 누나들과 마찬가지로 처음에는 집에서 어머니에게 특히 독일

**도판 84** 서울 거리의 은행과 시가전차, 1915년경

어와 영어를 배웠다. 조금 더 큰 다음에는 명동성당 근처에 있는 샤르
트르 성 바오로 수도원(St. Vincent de Paul de Chartres)[25]에 가서 프랑스 수
녀들에게 프랑스어를, 성공회의 영국인 수녀들에게 영어를 배웠다. 독
일어는 나중에 집안의 가까운 친구인 한성덕어학교 교장 요하네스 볼
얀에게 배웠다.

1916년에 치러진 할아버지의 장례식에서 샤를은 프란츠 에케르트가
생전에 받았던 훈장들을 벨벳 쿠션에 받쳐 들었다. 장례식을 마치고 가
족들과 함께 일본 여행을 하고 돌아온 뒤, 샤를은 할머니가 너무 외롭

---

[25] 1888년 7월 22일에 최초의 선교사 수녀 네 명이 한국에 도착했다. 샤르트르 성바오로 수녀
회(*Sœurs de St. Paul de Chartres SPC*) 수녀들은 로마 가톨릭교 신도들로 가난한 사람들을
가르치고, 치료하고, 돌보고, 고아들과 노인, 장애인, 정신 지체자들을 보살폈다. 샤르트르
성 바오로 수녀회는 1695/96년 프랑스 샤르트르 교구인 레브빌 라 슈나르에서 루이 쇼베
(Louis Chauvet, 1664-1710)와 마리 안 드 틸리(Marie Anne de Tilly)가 설립했다.

**도판 85** 1931년 중국에 있는 마리스타 교육수사회 수도사들

지 않으시도록 며칠 동안 밤새 할머니 곁을 지키며 위로해 드렸다.

샤를은 열세 살이 되던 1922년에 동생 프랑수아와 함께 중국 톈진에서 교육을 계속 받기로 했다. 그런데 샤를은 병에 걸리는 바람에 집에 남고 동생만 아버지와 함께 9월 1일에 톈진으로 떠났다. 샤를은 몇 달후에야 동생과 합류해서 마리스타 교육수사회가 운영하는 생 루이 고등학교에 다녔다. 그 시기에 두 형제는 톈진에 사는 고모와 사촌들과 함께 지내며 일 년에 한 번 여름 방학 때만 집에 들렀다. 동생은 활발하고 가끔씩 거친 성격 때문인지 성적이 안 좋았지만, 샤를은 대단히 성실해서 성적이 우수했다. 졸업 후에 두 형제 모두 캠브리지 대학에 진학하기 위해 톈진에 남아서 두 번의 입학 시험을 치렀고, 둘 다 합격했다. 건강과 여러 가지 이유 때문에 마리스타 교육수사회 수도사들 상당

수가 중국을 떠나서 학교에는 극소수의 교사들만 남았다. 상황이 그렇게 되자 학교 교장은 샤를과 프랑수아에게 생 루이 고등학교에서 교사 일을 맡아달라고 부탁했다. 형제는 그 제안을 받아들여 일년 동안 한 달에 백달러씩 받으며 교사 일로 난생 처음 돈벌이를 했다.

학교장의 알선으로 샤를은 1928년에 직업을 구해서 톈진에서 비즈니스 관련 일을 팔년 동안 했다. 그 후에는 톈진에서 프랑스 영사관이 운영하는 프랑스 지방자치제에 들어갔다. 1937년에 제2차 청일전쟁(1937년 7월 7일-1945년 9월 9일)이 발발하여 일본이 톈진을 점령하자 샤를은 프랑스어, 독일어, 영어, 중국어, 일본어 같은 여러 언어를 유창하게 구사하는 덕분에 양국 공식 연락 담당자로 활동했다. 하지만 과도기가 끝나자 더는 그의 도움이 필요 없게 되었다. 프랑스 지방자치제에서 일했던 경력과 영사와 맺은 개인적 친분 덕분에 그는 프랑스 영사 업무부

도판 86 지그마링겐 성

에 들어가기로 결심했다.

1944년 6월 3일, 프랑스 공화국 임시 정부가 알제리에서 성립되고 샤를 드골(Charles de Gaulle, 1890-1970)이 1944년 9월부터 1946년 1월 20일에 사임할 때까지 초대 대통령을 역임했다. 비시 체제(Vichy-Regime)의 프랑스 정부는 아돌프 히틀러(Adolf Hitler, 1889-1945)의 명령으로 1944년 8월 20일에 독일 바덴뷔르템베르크(Baden-Württemberg) 지역 스와비안 알브(Schwäbische Alb)에 있는 지그마링겐 성으로 옮겨졌다. 불과 닷새 만인 8월 25일에 샤를 드골은 파리로 입성해서 공화국의 재정립을 선언했다. 이런 정부 변화 때문에 해외에서 근무하던 프랑스 공무원들 모두 프랑스로 소환되었다. 프랑스 영사 업무를 맡아하던 샤를도 그 명령에 따라 1945년에 톈진을 떠났다.

그런데 오래지 않아서 샤를은 다시 극동지역으로 발령되었다. 이번에는 서울 주재 프랑스 영사관에서 총영사 조르주 페뤼슈(Georges Perruche, 1916-1984)와 부영사 장 메드모르(Jean Meadmore, 1922-?) 밑에서 서기관으로 일하게 되었다. 그렇게 해서 1947년 초반에 한국에 도착해서 어머니와 누나들과 재회했다.

북한군은 1950년 6월 25일 남침 직후 서울에 거주하던 모든 외국인들을 포로로 잡아들이기 시작했다. 샤를은 7월 10일에 조르주 페뤼슈와 함께 체포되었다. 이십일 후, 어머니 아말리에와 막내 여동생 마르게리트도 체포되어 평양으로 이송되었다가 훗날 어느 포로수용소에서 재회한다. 북한군에게 사로잡힌 이후 삼년 동안 이들은 간신히 함께 지내면서 '호랑이 죽음의 행군'에서도 살아남아 마침내 1953년 4월 16일에 자유의 몸이 되었다.

**도판 87** 메종 알포르 시청

1953년 5월에 파리에 도착한 아말리에와 마르게리트는 미국 입국 허가서를 신청한 반면에 샤를은 북한군의 악몽에서 벗어나고서도 그다지 충분히 쉴 틈이 없었다. 같은 해에 곧바로 프랑스 산소 관련 기업에 취업이 되어 다시 파리를 떠나 일본 고베로 향했다. 1955년에 그는 고베에서 그리 멀지 않은 어느 유치원으로 파견된 누나 마리 루이즈(이마쿨라타 수녀)와 상봉했다. 샤를은 삼년 동안 프랑스 회사에서 일하다가 1957년경에 프랑스 외무부에 다시 들어갔다. 이년 후, 어느덧 쉰아홉살이 된 샤를은 아르헨티나에 있는 프랑스 대사관에서 일을 하게 되었다.**26**

---

**26**  대구수녀원에 생존했던 Franz Eckert의 외손녀, Sr. Immaculata Martel. http://online4kim.net/xe/17655 (2012년 6월 26일).

안타깝게도 샤를이 아르헨티나에서 얼마나 머물렀는지, 아르헨티나 이후에 다른 나라에서 더 일을 했는지, 언제 완전히 프랑스로 돌아갔는지 확실히 알 길이 없다. 어쨌든 샤를 마르텔은 은퇴하고서 파리 외곽의 메종 알포르(Maisons-Alfort)라는 작고 조용한 마을을 택해 그곳에서 여생을 보냈다. 그 마을 마리샬 쥐앵 가(Rue de Marichal Juin) 15번지에서 필자는 1985년 9월 말엽에 샤를 마르텔과 그의 아내 엘랜을 개인적으로 만나서 "아말리에 마르텔의 회상록"을 소개받았다. 그들과 만남을 이어오다가 필자가 1988년 초반에 완전히 한국으로 들어오면서 바쁜 일과 때문에 아쉽게도 연락이 끊기고 말았다.

### 4. 프랑수아

(François, 1910년 9월 26일, 서울-?)

형 샤를과 마찬가지로 프랑수아도 처음에는 어머니의 가르침을 받다가 서울 베네딕도 수도회 수사들에게 교육을 받았다. 후에 샤르트르 성 바오로 수녀회의 프랑스인 수녀들에게서 프랑스어를, 성공회 영국인 수녀들에게 영어를, 요하네스 볼얀에게서 독일어를 배웠다.

1922년 9월 1일, 그는 아버지를 따라 서울을 떠나 중국 텐진에 있는 마리스타 교육수사회 수도사들의 생 루이 고등학교에 다니게 되었다. 형 샤를은 성적이 좋은 편이었지만, 프랑수아는 기질 상 그렇질 못했다. 하지만 결국 두 소년 모두 우수한 성적으로 학교를 졸업해서 캠브리지 대학 입학시험에 통과했고, 일년 후에 형과 함께 생 루이 고등학교에서 학생들을 가르치게 되었다.

도판 88 톈진 프랑스 조계지의 동쪽 풍경

샤를은 실명한 한쪽 눈 때문에 면제되었지만, 프랑수아는 1928년 무렵에 징집되어 톈진 내 프랑스 조계지에서 군 복무를 했다. 군 복무를 마친 후에는 한 수출 회사에서 일을 시작했지만 일년 만에 회사를 그만두었다. 어떤 면에서는 군복무가 더 기회일지 모른다는 생각에 다시 군에 입대해 톈진에 주둔하는 정규병이 되었다.

1939년 초반에 프랑수아는 중국을 떠나 유럽으로 향했다. 두 달 정도 프랑스에서 지내다가 사관학교에 입학해 장교가 될 생각이었다. 그러나 전쟁이 발발하면서 계획은 좌절되었다. 그는 파리로 곧장 행군해서 대기하라는 명령을 받았다. 프랑수아는 독일군과의 첫 교전에서 곧바로 적군에 사로잡혀 독일군 포로로 오년을 보냈다. 그래도 독일인 어머니를 둔 덕에 독일어를 유창하게 구사했기 때문에 후한 대접을 받고 늘 괜찮은 음식을 제공받았다. 전쟁 포로로 지내는 동안에는 시골로 보내

도판 89 벨포르시

져서 어느 독일인 농부 밑에서 일했다. 제2차 세계대전이 종전되어 해
방된 이후에 그는 계속해서 프랑스 군인으로 복무했고, 마다가스카르
에 파견되어 삼년 동안 지내다가 1950년경에 프랑스로 돌아갔다. 프랑
스에서는 동부 프랑슈 콩데(Franche-Comté) 지방 테리투아르 드 벨포르
주 벨포르(Belfort)시에서 주둔했다.

　1953년 5월, 북한군 포로로 잡혀 있던 어머니와 형제들이 석방되자
프랑수아는 단숨에 벨포르에서 파리로 건너가 무려 십 오년 동안이나
만나지 못했던 가족과 재회했다. 정확히 이년 후인 1955년 5월에 프랑
수아는 다시 파리로 가서 어머니와 막내 마르게리트와 함께 파리의 어
느 호텔에서 며칠간 함께 지냈다. 하지만 이번 방문에는 슬픈 사연이 있
었다. 5월 18일, 기차를 함께 타고 르 아브르 항까지 배웅한 후에 어머니
와 누이동생 마르게리트를 마지막 작별인사와 함께 '리베르테'호로 떠

나보냈기 때문이다.

프랑수아 마르텔의 전기는 여기까지다. 안타깝게도 그 후 그의 근황에 대해서는 알아낼 길이 없었다.

### 5. 마르게리트 F.

(Marguerite F., 1912년 7월 1일, 서울 –1995년 12월 12일, 포틀랜드 미국)

마르게리트는 1912년 7월 1일에 아말리에와 에밀 마르텔의 막내딸로 태어났다. 1916년 프란츠 에케르트가 세상을 떠났을 때 마르게리트는 고작 네 살이었고, 언니들이 1917년에 일본으로 유학을 떠날 때는 다섯 살이었다. 칠년 후인 1924년에 언니들이 졸업을 하고 서울에 돌아오자 이번에는 마르게리트가 일본으로 건너가서 도쿄 성심학교를 다니

도판 90 1955년 마르게리트 마르텔

게 되었다. 오년에서 육년 정도 후에 마르게리트가 졸업을 하면서 비로소 가족이 서울에 한데 모였다.

1945년에 한국이 해방된 후에 마르게리트도 언니 앙투아네트와 마찬가지로 미국 정부와 미국 전자기업(RCA, Radio Corporation of America)의 공식 통역사로 일하기 시작했다. 1948년 7월에 둘째 언니가 결혼해서 미국인 남편과 함께 미국으로 건너가자 마르게리트와 샤를만 어머

도판 91 포틀랜드와 후드 산의 스카이라인

니와 함께 서울에 남았다. 북한 공산군이 1950년 6월 25일에 수도 서울
을 점령한 후에 남은 세 명은 7월에 포로로 잡혀서 북한군 포로수용소
에서 1953년 3월에 석방될 때까지 삼년 동안 갖은 고초를 겪는다.

한국 전쟁 때문에 북쪽이나 남쪽 모두 파괴되어 마르게리트 모녀는
돌아갈 곳도 없었다. 그래서 그들은 미국으로 가서 마리 앙투아네트와
그녀의 남편 리차드와 함께 오리건 주 포틀랜드에서 살기로 했다. 하지

도판 92 포틀랜드 캘버리 묘지의 마르게리트 F. 마르텔의 묘

만 그러려면 우선 1953년 5월에 파리에 도착한 후에 입국 허가를 신청해야 했다. 하지만 아말리에는 독일 이민 할당제에 등록되어 있었던 반면에 마르게리트는 희한하게도 한국인 이민 할당제에 등록되어 있어서 신청 과정이 오래 걸렸다.

마르게리트는 유럽에 체류하는 동안 어머니 곁을 떠나지 않고 함께 마르세유를 방문했고, 두 번은 독일로 가서 바이에른 지역의 툿칭에 있는 큰언니 이마쿨라타 수녀를 만나기도 했다. 모녀는 이년 만에 겨우 비자를 받아 가족과 친구들에게 작별인사를 나누고 1955년 5월 18일에 르 아브르 항에서 '리베르테'호를 타고 미국으로 떠났다. 오리건 주 포틀랜드에서 그들은 새 집을 얻어 남은 인생을 그 집에서 보냈다. 조용한 성품의 마르게리트는 줄곧 미혼이었다. 훗날 그녀는 복부에 암이 생겨서 1995년 12월 12일에 결국 지병으로 숨을 거두었다. 그녀의 장례식은 포틀랜드 근처 캘버리 묘지(부활의 정원 구역 6116호 6번)에서 12월 18일에 치러졌다. 그녀는 언니 마리 앙투아네트와 형부 리차드 G. 디폴드 곁에 나란히 안장되었다.

# 2

## 프란츠 에케르트 주니어(Franz Eckert Jr.)

1879년 9월 23일, 빌헬름스하펜(독일) – 1959년 12월 13일, 함부르크(독일)

프로이센 출신 지휘자 프란츠 에케르트는 1879년 초에 빌헬름스하펜에서 가족들에게 작별인사를 하고 일본으로 여행을 떠나기 불과 몇 주 전에서야 아내 마틸데가 또 아이를 가진 사실을 알았다. 그래서 애초 계획과 달리 아내의 출발은 일 년쯤 뒤로 미루기로 했다. 프란츠 에케르트 주니어가 일본까지 이어지는 길고도 험한 뱃길 여행을 견딜 수 있을 만큼 자랐다 싶을 때인 1881년 3월에 비로소 마틸데는 아말리에와 어린 프란츠를 데리고 독일을 출발했다. 당시에 어린 프란츠는 생후 십팔개월이었고, 아버지는 도쿄에서 마침내 처음으로 어린 아들을 품에 안을 수 있었다. 누나 아말리에와 마찬가지로 프란츠도 처음에는 집에서 교육을 받다가 나중에야 도쿄에 있는 프

도판 93 프란츠 에케르트 주니어, 1892년 도쿄

**도판 94** 1900년 베를린 공과대학

랑스 학교에 다녔다. 어릴 적에 그들은 일본 아이들과 함께 뛰어놀면서 그리고 일본인 하인들을 통해 일본어를 금세 익혔다. 졸업 후에 프란츠는 베를린 공과대학으로 가서 공학을 전공했다. 대학에 다니는 동안은 베를린에서 음악가로 살고 있던 큰아버지 벤첼 에케르트의 집에서 함께 살았다.

졸업 후에 그는 헤드비히 푸더(Hedwig Puder, 1880. 12. 26-1958. 11. 18)라는 여성과 약혼하고 결혼했다. 1905년에는 젊은 아내와 함께 일본으로 돌아가서 이십오년 동안 기술자로 일했다. 그는 많은 프로젝트에 참여했는데, 예를 들면 1903년에 베를린에 설립된 독일의 라디오와 텔레비전 제조사인 텔레풍켄(Telefunken)의 첫 기지국을 건설했다. 이 건설 작업은 1914년에 도쿄 지바 현의 후나바시에서 진행되었다. 또 고베 근처의 가스가노미치에 들어선 최초의 자동차 공장(현재 기차역명이고 지멘스 사의 '프로토스'형 스포츠카가 제작된 곳) 건설에도 참여했다. 고베의 가와사키 사에서는 1914년에 클로드 오노레 데지레 도르니에(Claude Honoré Désiré Dornier, 1884-1969)가 독일 남부 프리드리히스하펜(Friedrichshafen)에 세운 독일 비행정 '도르니에(Dornier)' 제조업체와 함께 최초의 비행기 제작을 돕기도 했다.

프란츠는 일본에서 일하고 누

도판 95  서울 자택에서 프란츠 에케르트와 아들 프란츠, 1906년경

도판 96  프란츠 에케르트의 집 발코니에서, 1908년경. 마틸데와 프란츠 에케르트 곁의 헤드비히

**도판 97** 헤드비히와 프란츠 에케르트 주니어, 1958년

나 아말리에는 한국에 살았지만, 서울에서 고베를 오가는데 상당한 시간과 경비가 들고 여러 곳을 경유해야 했던 점을 감안할 때 서로를 찾아가 만날 기회는 그리 많지 않았다. 기록상으로 아말리에가 일본에 있는 남동생을 처음 찾아간 건 1910년의 일이었다. 에밀 마르텔이 한국 정부에서 해고되었을 때 그들은 한 달 동안 고베에서 지냈다. 1914년에는 프란츠가 처음으로 아내와 두 아이들을 데리고 한국을 방문해 부모와 누나들을 만났다. 1916년에 아버지 프란츠 에케르트가 병세가 심해지자 아들 프란츠는 다시 서울을 찾았고, 세 번째는 아버지의 장례식에 참석하기 위해서였다. 장례가 끝나고 한 달 후, 아말리에는 가족들과 함께 고베로 가서 몇 달 동안 남동생 집에서 지냈다. 어머니 마틸데가 1920년에 독일로 돌아가 둘째 아들 카를과 상부 슐레지엔의 수돌(Sudoll)에서 살기로 결심했을 때는 가족의 오랜 친구이자 전 독일 학교 교장인 요하네스 볼얀이 처음으로 고베에 함께 와서 프란츠의 집에서 석 달 동안 지냈다. 그렇게 서로를 방문하는 일이 더 많았을 수도 있겠지만, 아말리에 마르텔은 자신의 "회상록"에서 위에서 설명한 몇 번만 언급한다.

1931년에 독일로 돌아간 후에[27] 프란츠 에케르트 주니어는 제일 처음에는 베를린 근처 동쪽에 있는 작은 도시 샬로텐부르크(Charlottenburg)에서 살았다. 누나 아말리에 마르텔이 1953년에 북한군 포로 상태에서 풀려나 베를린에 도착했을 때 프란츠 에케르트는 이미 함부르크로 이사한 후였다. 아말리에가 1954년에 툿칭에서 딸 마리 루이즈를 만날 때 프란츠도 마지막으로 누나를 만났다. 그들은 툿칭에 있는 베네딕도 수녀원에서 거의 삼십년 만에 상봉했다.

프란츠 에케르트 주니어는 1959년 12월 13일에 함부르크에서 사망한 것으로 추정된다. 유족으로는 아내 헤드비히와 두 아이들 도로테아 (Dorothea, 별칭: 도리트(Dorit), 1907. 11. 21. 일본 고베 - 1999. 4. 6. 독일 바드 크로징엔)와 프란츠(Franz, 1912. 6. 18. 일본 고베-?)가 남았다.

---

**27** 1986년 12월 27일자로 도로테아 페르츠가 필자에게 보낸 편지.

# 3

## 안나 이레네 에케르트(Anna-Irene Eckert)

### 1883년 3월 5일, 도쿄-?

도쿄에서 태어나고 자란 안나 이레네는 언니 아말리에처럼 요코하마에 있는 생 모르 국제학교에서 첫 정규 교육을 받았다. 그녀는 1899년 4월에 가족과 함께 일본을 떠나 독일로 돌아갔다. 아버지가 한국으로 발령 받았을 때, 안나 이레네는 1902년 초반에 어머니와 언니 아말리에와 동생 엘리자베트와 함께 아버지를 따라갔다.

안나 이레네는 에케르트의 세 딸들 중에서 제일 먼저 가정을 꾸렸다. 1904년 12월 29일에 그녀는 벨기에 출신 황실 고문 아데마 델콩네(Adhémar Delcoigne)와 내무성에서 결혼식을 올렸다. 결혼식 직후에 남편은 워싱턴 주재 벨기에 공사관 서기로 발령이 나서 벨기에에 외무부 소속 외교관 생활을 했다.

아말리에 마르텔이 1953년에 북한

**도판 98** 1892년 안나 이레네

168

**도판 99** 1904년 12월 29일 안나 이레네 에케르트와 아데마 델콩네의 결혼식. 손탁 호텔 앞에서.

포로 생활에서 석방되어 유럽으로 갔을 때, 안나 이레네는 언니를 만날 기회가 두 번 있었다. 처음에는 1953년도 말이나 1954년도 초쯤에 벨기에서 파리로 건너갔을 때였다. 그곳에서 두 자매는 너무 오랜만에 만나서 서로 알아보기도 힘들 지경이었다. 1955년에 아말리에 모녀가 미국 입국 허가를 받은 후에 안나 이레네는 막내아들 아데마를 데리고 마지막으로 언니를 만나러 파리로 가서 언니와 조카에게 작별인사를 건넸다.

# 프랑수아 조제프 마리 아데마 델콩네(François Joseph Marie Adhémar Delcoigne, 한국명:

## 대일광戴日匡, 중국명: 德勒高尼)

### (1866년 12월 24일, 생 질 레 브뤼셀(벨기에)-?)

**도판 100** 1904년 12월 29일 아데마 델콩네와 새신부 안나 이레네

피에르 델콩네(Pierre Delcoigne)와 테레즈(Thérèse, 결혼 전 성 야콥스Jacobs) 부부의 아들로 태어난 아데마 델콩네는 법학 박사학위를 받고 항소법원 변호사가 되었다. 1895년 12월 3일에 그는 벨기에 외무부 중앙행정부서 고문이 되었고, 이듬해 1월 19일에는 벨그라드에 있는 공사관의 담당관으로 발령이 났다. 그로부터 다시 반년이 지난 7월 22일에는 공사관 이등급 서기로 임명되었다. 그렇게 해서 그는 1897년 12월에 런던으로 그리고 1900년 5월 30일에는 부카레스트로 발령이 났다. 부카레스트에서 같은 해 12월 31일에 일등 서기로 승진되었다.

본인의 요청에 따라 델콩네는 1903년 4월 2일에 모든 직무에서 사임하고 서울에 있는 한국 황실의 개인 고문이 되었다. 그 시기에 안나 이레네 에케르트를 만나 1904년 12월 29일 오전 열시에 명동 성당에서 결혼식을 올렸다.

이 결혼식을 지켜본 〈The Korea Review〉는 다음과 같은 기사를 실었다.

"12월 29일 아침 열 시, 아데마 델콩네 씨와 안나 이레네 에케르트 양의 결혼식에 참석하기 위해 서울 명동 성당에 한 저명한 일행이 모였다. 신부 아버지의 지휘 아래 황실악대의 적절한 음악으로 돋보이는 인상적인 결혼식이었다. 식이 끝난 후에 일행은 옆 건물로 자리를 옮겨 신혼부부를 진심으로 축하하면서 여러 증인들이 명부에 서명을 했다. 열한 시에 손탁 여사의 저택에서 피로연이 열려 축하가 이어지며 건강을 위한 건배가 이어졌다. 소박하지만 우아한 신부의 드레스를 묘사할 적당한 표현이 떠오르지 않으니 조만간 기회가 되면 이 부분은 충분히 묘사하겠다. 본지 일행도 다른 친구들과 한마음으로 델콩네 부부의 백년해로를 기원한다."[28]

"Ten o'clock on the morning of Dec. 29th a distinguished company was gathered in the Cathedral in Seoul to witness the wedding ceremony of Mr. Adhémar Delcoigne and Miss Anna Irene Eckert. The ceremony was an imposing one and it was enhanced by appropriate music by the Imperial Band under the directorship of the bride's father. After the completion of the

---

28  News Calendar. In : The Korea Review, vol. 4, no. 12 (December 1904), p. 559.

ceremony the company adjourned to an adjoining apartment
where the newly wedded pair were heartily congratulated and
a score or more witness signed the register. At eleven o'clock
a reception was held at the residence of Miss Sontag where
congratulations were renewed and healths were drunk. An
adequate description of the simple but elegant dress of the bride
lies just beyond the tip of our pen and so we must forego this
important part of a full description of the occasion. The Review
joins with all other friends in wishing long life and happiness to
Mr. and Mrs. Delcoigne."

결혼식이 끝나자마자 아데마 델콩네는 벨기에 외무부로 돌아가서
1905년 여름이 시작될 무렵에 워싱턴 주재 공사관 일등 서기로 발령이
났다. 〈The Washington Post〉지에는 새 외교단 구성원들을 소개하는
다음과 같은 기사가 실렸다.

"(…) 부인은 아담하고 호리호리한 젊은 여성인데 아직 영어에 능숙하
지 못하다. (…) 서기는 군인다운 태도로 이미 상당한 호감을 자아냈다.
(…) 델콩네 부부는 윌라드 가 1754번지에 있는 아늑한 집에 살림을 꾸
렸다. 그들은 곧 가장 대중적인 인물이 되어 그들의 집은 단체의 젊은
기혼녀들의 쾌적한 모임 자리가 될 듯하다 (…)."[29]

---

29    The Washington Post(Washington, District of Columbia), Sunday, August 27, 1905, p. 6.

"··· Madame is a petite, slender young women, who has not mastered the English language. ··· The secretary has already attracted considerable attention by his military bearing ··· M. and Mme. Delcoigne have established themselves in a cozy home at 1754 Willard street. They are looked upon as sure to become most popular, and their home a pleasant rendezvous for the young matrons of the corps. ···"

워싱턴에 도착한 지 일년 만인 1906년 6월 말 또는 7월 초에 안나 이레네는 예쁜 딸도 낳았다. 그러나 그 후의 기록으로 보아 그녀가 낳은 아이들에 대해서는 아들 셋[30]만 언급되어 있어 첫 아이는 그다지 오래 살지는 못했던 것으로 추정된다.

아데마 델콩네는 외교관 생활을 계속해 나갔고, 워싱턴에 거주할 당시 1906년 9월 14일에

**도판 101** 1906년 6월에 워싱턴에서 딸과 함께 있는 안나 이레네

룩셈부르크 주재 벨기에 대사관의 대사 직무 대행으로 처음 임명되었

---

30  2011년 10월 20일자로 벨기에 외무부에서 필자에게 보낸 편지. – Wahington Post(Washington, District of Columbia), 1906년 6월 10일자 일요일, p. 13. 1906년 7월 15일자, p. 1.

**도판 102** 세르비아-크로아티아-슬로베니아 왕국
왕 페테르 1세

**도판 103** 1919년 델콩네 가족. 왼쪽부터: 프랑수아,
피에르, 안나 이레네, 아버지 아데마, 아들 아데마

다. 불과 석 달 후인 12월 26일에는 네덜란드 공사관 일등 서기로 임명되었다. 1907년 2월부터 1909년 8월까지 중국에서 고문으로서 보여준 능력 덕분에 델콩네는 1908년 5월 30일부터 10월 6일까지, 그리고 1909년 8월 10일부터 9월 13일까지 두 번이나 베이징 공사관에서 전권공사로 활약하기도 했다. 1909년 말엽, 그는 스페인 공사관 고문으로 파견되었다가 다시 12월 9일에 브라질 변리공사(전권공사 다음 자리-옮긴이)로 임명되었다. 브라질에서 구년 동안 성실히 근무하다가 1919년 11월 14일에 세르비아-크로아티아-슬로베니아 왕국 왕 페테르 1세(Peter I)에게 특명공사이자 전권공사로 임명되었다. 거의 십년 뒤인 1929년 11월 10일에는 알바니아로 발령이 났고 알바니아왕

조그 1세(Zog I, 1895-1961) 왕실에서 벨기에 특명공사이자 전권공사로 임명되었다. 그는 벨그라드에서 거주하였다.

벨기에 외무부에서 외교관으로 성공적인 행보를 거치며 무수한 훈장과 메달을 받은 아데마 델콩네는 1931년 12월 15일에 현업에서 은퇴해 아내 안나 이레네와 함께 벨기에로 돌아갔다. 남긴 자녀들로는 피에르(Pièrre), 프랑수아(François), 아데마(Adhémar)가 있다.

# 4

## 카를 에케르트(Karl Eckert)

### 1844년 8월 16일, 도쿄 – 1959년 6월 26일, 함부르크(독일)

일본에서 지내는 동안 카를은 처음에는 형과 함께 도쿄에 있는 프랑스 학교에 다니다가 1898년에 독일로 건너가서 학업을 이어갔다. 아버지가 1901년에 한국으로 발령을 받아 가고 이어서 어머니와 누나들이

**도판 104** 1892년 카를 에케르트

일년 후에 아버지를 따라가자, 카를과 프란츠와 게오르크 삼형제는 독일에 남아서 교육을 마쳤다. 1904년에 카를은 교사양성대학에 입학해 교사가 되어 라티보르(Ratibor), 현재는 폴란드 남부지방 라치부시(Racibórz)에 해당하는 상부슐레지엔에 있는 작은 마을 수돌로 이사했다.

1920년에 그의 어머니는 한국을 떠나기로 결심했다. 어머니는 독일로 돌아와서 1934년 10월 25일에 삶을 마칠

도판 105 라티보르, 1900년경

때까지 수돌에서 아들 카를과 함께 지냈다. 헤드비히 보드니히(Hedwig Bodnig)와 결혼한 카를은 아들 셋과 딸 넷을 거느린 자랑스러운 가장이었다. 부부의 일곱 자녀는 모두 마틸데 에케르트가 수돌로 옮겨온 후에 태어났다.

도판 106 마틸데 에케르트, 1920년경

제2차 세계대전이 끝날 무렵 카를과 그의 가족은 수천 명의 피난민들과 함께 다가오는 붉은 군단을 피해 서쪽으로 피난 갔다. 1954년까지 이들 가족의 행방에 대해서는 알려진 바가 없다. 누나 아멜리에가 1953

**도판 107** 1958년 카를과 형 프란츠의 아내 헤드비히

년 4월에 북한군 포로수용소에서 풀려나 유럽으로 송환된 이후 카를은 1954년에 뮌헨에서 누나를 잠깐 만났다. 오십년 동안이나 떨어져 있었던 탓에 서로 알아보기도 힘들었다. 불과 오년 뒤인 1959년 7월 26일에 카를 에케르트는 아내와 일곱 자녀를 남겨놓고 세상을 떠났다.

# 게오르크 에케르트 (Georg Eckert)

1886년 1월 3일, 도쿄 - [1950년 12월 31일에 사망 선언]

마틸데와 프란츠 에케르트의 막내 아들 게오르크는 1886년 1월 3일 일요일 저녁 일곱시 삼십분에 도쿄에 있는 자택에서 태어났다.[31] 이틀 후, 아버지는 도쿄 주재 독일 공사관에 아들의 출생 신고를 했다. 도쿄 독일 영사관의 야심찬 통역관 프리츠 폰 잔더(Fritz von Zander, 1861-1892)[32]와 도쿄에 있던 독일 회사 프리드리히 크루프(Friedrich Krupp) 운영위원 카를 프리드리히 엘레

도판 108 1892년 게오르크 에케르트

---

**31** 1886년 1월 5일에 도쿄 주재 독일 공사관에서 발급한 게오르크 에케르트의 출생 증명서.

**32** 프로이센의 쾨니히스베르크(Königsberg)에서 1861년 1월 12일에 태어난 프리츠 폰 잔더는 1892년 5월 9일에 상당히 젊은 나이에 사망했고, 사망 직전인 같은 해 4월 17일에 영사로서 나가사키 독일 영사관을 인수 받았다.

르트(Karl Friedrich Ehlert)가 증인이 되었다.

게오르크는 처음에는 두 형과 함께 일본에서 교육 받았다. 형들과 마찬가지로 독일에서 학창시절을 마치고 1901년에 아버지가, 일년 후에 어머니와 누나들이 그 뒤를 따라 서울로 갔을 때도 독일에 남았다.

게오르크는 프로이센 정부에서 경력을 쌓아 슐레지엔 우정국 고위 공무원이 되었다. 그렇게 해서 그는 오늘날 독일 동부 도시 괴를리츠(독일 작센주에 있는 괴를리츠는 1945년 이전까지 프로이센의 슐레지엔에 속했던 소도시다-옮긴이)에서 우정국 검사국에서 일했다. 결국 게오르크와 수돌에 살던 형 카를 둘 다 부모의 고향인 슐레지엔으로 돌아갔다. 하지만 형과 달리 게오르크는 제2차 세계대전 막바지에 적군을 미처 피하지 못했다. 1945년에 러시아 군사들은 서부로 달아나는 그를 체포했다. 독일 군인이든 민간인이든 당시 숱한 전쟁 포로들은 그 후 어떻게 되었는지 여전히 알 길이 없다. 실제로 예를 들어 옛 소련 땅에서 전쟁 포로로 잡혔던 백만 명의 독일 병사들은 오늘날까지 행방이 묘연하다.[33] 체포된 민간 피난민의 경우도 상황은 크게 다르지 않다. 게오르크 에케르트는 오랫동안 러시아에서 돌아오지 못하고 행방불명으로 남았기 때문에 결국은 가까운 친척의 요청에 따라 사망자로 처리되었다. 1956년 4월 25일자로 괴를리츠 지방법원 결정에 따라 게오르크 에케르트의 사망일은 공식적으로 1950년 12월 31일 밤 열두시로 정해졌다.[34]

게오르크 에케르트의 조카 한스 멘징(Hans Mensing, 1909-2009)에 따르

---

**33** Kellerhoff, Sven Felix: "Pro Stunde starben 100 deutsche Soldaten". 〈Die Welt〉지, 12. 2015년 5월.

**34** 괴를리츠(Görlitz) 민사재판부: 게오르크 에케르트의 공식 사망 선언.

면 게오르크는 러시아 포로 시절에 담배를 달라는 한 러시아 병사의 요구를 거절해서 총에 맞아 사망했다고 한다.[35]

게오르크 에케르트는 엘제(Else)라는 이름의 여성과 결혼했지만 슬하에 자식은 없었다.

---

**35** 2009년 4월 23일에 한스 멘징에게서 받은 정보.

# 6

## 엘리자베트 에케르트(Elisabeth Eckert)

1887년 9월 23일, 도쿄-1977년 9월 19일, 프리드리히스하펜(독일)

**도판 109** 1892년 엘리자베트 에케르트

엘리자베트는 프란츠 에케르트 부부의 막내딸이어서 1899년 4월에 독일로 돌아가기 위해 가족이 일본을 떠났을 때 고작 열한 살이었다. 오빠들은 독일에서 학업을 계속하는 동안, 엘리자베트는 열네살 때인 1902년 초에 아버지가 있는 한국에 왔다. 어머니와 언니들과 함께 안트베르펜에서 일본 증기선 '가마쿠라'호를 타고 먼저 일본 고베로 갔다. 고베에서는 아버지가 가족들을 마중 나와 기다리고 있었고, 이들은 함께 서울에 있는 새 집으로 왔다.

안나 이레네는 1904년 12월 29일에 아데마 델콩네와 결혼하면서 가장 먼저 가정을 꾸린 언니였다. 큰 언니 아말리에가 뒤를 이어 1905년 2월 7일에 에밀 마르텔과 결혼했다. 엘리자베트는 1906년 9월 10일 서울에서 정식으로 약혼을 한 후에 안나 이레네가 결혼한 삼년 후 거의 비슷한 날짜인 1907년 12월 28일에 서울에서 하파크(HAPAG) 선박회사의 독일인 선장 파울

**도판 110** 1903년 한복을 차려 입은 엘리자베트 에케르트와 요하네스 볼얀

오토 프란츠 멘징(Paul Otto Franz Mensing)과 결혼식을 올렸다.

결혼하고 나서 엘리자베트는 남편의 직장이 있는 중국 한커우로 옮겨갔다. 첫 아이를 낳을 때쯤 서울 친정으로 돌아와 어머니와 집안 주치의가 지켜보는 가운데 1908년 9월 15일 아침 일곱시에 딸 아날리제(Annaliese)를 낳았다. 엿새 후 할아버지 프란츠 에케르트는 독일 영사관에 가서 손녀의 출생 신고를 했다. 요하네스 볼얀이 첫 번째 증인이, 독일 영사관 사무원인 프리츠 베른(Fritz Bern)이 두 번째 증인이 되었다. 출생신고서는 1908년 9월 21일에 부영사 프리츠 벤드슈흐(Dr. Fritz Wendschuch)가 서명했다.

도판 111  1907년 12월 28일 엘리자베트 에케르트와 오토 멘징의 결혼식. 첫 번째 줄 왼쪽부터: 요하네스 볼얀, 엘리자베트 에케르트, 오토 멘징, 마리 루이즈 마르텔과 일본인 하녀, 아말리에 마르텔, 에밀 마르텔. 신랑 신부 뒤쪽: 마틸데와 프란츠 에케르트 부부. 뒷줄 왼쪽부터: ?, 마리 앙투아네트 마르텔과 일본인 하녀, 슈나이더 씨, 파울 쉬르바움, 알폰스 트레뮐레

도판 112  1908년 9월 서울 에케르트 자택에서 엘리자베트와 딸 아날리제

엘리자베트는 에케르트 일가가 모두 그랬듯이 대단히 신앙심이 독실했지만 오토 멘징은 그다지 종교를 중요하게 여기지 않았다. 그래서 아날리제는 아버지가 없을 때 명동 성당에서 몰래 세례를 받았던 모양이다. 오토 멘징은 아내가 몰래 한 행동을 알아냈고, 결국 아날리제는 1908년 11월 30일에 상하이에 있는 개신교 연합교회에서 다시 한 번 세례를 받았다.

엘리자베트의 둘째 자식인 아들 한스
는 1909년 11월 4일에 광저우에 있는 말
그대로 중국어로 '모랫바닥(沙面)'을 뜻하
는 리완 구의 모래로 만든 섬인 샤미엔다
오(沙面島)에서 태어났다.

1914년에 멘징 일가는 독일에 있는 집
으로 다니러 갔다가 제1차 세계대전이
발발하는 바람에 중국으로 돌아오지 못
했다. 그래서 그들은 오토 멘징의 고향인
콜베르크(Kolberg)에 정착했다가 1926년
에 발틱 해안에 위치한 항구도시 슈테틴
(Stettin)으로 이사했다.

도판 113  1913년 한스 멘징

도판 114  1914년 콜베르크에서 멘징 일가

**도판 115** 1965년 엘리자베트와 딸 아날리제 그리고 이슬라 멘징

엘리자베트가 1936년에 남편을 여의자마자 슈테틴을 곧바로 떠났는지 아니면 제2차 세계대전이 끝나고 독일 국민들이 모두 폴란드를 떠나야 했을 때 난민 물결에 휩쓸려 갔는지는 확실치 않다. 확실한 사실은 그녀가 독일 메클렌부르크포어포메른 주의 주도인 슈베린(Schwerin)에서 북동쪽 이십사 킬로미터, 파르침 구역

에 있는 브뤼엘(Brüel)이라는 작은 마을로 옮겨갔다는 사실이다. 그곳에서 그녀는 근처 슈베린에서 독신으로 살고 있는 아날리제가 1969년에 퇴직할 때까지 아우구스트 베벨 거리(August Bebel Street) 30번지에서 함께 살았다. 같은 해 7월 19일에 두 모녀 모두 독일 남쪽, 스위스와 오스트리아 국경 근처 보덴제(Bodensee) 호수 동북쪽 마을 프리드리히스하펜으로 옮겨갔다. 그곳에서 엘리자베트는 가족과 함께 여생을 보내다가 1977년 9월 19일에 아흔살의 고령으로 타계했다.

### 파울 오토 프란츠 멘징(Paul Otto Franz Mensing)

(1877. 9. 13. 콜베르게르뮌데(포메라니아) –1936. 3. 13. 슈테틴(독일))

오토 멘징은 프란츠 멘징(Franz Mensing)과 그의 아내 클레멘티네

(Clementine, 결혼전 성 토르나우Tornau)

슬하 열두 자녀 중 하나로 발트
해 연안에 위치한 현재 폴란드 서
북쪽 중앙 포메라니아 지역의, 지
금은 콜로브제크(Kolobrzeg)라 불
리는 콜베르크(Kolberg)의 항구 도
시 외곽에 있는 콜베르게르뮌데
(Kolbergermünde)에서 태어났다.
항구를 드나들며 머나먼 미지의
나라들로 떠나는 크고 작은 배들
을 관찰하면서 자라난 오토가 어

도판 116 1899년 젊은 장교 시절의 오토 멘징

렸을 때부터 진작 바닷사람이 되고 싶다는 꿈을 키운 건 지극히 자연스
러운 일이었을 터다. 게다가 일곱 살 많은 형 한스(Hans)는 이미 뱃사람

도판 117 마리아 리크메르스, 1892년

| 재직 기간 | 선박명 | 항로 |
|---|---|---|
| 1892.05.03 – 1892.10.15 | 프리드리히 | 단치히 – 에버딘 – 그레인지머스 – 게플레 – 쇠데르함 – 헬싱보르그 – 단치히 |
| 1893.02.21 – 1893.05.12 | 바이마르 | 브레멘 – 볼티모어 – 브레멘 |
| 1893.05.19 – 1893.09.28 | 마르가레테 | 게스테뮌데 – 뉴욕 – 함부르크 |
| 1893.11.11 – 1894.10.31 | 안드레 리크머스 | 브레메르하펜 – 카디프 – 방콕 – 브레메르하펜 |
| 1894.12.20 – 1895.03.07 | 스프링웰 | 리버풀 |
| 1895.06.14 – 1897.04.17 | 마타도르 | 브라케 – 칼레타 부에나 – 펄마우스 – 그래스거 – 뉴캐슬 – 이키케 – 칼레타 부에나 – 펄마우스 – 브라케 |
| 1897.05.26 – 1898.08.10 | D. H. 외트엔 | 브레멘 |
| 1899.11.08 – 1900.03.26 | 콜룸버스 | 리버풀 – 뉴욕 – 런던 |
| 1900.040.5 – 1900.08.19 | 롤란드스에크 | 브레멘 |
| 1900.09.18 – 1901.03.27 | 구텐펠스 | 브레멘 – 미들즈브러 – 제노아 – 마드라스 – 캘커타 – 함부르크 – 미들즈브러 – 제노아 – 마드라스 – 캘커타 |
| 1901.04.21 – 1901.06.03 | 슈봐르첸펠스 | 캘커타 – 함부르크 |
| 1901.06.13 – 1901.08.31 | 시네스 | 함부르크 – 포르투갈 – 함부르크 |
| 1902.010.1 – 1902.05.13 | 마르타 루스 | 함부르크 – 덩케르크 – 로테르담 |
| 1902.09.27 – 1903.2.07 | 알렉산드리아 | 함부르크 – 북미 – 함부르크 |
| 1903.02.28 – 1903.06.22 | 수에비아 | 함부르크 – 칭다오 |

이자 조타수여서 어린 오토에게 귀감이 되었음이 분명하다. 그러니 오토가 열다섯살도 안 되었을 때 계획을 실행에 옮긴 일도 놀랄 일은 아니었다. 그는 1892년 5월 3일에 폴란드 북부 포메라니아 지역 발트 해의 단치히(Danzig) 만에 있는 항구 도시, 지금은 그단스크(Gdańsk)라 불리는 단치히에서 범선 '프리드리히(Friedrich)'호를 타고 첫 항해를 떠났다.

그렇게 해서 오토 멘징의 선원 생활이 시작되었다. 이후로 그는 다양한 배를 타고 유럽에서만이 아니라 북미의 볼티모어와 뉴욕, 칠레의 칼레타 부에나와 이키케, 인도의 마드라스(현재 첸나이Chennai)와 캘커타 같은 머나먼 도시와 나라들로 항해를 했다.

조타수 시험에 합격한 오토는 1902년 9월 18일에 대형선박 항해증을 획득했고, 얼마 후에는 독일 니더작센 주의 도시 오스나브뤼크(Osnabrück)에서 무한 선장 자격증을 획득했다. '알렉산드리아(Alexandria)'호를 타고 북미로 돌아왔다가, 1903년 2월 28일에 3급 항해장교로 '수에비아(Suevia)'호를 타고 다시

도판 118 1903년 '수에비아'호의 고용 증명서

함부르크를 떠나 처음으로 중국의 칭다오와 산둥 지방으로 향했다.

1903년 3월 28일부터 1907년 12월 17일까지 오토 멘징은 중국 한커우에서 지냈고, 계속해서 '함부르크 아메리카 라인'호나 하파크 사의 배를 타고 항해를 계속했다.

오토 멘징이 중국에서 지내는 동안 사귄 친구들 중에는 아마도 독일에서 갓 건너온 듯한 슈나이더(Schneider) 씨라는 사람도 있었다. 슈나이더는 상하이 주재 '슈테틴 프로이센 보험사(Prussian National Insurance Company of Stettin)'에 고용되어 1930년대에 사장이 되었다. 회사 대표로서 그는 가끔 사업차 한국에 들를 때도 있었다. 서울에서 그는 엘리자

**도판 119** '수이 안'호

베트 에케르트를 알게 되었고 심지어 자못 진지한 의도도 품었다. 하지만 엘리자베트에게는 따로 마음에 둔 연분이 있었다. 슈나이더와 알게 된 덕에 어느 날 그의 가까운 친구 오토 멘징을 만나 사랑에 빠졌기 때문이다.[36]

| 선박명 | 직함 | 항로 | 재직 기간 |
|---|---|---|---|
| 수에비아 | 3등 항해사 | 함부르크발 중국, 중국 해안선 | 3개월 26일 |
| 거버너 예쉬케 | 2등 항해사 | 상하이 – 칭다오 | 4개월, 5일 |
| 수이 타이 | 2등 항해사 | 상하이 – 한커우 | 6개월, 3일 |
| 수이 안 | 1등 항해사 | 상하이 – 한커우 | 14개월, 2일 |
| 파이 호 | 1등 항해사 | 상하이 – 칭다오 – 텐진 – 옌타이 – 제물포 | 17개월, 18일 |
| 레이멘 | 1등 항해사 | 상하이 – 제물포 – 부산 – 나가사키<br>– 원산 – 성진 – 블라디보스토크 | 8개월, 25일 |
| 수이 마우 | 1등 항해사 | 상하이 – 한커우 | 15일 |

---

**36**  크리스티안 멘징이 필자에게 보내온 이메일 2016년 5월 29일.

결혼식은 1907년 12월 28일에 서울에서 열렸고, 슈나이더는 친한 친구 오토나 엘리자베트에게 화가 나지 않았던 게 분명하다. 오토의 신랑 들러리가 아니었음에도 결혼식에 참석한 걸 보면 말이다. 서울에 살고 있던 에케르트 일가의 독일

도판 120 슈나이더(왼쪽)와 엘리자베트 에케르트, 1905년경

인 친구 두 명이 결혼식 증인이 되어 주었다. 요하네스 볼얀과 제물포에 있던 독일 회사 H. C. 에두아르트 마이어 사[37]의 사업가이자 파트너인 파울 쉬르바움이었다. 결혼식은 독일 영사관에서 총영사 프리드리히 크뤼거 박사(Dr. Friedrich Krüger, 1857-1937)의 주례로 진행되었다.

1908년 9월 15일에 서울에서 딸 아날리제가 태어나고 나서 아내가 아이와 함께 중국으로 돌아오자 오토는 한커우에서 상하이로 이사했다. 하지만 상하이에서 지낸 기간은 잠깐이어서 일년 남짓 후에 그는 광저우로 집을 옮겨 현대적인 리완 구역의 샤미엔다오에서 살았다. 1859년 이후로 샤미엔다오는 프랑스와 영국의 조계지로 나뉘어 있는 영토였다.

---

37  독일 회사 H. C. 에두아르트 마이어 & Co.에 관한 정보에 대해서는 다음을 참조하기 바란다. Fuess, Harald : "E. Meyer & Co. at the Eastern Frontiers of Capitalism : The Leading Western Merchant House in Korea, 1884 to 1914". In : Zeitschrift für Unternehmensgeschichte(ZUG), vol. 61, no. 1 (2016), pp. 3-30.

도판 121 엘리자베트 에케르트와 오토 멘징의 약혼식, 1906년

도판 122 1911년 샤미엔다오 자택 앞에서 멘징 일가

프랑스와 영국뿐만 아니라 미국, 독일, 이탈리아, 네덜란드, 포르투갈, 일본에서 온 무역회사들은 섬의 부둣가를 따라 벽돌로 지은 대저택들을 건설했다. 이런 환경에서 오토 멘징은 친구 몇 명을 사귀었는데 그중에는 브로크슈테트(Brockstedt)라는 부유한 독일 사업가도 있었다. 하루는 브로크슈테트가 오토

의 여동생 요한나(Johanna)의 사진을 보았다. 당시 독신이었던 브로크슈테트는 사진 속 요한나를 몹시 마음에 들어 하면서 당시 요한나(당시 애칭 '하니')를 광저우로 초대했다. 요한나 멘징은 그의 제안을 받아들이면서 정말로 중국으로 여행을 떠났고, 오래지 않아서 두 사람은 약혼하고 결국 결혼까지 했다. 그런데 두 사람 사이에는 자식이 생기지 않았고, 부부는 1920년 무

도판 123 요한나 멘징

렵에 중국에서 일어난 정치적 혼란을 피해 독일로 돌아갔다.[38]

그 무렵부터 오토 멘징은 샤미엔다오에 정착했고, 그의 선원수첩에 아무런 기록도 없는 걸로 보아 당시에는 선박회사에서 일하지 않았던 걸로 추정된다. 그런데 이런 추정이 확실시되는 건 오토가 아들 한스가 태어나던 1909년에 공인 측량사로(아마도 샤미엔다오의 중심가에 있는 황실해운세관에서)로 일했기 때문일 것이다. 선상가옥 한 채와 선장 전용 보트 한 척을 소유했던 사실도 광저우에 완전히 정착할 계획을 가졌던 증거

---

[38] 제1차 세계대전 후에 유럽에서는 몇 차례 평화협정이 맺어졌다. 그중 하나인 베르사유 조약은 1919년 6월 28일에 체결되었다. 베르사유 조약 156조에는 독일이 중국에 주권을 되돌려주지 않고 중국 산둥의 이권을 일본에 양도한다고 명시되었다. 이에 대해 중국 정부가 인정하려 하자 1919년 5월 4일에 베이징에서는 학생들의 주도로 시위와 문화 운동이 이어졌다. 일명 5.4 운동'은 국민적인 시위를 촉발시키며 중국 민족주의를 급증시켰다. 결과적으로 중국은 베르사유 조약 체결을 거부하고 1919년 9월에 독일에 종전을 선언했고 1921년에 독일과 별도의 조약을 체결했다.

**도판 124** 광저우에 있는 오토 멘징의 선상가옥

가 된다. 하지만 다시 한 번 운명은 다른 계획을 품고 있었다.

　1914년에 독일에 잠시 다니러 간 사이 여름에 제1차 세계대전이 발발하면서 오토 멘징이 중국으로 돌아올 길이 막히고 말았다. 대신에 그는 1914년 8월 8일에 군복무를 위한 신체검사를 받아야 했다. 부적합 판정을 받긴 했지만 총동원령 때문에 1916년 5월 1일에 징집되어 뤼스트링겐(Rüstringen, 현대의 프리슬란트 구역과 북해의 니더작센에 있는 베저 강 사이

**도판 125** '브룬힐데'호, 1930년경

에 있는 옛 프리슬란트 영토)에 주둔한 해군 수병 2사단 8중대에서 복무했다. 그러나 얼마 안 되어 8월 18일에 다시 군 복무 면제를 받아 브레멘과 함부르크로 전출되었다. 그는 이 두 항구도시에서 '롤란드 라인 브레멘'과 '함부르크 아메리카 라인'(HAPAG)의 배들인 '지글린데'호, '메클렌부르크'호, '볼리비아'호, '리베리아'호, '베가'호 등 다양한 군인 수송선에서 1등급 장교로 복무했고, 제1차 세계대전이

도판 126 오스나브루크에서 받은 오토 멘징의 선장 자격증

끝난 후에도 계속해서 증기선 선장으로 유럽 바다를 누볐다.[39]

1926년에 오토 멘징과 그의 일가는 콜베르크에서 발트 해의 주요 항구이자 지금은 폴란드 서부 포메른의 주도인 슈테틴(지금의 폴란드 서부 포메라니안 지방의 주도인 슈제친)으로 거처를 옮겨 쾨니히 알베르트스트라세(König Albertstraße) 47번지에서 살았다. 나중에 1934년에 다시 한 번 이사해서 베링어스트라세(Beringerstraße) 7번지에서 살았다. 1931년 8월 26일, 그는 1902년에 취득한 '선장' 자격증을 오스나브루크에서 갱신했다.

오토 멘징은 정치적인 이유로 1934년에 독일이 아닌 다른 곳에서 새로운 직장을 찾다가 중국으로 돌아가 다시 한 번 아시아에서 자신의 행

---

**39** 1922년 10월 5일-1923년 9월 23일: '보탄(Wotan)'호와 '파브너(Fabner)'호, 1923년 9월 23일 - 1931년 6월: '브륀힐데(Brünhilde)'호와 '보글린데(Woglinde)'호.

운을 시험해보기로 결정했다. 그는 '함부르크 아메리카 라인'과 계약을
맺고 1934년 3월 23일에 하파크 사의 '쿨머란트(Kulmerland)'호를 타고
함부르크를 떠나 먼 여행을 시작했다. 5월 12일에 오토 멘징은 상하이
에서 배를 내렸다. 그곳에서 오랫동안 보지 못했던 옛 친구 슈나이더를
만났다.

1934년 10월 6일, 그는 '함부르크 아메리카 라인'에서 한때 그가 머물
렀던 도시 한커우에서 하파크 사의 로타르 비츠케[40]를 대행해달라는 새
로운 제안을 받았다. 그런데 이번에는 육지에서 하는 일시적인 일이었
다. 1934년 10월 6일부터 1935년 3월 31일까지 그는 하파크 지사의 재
산, 부동산, 창고, 화물을 감독했다. 그밖에도 선체와 수상 플랫폼을 책
임지며 양쯔 강의 수위를 조절하는 일을 맡았다.

자신이 하는 일도, 중국의 새로운 정치적 상황도 마음에 들지 않았던

---

[40] 1895년에 포젠에서 태어난 로타르 비츠케(Lothar Witzke)는 제1차 세계대전 동안 미국과 멕
시코에서 활동한 독일 스파이이자 파괴 공작원이었다. 1916년 7월 30일에 뉴욕 항에서 일
어난 대규모 블랙 톰 폭발 사건에 개입해서 네 명이 목숨을 잃고 필라델피아까지 그 소리가
들렸다. 비츠케는 1917년 3월에 샌프란시스코에서 일어난 메어 아일랜드 해군 조선소에서
일어난 탄약 폭발에도 연루되었다.

도판 128 1934년 한커우에 정박해 있는 선박들

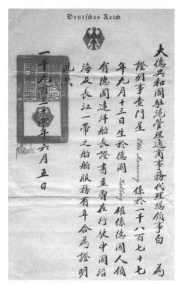
도판 129 1934년 6월 5일 중국에서 받은 오토 멘징의 선장 자격증

도판 130 상하이에서 차우차우와 오토 멘징, 1935년경

**도판 131** 1920년 콜베르크에서 엘리자베트 멘징과 자녀들 한스(왼쪽)와 아날리제

그는 1935년 6월 9일에 하파크 사의 증기선 '바스겐발트(Wasgenwald)' 호를 타고 다시 상하이를 떠나 독일로 돌아갔다. 8월 24일에 함부르크에 도착했고, 불과 몇 달 뒤인 1936년 3월 13일에 예순도 채 되지 않은 나이에 아내 엘리자베트 멘징과 두 자녀 아날리제(1908. 9. 15, 서울-1989. 7. 11, 프리드리히스하펜(독일))와 한스(1909. 11. 4, 광저우(중국)-2009. 11. 13, 프리드리히스하펜(독일))를 남기고 세상을 떠났다.

# 3부

~

# 나의 인생

장녀 아말리에 마르텔의 회상록

(본명: 아말리에 에케르트)

**도판 132** 아말리에 마르텔, 1959년경

나는 1876년 12월 31일, 독일 서북부에 있는 도시 빌헬름스하펜에서 태어났다. 내가 세 살 되던 해에 아버지는 일본 해군 군무국의 초빙을 받아 일본으로 가서 서양 음악을 소개하고 양악을 가르치는 임무를 맡았다.[1] 아버지에게는 도쿄에 하인들이 딸린 집이 제공되었다.

　1881년 3월, 아버지가 독일 땅을 떠나신 지 이년 만에 어린 남동생과 함께[2] 어머니를 따라 일본으로 향했다. 그렇게 해서 내 나이 다섯 살에 일본에 도착해서 이후 십칠년을 그곳에서 지내며 즐거운 유년시절을 보냈다.[3]

　당시만 해도 일본에는 외국인학교가 하나도 없었다. 그러다가 몇 년 후에 독일에서 교사로 근무했던 한 독일인의 아내가 독일 부모들의 요

---

1　프란츠 에케르트는 1879년 3월에 도쿄에 도착했을 때 아말리에는 세 살이 채 안 되었다.
2　마틸데와 프란츠 에케르트의 장남 프란츠.
3　1881년에 가족과 함께 일본에 도착했을 때 아멜리는 고작 네 살이어서 실제로는 일본에서 18년을 살았다.

**도판 133** 다이묘 저택이 보이는 에도(현재 도쿄)의 파노라마, 1856년 또는 1866년

**도판 134** 인력거, 1898년

청으로 사립학교를 설립했다. 학생들은 국적도 연령도 다양한 아이들 열여덟 명이 전부였다. 그 학교는 내가 열네 살 되던 해에 폐교되었다. 그래서 나는 생 모르 수도원[4]에서 프랑스어와 자수를 배웠다. 수도원에서는 외국인 자녀들을 위한 자그마한 학급도 하나 운영해서 나도 이년 동안 함께 수업을 들었다. 수녀님들은 고아원도 운영하고 아름다운 자수도 놓았다.

나는 남동생과 함께 독일 교사에게 피아노 레슨을 받기 시작했다. 우리에게는 따로 주어진 인력거도 있었지만 그보다는 번갈아가며 당나귀를 타는 편이 훨씬 재미있었다. 한 사람이 당나귀를 타면 다른 한 사람은 우리 음악책을 짊어진 하인과 함께 그 뒤를 따라 뛰어갔다. 하루

---

**4**    118페이지 각주 1번 참조.

는 당나귀가 이발소로 돌진해서 유
리창을 깨고 말았다. 하지만 이발소
주인은 아무런 손해 배상도 청구하
지 않았다. 그 무렵 일본인들은 외
국인들에게 대단히 친절하고 외국
인들을 존중해 주었다. 당시 내 나
이는 열한 살이었다.

**도판 135** 피에르 마리 오주프 대주교

한 프랑스 선교사와 함께 교리문
답 공부를 시작했는데, 우리가 프랑
스어를 제대로 알아듣지 못해서 선
생님은 프랑스어와 일본어를 섞어가며 가르쳐주셨다. 나는 첫 영성체
를 열네 살 되던 해 6월 29일에 쓰키지[5]에서 받았다. 그날은 오주프[6] 대
주교의 축일이었다. 선생님은 나를 위해서 직접 그날로 정해 미사를 주
관해주셨다.

우리는 아버지가 황실 군악대를 맡고 계셔서 자주 이사를 해야 했다.
아버지는 황실 군악대 외에 도야마 군악대[7]도 맡으셔서 몹시 바빴지만
그래도 많은 일을 해내셨다. 해군이 요코스카[8]로 옮기자 아버지는 일주

---

**5**   쓰키지는 도쿄 추오 구의 구역이자 세계 최대 수산물 시장 쓰키지 시장(築地市場) 부지이다.

**6**   피에르 마리 오주프(Pierre-Marie Osouf, 1829. 3. 26, 세리지 라 살 [프랑스 노르망디 망슈] - 1906. 6.
     27, 도쿄). 1876년 이래로 일본 북부 지역 교구 목사이던 그는 1891년부터 1906년에 선종할
     때까지 도쿄 최초의 대주교를 지냈다.

**7**   도야마 군사학교(육군부산학교(陸軍富山學校))는 1873년에 혼슈 섬에 있는 도야마 현에 설립
     되었다.

**8**   요코스카는 도쿄 남쪽 일본에서 가장 큰 혼슈 섬의 가나가와 현에 있는 도시다.

일에 두 번씩 요코스카를 왕래하셨다. 아버지는 새벽 여섯 시 반에 출발해서 기차로 두 시간 거리를 다니셔야 했다. 나도 일찍 일어나서 아버지의 출근 준비를 돕곤 했다. 역까지 가는 데만 거의 한 시간이 걸렸다. 착한 요리사는 아버지의 점심 도시락으로 샌드위치를 싸 드리곤 했다.

군악대가 트레이닝 육개월 만에 처음으로 메이지 일왕의 가든파티에서 연주를 선보이자 다들 깜짝 놀랐다. 일본 군악대는 여러 나라의 국가를 연주했는데, 그중에 일본 국가는 없었다. 당시만 해도 일본 국가가 없었기 때문이다. 그래서 메이지 일왕은 아버지에게 국가를 만들어달라고 청해왔다.

아버지는 군악대원들에게 일본 민요 몇 곡을 연주해 보도록 했다. 그리고 음악을 들은 후에 그중 몇 곡을 선곡해서 군대 음악으로 편곡했다. 그렇게 해서 완성된 곡이 바로 '기미가요'⁹였다. 차분하고 장중한 느낌이 나서 의식에 적절한 이 곡은 왕실의 마음을 사로잡아 그때부터 일본 국가로 채택되었다. 아버지는 이 곡을 작곡하면서 중세시대 그레고리오 성가(로마 가톨릭 교회에서 미사와 성무일에 부른 단선율 예배음악-옮긴이)에

---

9  '기미가요(君が代)'는 "군주의 치세"로 번역된다.

**도판 137** 일본 국가 '기미가요'

서 영감을 얻으셨다고 한다. 현재에도 아버지의 작업을 소개하는 신문 기사가 실린다. 아버지는 그 업적으로 훈장을 받으셨다. 요즘 일본 사람들은 굳이 외국인이 만들었다고 소개하기를 꺼리는 편이지만 그래도 여전히 '기미가요'를 국가로 사용하고 있다. 이전에 영국인 군악대장 존 윌리엄 펜턴이 작곡한 곡은 국가로는 적합지 않았다. 펜턴이 작곡한 곡은 1870년에 군대 열병식에서 연주되었지만 장중한 느낌이 부족하다는 평을 받았다.

피아노 교습을 해주던 부인을 대신해서 온 새 피아노 선생님은 오스트리아 출신의 뛰어난 음악가였지만 상당히 깐깐한 남자 선생님이었다. 선생님은 음악학원**10**에서 피아노와 바이올린을 가르치는 분이셨다. 선생님은 일주일에 한 번씩 부인과 함께 우리 집에 오셔서 나에게 피아노 교습도 해주시고 가족들과 함께 저녁 식사를 하신 다음에 부모님과 함께 카드 게임을 하셨다. 한 번은 내가 교습을 받으러 선생님 댁에 간 적도 있었다. 수업을 받는 동안 사모님은 거실에 앉아서 뜨개질을 하셨다. 선생님은 가끔 내 손에 십센트짜리 동전을 올려놓고 균형을 잡고 연주하게 하셨다. 동전이 떨어지지 않으면 동전을 가져도 된다고 하셨지만 그런 일은 거의 없었다. 내가 피아노 소곡(Bagatelle, '엘리제를 위하여' 같은 곡-옮긴이)을 제대로 연주하지 못하면 선생님은 내 악보에 당나귀 얼굴을 그려 넣으셨다. 쉽진 않았지만 그래도 배울 점은 있었다. 선생님이 개인적으로 가르치던 학생들 대부분은 그만 두었다. 우리는 이따금 바이올린을 배우던 일본인 학생과 함께 트리오로 연주를 하기도 했다. 아버지는 오보에를 연주하시고 나는 피아노를 쳤다. 가끔 독일인 첼로 연주자나 아버지와 함께 피아노를 칠 때도 있었다. 나와 내 남동생 그리고 남동생의 친구 하나는 아버지에게 바이올린을 배웠지만 우리가 워낙 산만해서 별로 오래 가진 못했다.

일본에서 지내는 동안은 일본인들 때문에 빚어진 몇 가지 불쾌한 사건들을 제외하고는 무척 즐겁게 지냈다. 대부분의 사람들은 아주 친절했지만 군인들과 경찰들은 완전히 예외였다. 우리는 일본 아이들과 어울려 놀면서 일본어를 배웠고, 집안일을 거드는 하인들에게서도 많이 배웠다. 그중에는 우리가 일본을 떠날 때까지 줄곧 함께 지낸 근사한 요리사도 있었다. 요리사의 아내도 우리 집 가정부였는데 어떤 수술을 받

---

**10** 도쿄음악학교(東京音樂學校)는 1887년에 설립되었고, 도쿄 우에노공원(上野公園)에 있다. 1949년에 도쿄음악학교와 역시 1887년에 설립된 도쿄미술학교가 합병되면서 일본에서 가장 유서 깊고 명망 높은 예술학교인 도쿄예술대학교(東京藝術大學) 또는 '게이다이(芸大)'가 되었다.

도판 138 도쿄음악학교

다가 세상을 떠났다. 요리사는 고향에서 아내의 장례식을 치르느라 한 달 동안 집을 비웠다. 그 한 달 동안은 내가 요리를 도맡아 해야 했다. 아버지가 다른 사람이 대신 하는 걸 싫어하셨기 때문이다. 나는 어머니에게서 음식 만드는 방법을 배워서 금세 몇 가지 요리 정도는 뚝딱 해낼 수 있게 되었다. 부모님은 손님맞이를 좋아하셔서 매주 수요일마다 몇 명씩 초대해서 저녁을 대접하곤 했다. 우리 집에 초대되어 온 젊은 손님들은 내가 어떻게 요리하는지 궁금해했다. 그래서 나도 식탁에 합석하기를 원했지만 일을 거들어줄 수 있는 하인이 한 명밖에 없었던 터라 요리 준비를 하느라 바빠서 도저히 그럴 수가 없었다. 나는 손님들의 칭찬을 받으면서도 그저 놀리느라 그러려니 여겼다. 어쨌든 다른 사람들을 전혀 신경 쓰지 않았다. 당시 내 나이는 겨우 열일곱 살이었고 꽤나 버릇이 없는 편이었다. 가끔은 내가 버르장머리 없는 말들을 할 때도 있었는데,

**도판 139** 1890년 도쿄의 니혼바시 거리

정작 손님들은 나에게 화를 내지 않았지만 부모님은 몹시 꾸짖으셨다. 우리 주변에는 좋은 친구들이 무척 많아서, 오십여 년 후인 1950년에 북한 수용소에 갇혀 있을 당시에도 좋았던 그때의 어린 시절을 떠올리며 지금은 약간 고통스러워도 된다고 스스로를 다독이곤 했다.

그 무렵에 우리는 한 독일인 신부님을 알게 되어 온 가족이 모두 아주 가깝게 지냈다. 우리는 신부님의 부탁으로 일요일마다 미사에 참석했다. 성당은 걸어서 대략 한 시간 거리였다. 동생들은 모두 그 성당에서 첫 영성체를 받았다. 남동생들이 마리아 형제회[11] 학교에 다니고 있었기 때문에 첫 영성체 날 특별히 수도사 네 분이 교회에 와서 미사 때 노래를 불러주시기도 했다. 음악은 아버지가 베토벤의 악보 몇 구절을 인용해 피아노와 오르간 그리고 네 명의 목소리가 어우러지도록 직접 작곡한 곡을 편곡해 만드신 미사용 곡이었다. 피아노 부분은 어떤 남자에게 맡겼는데, 얼마 안 가서 그 남자가 그만두는 바람에 어쩔 수 없이 그

부분을 내가 맡았다. 난 처음에는 썩 내키지 않았지만 하루에 세 시간씩 연습해서 그 곡을 완전히 익혔다. 오르간은 다른 교회에서 오신 프랑스인 신부님이 연주하셨고 합창은 마리아 형제회 학생들이 맡았다. 다함께 연습하는 시간이 많지 않았기 때문에 기다리던 연습 시간이 오면 너무 즐거웠다.

**도판 140** 1881년 일본 남부 '파리 외방전교회(MEP)'의 신부들과 신학교 학생들

이쯤에서 그 시절에 우리가 키우던 동물들에 대해 한 마디 해야겠다. 우리는 당나귀, 양, 칠면조, 닭 그리고 기니피그를 키웠다. 기니피그는 번식이 대단히 빠른 편이다. 그래서 불과 한 달 만에 기니피그가 감당하기 힘들 지경으로 너무 많아져 버렸다. 또, 내가 작은 새들을 좋아해서 베란다에 새장 몇 개를 매달아놓기도 했지만 고양이들 때문에 늘 신

---

**11** 마리아 형제회(The Marist Brothers or "Little Brothers of Mary")는 교육에 헌신한 가톨릭 수사회다. 성 마르슬랭 조제프 베네딕트 샹파냐(Saint Marcellin Joseph Benedict Champagnat, 1789. 5. 20-1840. 6. 6)라는 프랑스 신부가 1817년에 리옹 근처 라 발라-앙-지에르에서 창립한 수도회였다. 현재는(2011년) 세계적으로 4,500여 명의 수사들이 6대륙 77개국에서 활동하고 있다.
수도회의 첫 학교는 고베에서 1951년에 '마리아 형제회 국제학교(MBIS)'라는 이름으로 설립되었기 때문에 일본에서 마리아 형제회가 관련되었다고 아말리에 마르텔은 착각했던 모양이다.

**도판 141** OAG 로고

경을 곤두세우고 있어야 했다.

나는 열여섯 살이 되던 해에 독일 아시아 회사[12]에서 주최한 아버지의 공연에서 어떤 첼로 연주자와 함께 피아노 반주를 맡았다. 공연이 끝난 다음에는 꽃다발과 함께 내 소개를 마치고 간단한 다과회와 댄스파티가 이어졌다.

내가 처음으로 공식 무도회에 참석했던 건 열여덟 살 때 일본 왕의 탄생 기념회[13]였다. 그 일은 내 인생에서 정말 기억에 남는 사건이었다.

또 한 번은 비슷한 연회에서 하인이 샴페인이 그득한 유리잔을 나르다가 쟁반을 떨어뜨려 내 드레스를 망친 일이 있었다. 난롯가에서 옷을 말렸는데, 다행히 얼룩 하나 남지 않았다.

여름 방학 때면 우린 늘 여름 별장에 가곤 했다. 처음 니코[14]에 갔을 때는 아침에 기차로 출발해서 어느 일본식 호텔에 들렀는데, 파리 떼

---

12 '독일 아시아 회사'는 아말리에 마르텔이 열여섯이던 1893년에는 존재하지 않았다. 아말리에는 독일의 '컴퍼니'의 원래 이름을 영어로 잘못 번역한 것 같다. 일본 내 독일인들의 역사를 생각해보면 당시에 아말리에가 언급할 만한 회사는 하나뿐이었다. '동아시아 자연, 민족학을 연구하는 독일 협회(Deutsche Gesellschaft für Natur- und Völkerkunde Ostasiens)', 또는 일명 '동아시아 협회(Ostasiatische Gesellschaft, OAG)' 뿐이었다. 독일 상인들, 과학자들, 외교관들이 1873년에 동아시아 국가들, 특히 일본을 탐사할 목적으로 도쿄에서 '동아시아 협회'를 설립해서 자신들이 연구한 지식을 확산시켰다. 이 과학적인 임무에는 동시에 유람, 여행, 파티, 문화 이벤트, 공연 등과 같은 사회 활동이 수반되었다. 'OAG'에 관한 더 자세한 정보는 다음을 참조하기 바란다. www.oag.jp.

13 1895년 11월 3일.

**도판 142** 1865년 니코의 도쇼구(東照宮) 신사

가 어찌나 들끓던지 도저히 견딜 수가 없을 지경이어서 버스로 다시 여행을 떠났다. 몇 년 후에는 똑같은 여정을 여덟 시간 만에 갈 수 있었다. 우리는 신부님들이 빌린 여름 휴양지에서 머물렀다. 아이들은 마룻바닥에서 자고 부모님은 캠핑용 침대에서 주무셨다. 가구라고는 의자 몇 개와 테이블 하나가 고작이어서 친구들이 놀러올 때면 각자 자신의 의자와 포크와 나이프를 가져와야 했는데, 그것도 재미있었다.

---

**14**  니코는 도쿄에서 약 백사십킬로미터 북쪽에 있는 혼슈 섬의 도치기 현 산악지대에 위치한 도시다. 메이지 시대(1868-1912) 동안 니코는 니코도쇼구(日光東照宮)라는 신사에 도쿠가와 이에야스(德川家康, 1543. 11. 31-1616. 6. 1) 막부 가문의 묘가 있어서 일본과 국제 관광객의 유명한 관광지가 되었다. 도쿠가와 이에야스는 1603년부터 1868년 메이지 유신까지 일본을 통치한 도쿠가와 막부의 창시자이자 초대 쇼군이다.

**도판 143** 묘기산

　어느 해인가에는 묘기산[15]으로 피서를 간 적이 있었다. 당시만 해도 그 절경을 찾는 사람이 별로 없을 때였다. 우리는 닭을 구하러 마을에 내려갔다. 그때까지만 해도 모든 면에서 더할 나위 없었는데 어느 날 느닷없이 아버지가 남동생들의 선생님을 초대하는 바람에 선생님들과 함께 지내게 되었다. 그 일은 정말이지 최악이었다. 순식간에 방학을 빼앗겼기 때문이다. 우리는 노는 대신 수업을 받았다. 나는 그때 누에가 어떻게 실을 잣는지 알게 되었다. 그곳을 떠나면서 작은 가방에 누에알을 가득 담아 챙겼다. 누에가 알을 깨고 나오자 우리는 뽕나무 잎을 아주 잘게 잘라서 밀짚 위에 뿌려주었다. 누에가 성장할수록 나뭇잎을 조

---

**15**　묘기산(妙義山)은 혼슈 섬 군마 현의 주요 산이자 환상적인 형태로 풍화된 바위들로 유명하다.

212

금씩 더 크게 잘라서 먹이로 주었더니 어느새 누에가 투명해졌다. 그러
더니 이윽고 몸을 돌돌 말아 고치를 만들기 시작했다. 고치를 잘 말려
두었다가 비단을 만들고 싶을 때 고치를 계속 끓이면 실을 얻을 수 있
다. 뭐, 이제는 기계가 다 알아서 하지만.

# 1

## 일본에서 유럽으로 돌아가다

어느덧 정든 일본 땅을 떠나야 하는 때가 되었다. 당시는 1898년이었고[16], 내 나이 스물두 살이었다. 우리는 인종도 다양한 승객에 섞여 화물 증기선에 올랐다. 배의 선장은 얼마 전 두 남동생이 학업을 위해 독일로 떠날 때 탔던 배의 선장이어서 이미 안면이 있었다. 여행은 근사했다. 우리는 요코하마에서 고베로 갔다. 고베에서 한 친구를 만났는데, 배의 선장이라는 친구 남편이 연주하는 아코디언에 맞춰 다함께 춤을 추었다. 고베에서 다시 홍콩으로 가서 사흘간 머무르며 학교 동창 두 명을 만났다. 우리는 홍콩의 명소인 피크와 차이나타운도 가보고, 홍콩의 맞은편에 있는 카오룽을 포함해 여러 곳을 둘러보았다. 다음 기항지는 콜롬보였지만, 그곳에서는 석탄을 공급하는 몇 시간밖에는 머물지 못했다.

---

**16**  프란츠 에케르트와 그의 일가는 사실 1899년 4월 19일에 요코하마에서 증기선 '사보이아' 호를 타고 일본을 떠났다. 출처마다 다양한 날짜는 1898년부터 1900년까지 다양하다. 하지만 정확한 날짜는 1899년이고, 이 날짜는 그들이 유럽으로 돌아가는 길에 찍은 사진들에도 그렇게 적혀있다.

**도판 144** 1900년대 홍콩 항

홍콩에서 콜롬보까지 가는 동안 사흘은 지독한 폭풍우에 시달렸다. 파도가 갑판 위로 들이칠 정도였다. 하루는 선채 맞은편에 있는 선장실에서 심하게 뱃멀미에 시달리고 계신 어머니를 보러 가고 싶어졌다. 그러나 선장실에 가는 도중 별안간 높다란 파도가 갑판을 덮쳐서 쓰러지고 말았다. 내 모습은 그야말로 꼴불견이었다. 머리카락은 흠뻑 젖어서 축 늘어졌고 드레스도 찢어졌지만 그보다 더 심한 건 양쪽 팔꿈치에 입은 상처였다. 당시에 내 생각엔 영국인들이었던 듯한 젊은 승객 세 명이 있었다. 그들은 내 꼴을 보고는 도와주기는커녕 웃음을 터뜨렸다. 파도가 너무 거세서 바닷물이 선실 안까지 들이쳤다. 독일 유학을 위해 우리를 따라가던 도쿄 총독[17]의 아들인 일본인 소년은 처음엔 거센 파

**도판 145** 실론, 콜롬보 항, 1880-1890

도가 자신의 등을 후려쳤을 때 자신의 몸 위로 내동댕이쳐진 게 내 여동생인 줄 알았다가 이내 어떻게 된 영문인지 알아차렸다. 콜롬보에서는 그곳 토착민들이 배 위로 올라와서 바나나며 우표, 사탕 같은 것들을 팔았다. 미국 돈으로 오십센트면 바나나 오십송이도 살 수 있었다.

　다음 기항지는 아라비아의 아덴(Aden)이었다. 날이 지독히 더웠지만 우리는 바닷가로 가서 마차를 타고 식당으로 갔다. 이후 여행을 계속 이어서 프랑스 르 아브르(Le Havre)[18]에 도착했다. 그곳에서는 이틀을 머물렀다. 우리는 관광을 나가서 카지노에서 룰렛 게임도 했지만 난 한 푼도 못 따고 괜스레 용돈만 잃었다. 배는 다음으로 프랑스 마르세유

---

**17**　그 당시에 도쿄 총독은 센게 다카노미(千家尊福, 1845-1918)였다. 그는 1898년 11월 12일부터 1908년 3월 25일까지 재직했다.

**18**　수에즈 운하를 지나 항해하면 다음 항구는 우선은 프랑스 남동 해안에 위치한 마르세유고, 그 다음은 프랑스 동북쪽에 있는 르 아브르다.

**도판 146** 마르세유의 노트르담 드 라 가르드 성당

항에 들렀다. 그곳에서는 사흘을 머물며 노트르담 드 라 가르드(Notre Dame de la Garde) 성당[19]의 돌계단을 올라갔다. 우리는 온종일 걸어야 했다. 언덕을 오르는 일도 쉽진 않았다. 그 언덕 정상의 건물 꼭대기에 있는 성모 마리아 상과 함께 성당이 먼 거리에서도 보였다.

그곳에서 독일 함부르크로 가서 며칠 묵었다가 베를린으로 갔다. 함부르크에서 친구들도 만나고 시내 구경을 했다. 큰아버지와 남동생[20]이 살고 있는 아파트에 함께 묵었다. 큰아버지와 남동생은 매일 점심이나 저녁에 우리를 데리고 식당에 갔다. 가끔은 정원에서 식사를 하며 음악을 즐겼다. 우리는 시내 명소들을 관광했다. 하루는 남동생을 따라 카페

---

**19** 네오 비잔틴 양식의 바실리카인 노트르담 드 라 가르드는 1853-1870년에 프랑스 부슈 뒤 론 지역, 마르세유에서 가장 높은 지점 꼭대기에 세워졌다.

**20** 큰아버지 벤첼 에케르트도 그녀의 아버지와 마찬가지로 음악가이자 작곡가로서 베를린에서 줄곧 살면서 활동했다. 그녀의 동생 프란츠는 당시에 베를린 공과대학교(Technische Universität, TU)에서 엔지니어링을 전공했다.

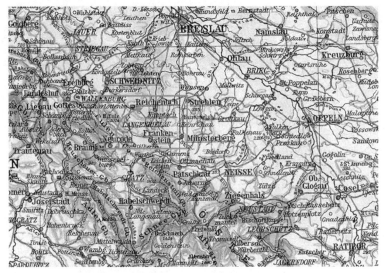

도판 147 1905년 노이로데와 라이헨바흐가 있는 슐레지엔 지도

에 가서 온갖 종류의 케이크를 먹었는데, 한 번도 먹어본 적 없는 맛이었다. 일주일 남짓 지나서는 슐레지엔 시골 고모 댁에 들렀다.[21] 그곳에는 멋있는 성당이 있었다. 신부님은 상당히 친절했고, 학교 교사는 내가 피아노 칠 줄 안다는 사실을 알았기 때문에 미사 후에 내가 오르간을 연주할 수 있게 해주었다. 그는 성당의 성구 관리인이었다. 오르간은 구식이어서 남학생들이 날 위해 손으로 송풍기를 작동시켜야 했다. 하루는 아이들이 짓궂게도 갑자기 오르간 바람 불기를 멈추는 바람에 연주

---

**21** 그들은 오늘날 폴란드의 슬루피스에 해당하는, 프란츠 에케르트의 고향 노이로데에서 남동쪽으로 약 사십 킬로미터 거리이자 라이헨바흐 근처에 있는 남부 실레지아의 슐라우피츠로 이사했다. 아마도 아말리에의 고모는 프란츠 에케르트의 누나 아말리에 바르바라(Amalie Barbara)였던 것 같다.

**도판 148** 브레슬라우 시청, 1895년경

를 할 수가 없었다. 아이들은 그 일로 꾸지람을 받았지만 나는 그 후로
는 연주하지 않았다.

독일 날씨는 나에게 맞지 않았다. 심장박동이 너무 빨라서 나한테 무
슨 문제가 있는 줄 알았다. 그래서 어머니와 브레슬라우[22]에 가서 친구
들과 함께 지냈다. 친구들은 친절하게 내 대신 병원을 예약해주었다. 의
사 선생님은 검사를 해보더니 기후 변화 때문이라고 설명하셨다. 내 심
장과 간이 약하다면서 약을 처방해주셨고, 시간이 좀 걸려야 하니 식단

---

**22** 브레슬라우는 슐레지안의 프로이센 지방의 주도였다. 지금은 브로추아프라고 부르는 이 도
시는 폴란드 남서쪽에 있는 주요 도시이자 폴란드의 열여섯개 주 또는 지방 중 하나인 돌니
실롱스크 주의 주도이다. 블레슬라우(브로추아프)는 프란츠 에케르트의 고향인 노이로데에
서 약 백 킬로미터 북쪽에 있다.

**도판 149** 북쪽 헤센 주와 인접한 바덴(1806-1945)의 지도

조절을 엄격히 하고 꾸준히 약을 먹으라고 하셨다. 창백해 보인다는 말을 들을 즈음이면 건강해질 거라고 말씀하셨다.

어떤 면에서는 내 몸 상태가 좋지 않은 것이 오히려 잘 된 일이었다. 브레슬라우에 머무는 동안 친구들을 따라 오페라를 보러 갔기 때문이다. 탄호이저(Tannhäuser)와 로엔그린(Lohengrin)과 게이샤(Geisha)를 감상할 수 있었다. 게이샤 공연에서 제일 재미있었던 부분은 여자가 엉터리로 기모노를 입는 방식이었다. 그곳을 떠난 후에는 고모 댁으로 돌아가 한동안 고모와 함께 지냈다.

아버지는 서양과 일본 음악을 연구하고 비교하는데 관심이 많으셨다. 아버지는 '쿠어 카펠레(Kur Kapelle)'라는 단체와 계약을 하셨다. 바덴[23]

---

23  바덴은 독일 남서쪽 라인 강의 동쪽 제방에 있는 유서 깊은 주이다. 바덴 대공국 시절에는 1806년부터 1871년에 독일 제국에 합병될 때까지 주권 국가였다. 1918년 혁명 이후에 바덴은 바덴 공화국으로서 바이마르 공화국(1918-1933)의 일부가 되었다. 현재는 바덴뷔르템베르크 주의 서쪽 지역이다.
아말리에는 아버지가 바드 조덴 알렌도르프에 있었던 걸 바덴으로 착각한 것 같다. 바드 조덴 알렌도르프는 바덴 주와 인접한 헤센 주의 북쪽 지역에 카셀 행정 지역의 행정 도시 카셀에서 동쪽으로 삼십삼 킬로미터 위치에 있는 온천 도시다.

휴양지에서 연주하는 음악 단체였다. 우리는 아파트 한 채를 빌려서 그 곳에서 이년 가량 지냈다. 아버지가 서울 주재 독일 영사[24]로부터 전보를 받은 일도 그 무렵이었다. 한국에서는 아버지에게 서울로 와서 한국 사람들과 오케스트라를 시작해 달라고 요청해왔다. 아버지는 가기로 결정하셨다.

---

[24] 이 당시 서울 주재 독일 영사는 하인리히 와이퍼트 박사였다. 그는 1900년 4월 1일부터 1903년 4월 25일까지 한국에서 근무했다.

# 2

## 한국 서울에서 맡은 아버지의 임무
## : 1900-1916

**도판 150** 서울의 조망, 1901년

아버지는 1900년 2월에 서울에 도착하셨다.[25] 처음 몇 주는 친구[26] 집에서 지내시다가 집을 구하셨다. 아마도 아버지는 그곳에서 제대로 된 음식을 구하기가 힘드셨을 터이다. 또 아버지는 곧바로 음악 수업을 시작하시면서 고되게 일하셔야 했다. 아버지는 한국인들이 일본인들보다 음감이 더 좋다고 생각하셨지만 악보 읽기

---

**25** 프란츠 에케르트가 실제로 서울에 도착한 건 1901년 2월 19일이었다.
**26** 이 친구는 서울에 있는 한성덕어학교 교장인 요하네스 볼얀이었다.

는 더 힘들어 했다. 당시 한국 사람들은 일본인들보다 교육적인 측면에서 발전이 훨씬 더딘 편이었기 때문이다. 교육받은 사람들이 일부 있긴 했지만 대부분의 평민층은 읽지도 쓰지도 못했다.

아버지는 훌륭한 음악가가 되겠다 싶은 병사들 중

도판 151 조선 병사들, 1904년

에서 제자 마흔명을 뽑으셨다. 독일어 교사에게서 독일어를 배운 통역사 한 명이 아버지를 도왔다.[27] 나중에 그는 군악대의 지휘자가 되었다. 아버지는 황실에 고용되었기 때문에 한국에 도착해서 황제를 알현했고 [28], 그 다음에는 대신들과의 저녁식사에 초대되어 궁정 소속 기생들의 공연을 관람했다.

그 시절에는 고위층 사람들이 길거리에서 손에 직접 뭔가를 들고 걷는다는 건 남우세스러운 일이었다. 하루는 아버지가 뭔가 쓸 만한 게 있나 보러 시장에 들르셨다. 아버지는 싱싱한 생선을 발견하시고 통역관에게 들라고 하셨다. 한참 후에 생선이 보이지 않기에 통역관에게 생선을 어쨌냐고 물으셨다. 그러자 그는 외투 속에서 생선을 꺼내며 들고

---

27 독일 선생님은 요하네스 볼얀이었고 통역자의 이름은 백우용이었다. 둘 다 앞에서 언급되었다.
28 알현은 한국에 온 에케르트를 환영하기 위해 1901년 3월 19일에 이루어졌다.

**도판 152** 선글라스를 쓴 조선 양반, 1904년경

다니기가 남우세스러워서 할 수없이 외투 속에 숨겼다고 대답했다 한다. 옛날 한국 관습은 그랬다. 물론 지금은 바뀌었지만.

# 3

## 동양으로 두 번째 여행

1902년에 나는 어머니와 두 여동생과 함께 한국에 있는 아버지와 합류하기 위해 독일을 떠났다. 먼저 안트베르펜에 가서 호텔에 며칠 묵으면서 증기선을 기다렸다. 우리는 일본 배 '가마쿠라'호를 탈 예정이었다. 그런데 호텔에서 잠깐 지내는 동안에 사고가 일어났다. 어느 날 아침 일어났는데 머리가 깨질 듯 아팠다. 그래서 동생에게 아스피린을 구해오라고 했는데, 동생이 아스피린을 가지러 가다가 현기증이 너무 심해서 쓰러졌다. 어머니가 방에 들어오시더니 가스 냄새를 맡으시고는 다급히 하인을 부르셨다. 어딘가 가스를 제대로 잠그지 않았거나 누수가 된 모양이었다. 몇 분 안에 호텔 직원이 전부 모였다. 그들은 커다란 타월로 나를 감싸고는 발코니 바깥에 내려놓았다. 조금 지나자 한결 나아졌다. 나흘 후에 해협을 지날 때는 뱃멀미가 났다. (전에는 한 번도 멀미를 해본 적이 없었다.) 남동생의 친구 하나가 런던 역으로 마중 나와서 명소들을 구경시켜주었다. 극장에도 데려가 주었는데, 그때까지도 난 완전히 회복되지 않은 상태였다.

**도판 153** 일본 우편물 운송선 '가마쿠라'호

우리는 선상에서 즐거운 시간을 보냈다. 항해사들은 일본말을 할 줄 아는 우리에게 관심을 많이 보이면서 가끔 특식을 주기도 했다. 마침내 일본 고베에 도착했다.[29] 그곳에서 한국의 제일 큰 항구인 부산으로 육 백칠십톤짜리 작은 배를 타고 가야 했다. 도착하니 한 친구가 우리를 맞아주었다. 우리는 한국 일꾼들이 전부 흰 면 옷을 입고 있는 모습을 보고 적잖이 놀랐다. 한국 사람들은 상복으로 흰 옷을 입는다는 얘기를 들었다. 황제가 서거하면 삼년 동안, 아버지가 돌아가시면 이년, 어머니가 돌아가시면 일년 동안 애도하며 상을 치른다고 했다. 그리고 한국 사람들은 양말을 절대 벗지 않았다. 가끔 온통 흰 옷으로 차려입은 여

---

29  프란츠 에케르트는 1902년 3월에 가족을 마중하기 위해 일본으로 갔다가 가족을 데리고 서울로 돌아왔다.

**도판 154** 1903년 부산 부두에서 하선하는 모습

자들이 보였는데 치마 속에 입은 속옷은 더럽기 그지없었다. 사람들은
청결에 거의 관심이 없어서 우리는 집과 하인들을 청결하게 유지하느
라 한동안 애를 먹었다. 이런 모습은 1910년에 일본에 점령되면서 바뀌
었다.

우리는 한국의 제2항인 제물포[30]에 오후에 도착했는데, 배 위에서는
음식이 제공되지 않아 쫄쫄 굶은 상태였다. 그 다음에는 기차를 타고 두
시간 거리의 서울에 도착할 예정이었지만 안타깝게도 기차가 탈선하는
바람에 훨씬 더 오래 걸렸다. 다행히 심각한 일은 아니었다.[31] 여동생이
배가 고파서 울음을 터뜨리자 역으로 우리를 맞으러 나온 남자분이 과

---

30  제물포는 한국 서해안에 있는 오래 된 항구이자 수도 서울로 가는 관문이었다. 이 오래 된
   항구는 현재는 한국에서 세 번째로 큰 대도시인 인천의 일부이다.
31  서울과 제물포를 연결하는 한국 최초의 철도 경인선은 1899년 9월 18일에 개통되었다.

도판 155 1903년 제물포 항과 부두

자 한 상자를 건네며 달랬다. 그러고 나서 아버지가 장만한 우리 집으로 가서 점심을 먹고 나자 겨우 살 것 같았다. 집은 널찍한 정원이 딸린 이 층짜리 건물이었는데, 우물이 없어서 하인이 뒷문 밖에 있는 샘터로 물을 길으러 다녀야 했다. 이따금 양동이 두 개를 가득 채우는데 한 시간이 걸리기도 했다. 머지않아서 마을에 우물이 생겨 아주 맑은 물을 마실 수 있게 되었다. 우리는 전에 쓰던 가구 대부분을 가지고 갔다. 당시에는 다른 외국인이 그 나라를 떠날 때만 그런 물건들을 살 수 있었기 때문이다. 주변에는 외국인들이 많았지만 대부분 프랑스 사람들이었다. 덕분에 우리를 찾아오는 프랑스 사람들과 즐겁게 시간을 보내면서 프랑스어를 쓸 기회가 많아져서 금세 프랑스어 실력이 늘었다.

서울에 도착한지 한 달 남짓 되었을 때 우리는 황제를 알현했다. 나는 초대를 받고 몹시 궁금했다. 황제는 왕좌 위에 앉아 계셨고, 주변에는 대신들 몇몇이 있었다. 황제는 먼저 어머니에게 기분이 어떠신지, 여행은 잘 하셨는지, 한국은 마음에 드시는지 물었다. 이런 질문들은 통역관이 독일어로 일일이 통역해주었다. 대답도 역시 황제에게 통역해서

도판 156 고종 황제와 순종 황태자, 1904년경.

전달했다. 여동생들과 나도 똑같은 절차를 거쳤다. 그러고 나서는 다른 방으로 인도되어 황태자[순종(純宗)]를 알현했고, 역시 똑같은 의식이 진행되었다. 그리고 또 다른 방에서 황태자비[순명효황후 민씨(純明孝皇后 閔氏)]를 접견했다. 황태자비는 대단히 총명한 여성이었지만, 황태자는 그렇지 않았다. 이후에 우리는 근사한 식사를 대접받으며 아름다운 의상을 입은 무용수들의 전통 무용을 관람했다. 일일이 통역을 거쳐야 해서 대화를 나누는 일이 쉽지는 않았다.

# 4

## 손탁 여사와 만남

한국에 도착한지 다섯 달이 지났을 무렵에 손탁 여사라는, 나보다 나이 많은 여성의 일을 도와달라는 청을 받았다. 손탁 여사는 궁내부 여성 관원이었다. 그 분의 조수가 사고를 당했는데 일이 너무 많아서 도저히 조수 없이 혼자서는 해낼 수가 없었다. 손탁 여사는 가끔 우스꽝스러운 생각들을 하기도 했지만, 어쨌든 나는 그녀와 잘 지내게 되어 기뻤다.

손탁 여사는 나에게 친절하게 대해주었다. 나는 집안에 있는 하인 열다섯 명을 감독해야 했다. 하인들이 도둑질을 많이 해서 그 일은 그다지 마음에 들지 않았다. 나는 하인들 몇 명과 지하 저장고에 가서 포도주를 꺼내오는 일도 맡아 했다.

은 식기며 시가 담배와 비스킷들은 잠긴 찬장 안에 보관되었다. 황제가 연회를 베풀 때마다 찬장 안의 온갖 물건들을 궁으로 날라야 했다. 만찬에 제공되는 음식은 모두 손탁 여사의 집에서 준비했다. 손탁 여사는 외출할 때면 열쇠들을 나에게 맡겼다. 하루는 딸꾹질이 시작되더니

**도판 157** 손탁 호텔(오른쪽)과 그 부근, 1909년경

도무지 멈추질 않았다. 그런데 손탁 여사가 돌아와서 침실 옷장을 열어 보고는 다이아몬드 반지가 없어졌다고 말했다. 그 말을 듣고 어찌나 놀랐는지 단번에 딸꾹질이 멈추었다. 미안했는지 손탁 여사는 나에게 보석이 박힌 금 브로치를 주었다. 다행히도 다이아몬드는 사라진 것이 아니었다. 어쨌든 딸꾹질은 멈추었고, 나는 선물을 받았다.

미혼남자가 집안일을 하기는 쉽지 않은 터라 손탁 여사의 집에는 늘 식사를 하러 들르는 사람들이 있었다. 훗날 나의 제부가 되는 궁내부 고문으로 일하는 프랑스인 변호사[32], 궁내부에 소속된 독일인 의사[33] 그리고 때로는 더 많은 사람들이 식사에 초대되었다.

---

**32** 1904년 12월 29일, 마틸데와 프란츠 에케르트의 둘째딸 안나 이레네는 벨기에 변호사(프랑스인이 아님) 아데마 델콩네와 서울에서 결혼식을 올렸다. 아데마 델콩네는 1903년부터 황실 내관에서 외국인 고문으로 일했다. 1905년 11월 17일, 한국 내각은 일제의 강요로 한일 보호조약, 일명 "을사조약"을 맺었다. 이 조약은 한국으로부터 외교적 주권을 빼앗았고, 따라서 한국의 외무에 대한 전적인 책임을 일본에 맡긴 셈이었다. 1906년 초에 일본은 초대통 감 이토 히로부미에게 한국의 행정을 맡겼다. 이런 사건들 때문에 조선 황실의 모든 외국인 고문들이 떠나야만 했다. 아데마 델콩네는 벨기에 외교관으로 처음에는 워싱턴에서, 다음에는 룩셈부르크, 네덜란드, 중국, 스페인, 브라질에서 근무했고, 나중에는 벨그라드에서 특명전권공사로 오랫동안 복무했다.

**33** 독일 의사 리하르트 분쉬 박사.

소궁에 놓을 가구가 배로 운송되어 오자 나는 하인들이 상자를 여는 모습을 지키고 서서 물건들을 너무 거칠게 다루지는 않는지 감시하느라 온종일 분주했다. 소궁은 방문객들을 위한 게스트하우스로 사용되었다.

1904년에 황제 즉위식이 성대하게 열릴 예정이었지만, 정치적인 혼란 때문에 예정대로 거행되지 못했다. 새로 들어온 하인들이 마흔명

도판 158 마리 앙투아네트 손탁, 1904년

가량 있어서 방을 청소하고 식탁을 차리는 방법을 일일이 가르쳐 주어야 했다. 나는 예정된 행사를 위해서 각국 대표들을 위한 작은 테이블

도판 159 서울 주재 러시아 공사관, 1895년경

보 마흔개를 재단했다. 러시아 대사 부부(부인이 손탁 여사의 자매였다)[34]가 도착해서 한동안 우리와 함께 지냈다. 나에게는 반가운 일이었다. 한때 베베르 대사가 서울에 있을 때, 일본인들이 황후를 시해하자 황제가 여장을 하고 여성용 가마를 탄 채 러시아 공관으로 피신한 적이 있었다. 당시에 손탁 여사는 대사 부인과 함께 지내며 오로지 여사가 요리한 음식만 드시는 황제를 위해 요리를 도맡았다. 당시에 황제는 독살을 두려워했기 때문이다. 이 모든 일은 내가 한국에 도착하기 전에 일어난 일이었다.

---

**34** 러시아 대사 카를 폰 베베르는 아렌스베르크, 즉 현재 에스토니아 사아레마 섬의 중심도시인 쿠레사레 출신의 유제니(제니 알리데 마아크, 1850-1921)와 결혼했다. 아말리에 마르텔은 앙투아네트 손탁이 베베르의 처형이라고 했는데, 사실 유제니는 손탁의 사돈의 누이였다.

# 5

## 나의 결혼식

**도판 160** 프랑스 공사관, 1900년경

나는 1904년에 약혼하고 이 듬해 2월 7일에 결혼식을 올렸다.[35] 혼수와 옷가지들을 준비해야 해서 결혼 몇 달 전에 손탁 여사를 돕는 일을 그만두고 싶었지만 1월 말까지 손탁 여사가 나를 놔주지 않았다. 손탁 여사가 양해해주어서 나는 베갯잇이며 시트 같은 것들을 재단했고, 내 웨딩드레스를 만들러 재단사가 왔다. 손탁 여사는 나에게 깊은 애착을 갖고 있어서 우린 의

---

**35** 아말리에 에케르트는 아버지의 프랑스인 동료 에밀 마르텔과 결혼했다.

**도판 161** 1905년 2월 7일, 손탁호텔 앞에서 아말리에 에케르트와 에밀 마르텔의 결혼식 직후 ○○쪽: 에밀 마르텔과 아말리에 에케르트. 두 번째 줄 왼쪽부터: 알폰스 트레뮬레(한국 황실의 프랑스 고문○ ○란츠와 마틸데 에케르트 부부, 앙투아네트 손탁, L. 브라운, 라포르트 부인(일본인), 이름 모를 한국인 ○하네스 볼얀. 마지막 줄 왼쪽부터: 독일 부영사 고트프리트 나이, 엘리자베트 에케르트, 이름 모를 ○○, 에르네스트 라포르트, 이름 모를 인물

좋게 잘 지냈다. 독일에서 주문한 물건들은 전부 결혼○ ○한 달 후에 도착했다. 남편에게○ 친구가 아주 많아서 우리는 제○ ○성대한 결혼식을 치렀다.

2월 7일, 아침 여덟시까○ ○준비를 ○○야해서 일찌감치 일어났다. 손탁 여사의 가마를 타고 프랑스 대사관에 가서 결혼식을 올렸고, 그 다음에는 성당[36]에 가서 결혼 미사를 올렸다. 날씨가 춥고 폭설이 쏟아졌

---

**36**　이 성당은 종현성당, 즉 현재의 명동성당이었다.

도판 162 부산의 거리 모습, 1904년경

지만 많은 사람들이 엄숙한 예식에 참석해 주었다. 성당 안은 난방이 되지 않아서 무척 추웠다. 성당 의식이 끝나고 다들 손탁 여사의 집에서 열리는 피로연에 초대되었다. 사람들이 얼마나 많이 왔는지는 잘 모르겠다. 한국 대신 몇 명, 미국인 친구들(서울에 사업차 온 미국인들). 당시만 해도 언젠가 내가 미국에 가게 되리라고는 생각조차 하지 못했다. 샴페인을 들며 우리 부부를 축하해준 다음에 손님들은 모두 떠났다. 남편은 잠깐 클럽[37]에 가서 친구들과 함께 샴페인을 들며 자축했다. 손탁 여사는 자신의 집으로 우리를 초대해서 우리 부모님과 결혼식 증인을 서준 부부들에게 점심을 대접했다. 우리는 친구들과 저녁 식사까지 함께 하면서 즐기고 싶었지만 프랑스 장관[38]이 친구들과 우리를 초대해서 며칠 뒤로 미루어야 했다. 공사관에서 우리는 아주 밤늦도록 춤을 추면서 즐거운 시간을 보냈다. 축사가 이어지

---

[37] '일명 외교관 구락부'라고 불리던 '외교관 및 영사단 클럽(Cercle Diplomatique et Consulaire)'은 1892년 6월 2일에 프랑스 공사관 바로 옆 건물에 생겼다. 공식적으로는 1903년 1월 31일까지만 존재했고, 며칠 후인 1903년 2월 5일에 현재의 '서울 클럽'이라는 이름으로 새로 문을 열었다. 이 클럽에 대한 자세한 역사는 다음을 참조하기 바란다. Neff, Robert: First gentlemen's club in Seoul established in 1889. 〈The Korea Times〉, 2010년 10월 20일.

며 프랑스 장관은 우리를 프랑스 국민처럼 맞아주었고, 독일 장관[39]도 우리를 위해 건배를 제의했다.

남편이 학교를 비우기가 힘들어서 제대로 된 신혼여행은 가지 못했다. 대신 나중에 10월에 부산으로 갔다. 우리는 남편 친구 한 명과 함께 닷새밖에 머물지 못했다. 남편이 전보를 받고 다시 불려갔기 때문이다. 한창 근사한 시간을 갖던 중이어서 떠나기가 너무 아쉬웠다.

---

**38** 1886년 6월 4일에 한불수호조약이 체결된 후에 빅토르 에밀 마리 조제프 콜랭 드 플랑시 (1853.11.22-1924)는 1887년 5월 30일에 이 조약이 비준되면서 최초의 프랑스 영사로 한국에서 잠깐 근무했다. 일본에서 프랑스 영사로 재직했던 그는 1896년에 한국으로 돌아와서 1906년까지 프랑스 영사이자 장관으로 서울에서 체류했다.

**39** 1903년 1월 9일, 콘라트 폰 잘데른(1847. 1. 3-1908. 6. 8)은 독일 특명전권공사로 한국에 파견되어 1903년 4월 24일에 한국에 도착했다. 폰 잘데른은 그렇게 높은 고위 외교관으로 온 최초이자 마지막 독일 대표였다. 1905년 12월 4일에 그는 독일 공사관을 후임인 부영사 고트프리트 나이 박사(1874. 8. 12-1952. 11. 16)에게 인계하고 15일 후에 한국을 떠났다.

# 6

## 서울에서의 휴가

12월 24일 밤은 늘 부모님과 함께 보냈다. 방안에 크리스마스트리를 세우고 선물을 주고받았다. 크리스마스 날에는 부모님이 우리 집으로 오셔서 친구들과 다함께 점심을 먹었다. 12월 31일에는 부모님과 가까운 친구들과 함께 오붓한 저녁 파티를 했다. 그날은 내 생일이기도 했기 때문이다. 밤에는 클럽에 가서 자정까지 놀면서 다함께 신년 인사를 했다. 클럽에는 사람들이 제법 많았다. 우리는 황실 악대의 음악에 맞추어 춤을 추었다. 무척 즐거웠다.

**도판 163** 1906년 서울 거리의 옹기 상인

새해 첫 날이면 으레 친구들을 찾아다니며 신년 인사를 주고받았다. 우리는 앞쪽 현관에 테이블을 내놓고 쟁반 위에 손님들이 자신들의 명함을 놓고 갈 수 있게 해두었다. 남편의 제자들이 많이 와서 그곳에 카드를 올려놓고 갔다. 학생들은 일찌감치 아침 여덟 시부터 오기 시작했다. 대부분은 한국 학생들과 일본 학생들이었다. 외국인들은 오후에 왔다. 그들은 모두 가까운 지인들이어서 집안으

도판 164  1904년 귀스타프 샤를 마리 뮈텔 주교

로 들어왔다. 우리는 손님들을 위해 시가와 담배 그리고 달콤한 포도주를 준비했다. 남편도 신년 인사를 다녔다. 거기서 클럽으로 가서 더 많은 친구들을 만나 집에 와서 함께 점심 식사를 했다.

간신히 식사를 마쳤을 무렵 프랑스 주교님[40]과 신부님들 몇 분이 찾

---

**40**  프랑스 북동부 오트 마른 지역의 블뤼므레코뮌에서 1854년 3월 8일에 태어난 귀스타프 샤를 마리 뮈텔(Gustave Charles Marie Mutel)은 1873년 10월 11일에 "파리외방전교회(La société des Missions étrangères de Paris, MEP)"에 들어가 1877년 2월 24일에 사제가 되었다. 1877년 12월에 그는 한국 선교사로 만주에 도착했지만 쇄국정책 때문에 1881년이 되어서야 잠깐 입국할 수 있었다. 이후 몇 해 동안 뮈텔은 중국어와 한국어 공부에 매진했다. 결국 1890년 9월 2일에 한국의 교황대리이자 밀로의 명의사제로 임명되어 1891년 2월에 한국에 도착했다. 1926년 1월 11일에 라티아리아 명의사제로 임명된 그는 1933년 1월 22일에 서울에서 선종했다. 그의 한국 이름은 민덕효(閔德孝)였다.

**도판 165** 1901년 프랑스어 학교에서 에밀 마르텔과 제자들

아오셨다. 그분들은 다른 프랑스 가톨릭 가족들에게도 인사를 하러 가셔야 해서 삼십분 만에 가셨다. 그렇게 손님들이 드나드는 일은 온종일, 저녁때까지 계속되었다. 하지만 이런 근사한 풍습은 그다지 오래 가지는 못했다. 1910년에 한국이 일본에 합병되면서 외국인 공동체에 커다란 변화가 생겼기 때문이다. 많은 외국인들의 계약이 취소되어 줄줄이 해고되었다. 우리는 여전히 설날에 손님들을 맞았지만 해가 갈수록 확연히 줄어들었다.

1910년, 남편은 한국 정부에서 해고되었다. 남편에게 방학이 생기자 우리 가족은 내 남동생을 만나러 일본에 갔다.[41] 일본인 유모 두 명과

---

41 그녀가 여기서 언급한 형제는 마틸데와 프란츠 에케르트의 장남 프란츠 에케르트였다. 그는 1905년부터 일본 고베에서 엔지니어로 근무했다.

함께 동생 집에 묵으면서 대단히 즐거운 한때를 보냈다. 남동생은 나의 옛 친구들을 초대해서 성대한 저녁 파티를 열어주었다. 나는 쇼핑을 나가서 이브닝드레스 몇 벌을 맞추었다. 서울에서는 훌륭한 재단사를 찾지 못했기 때문이다. 우리는 한 달을 머물다 서울로 돌아왔다.

이 일이 있고 나서 남편은 일본 정부에 채용되어 일을 계속했다. 점점 더 많은 일본 사람들이 한국으로 건너왔다. 그들은 미국인들이 운영하던 금광도 인수했다.

# 7

## 일본인들이 행정권을 장악하다
## : 1910년

 

일본인들이 한국을 점령하면서 별안간 행정과 삶의 방식에 많은 변화가 생겼다. 다행히도 우리는 일본어를 할 줄 알아서 좋은 일본 친구들도 사귀었다. 지금도 그들에게서 편지가 오곤 한다.

해마다 일본 국왕의 생일이 되면[42] 성대한 가든파티가 열리며 모든 정부 인사들과 외국 공무원들이 초대되었다. 초반 몇 년 동안에는 외국 음식과 샴페인과 와인을 갖춘 상당히 성대한 연회가 열렸다. 그러다 후반으로 가면서 정원에 달랑 자그마한 테이블 몇 개에 일본 음식과 음료만 차려졌다. 그래도 먹고 싶은 음식은 무엇이든 자유롭게 주문할 수 있었다. 한 번은 일본 국수[소바]를 맛있게 먹고 있던 나에게 곁을 지나가던 총독[43] 부인이 다가와 맛이 있느냐고 물었던 기억이 난다. 그곳에 모인 많은 사람들이 일본 음식과 음료를 맛있게 먹으면서 다들 즐거워

---

**42**  메이지 국왕의 생일은 11월 3일이었다.
**43**  한국의 초대통감은 이토 히로부미였다.

했다. 활짝 핀 벚꽃이 무척
아름다웠다. 일본 여성들은
모두 밑단에 자수가 놓였거
나 날염된 디자인의 검정
색 또는 회색 기모노를 차
려입었다. 여자들이 서로 바
짝 붙어서 나란히 서 있으
면 그들이 입고 있는 기모
노 소재의 차이가 구분되어
보였다. 대부분은 비단 크레
이프로 만든 옷이었다. 젊은
세대는 아름다운 밝은 색
기모노를 차려입었다. '오

**도판 166** 전통 복장을 한 일본 여성들, 1910년경

비'(기모노와 함께 착용하는 장식 천-옮긴이)를 만든 양단의 품질도 다양했다.
남자들은 프록코트를 입고 중산모를 쓴 서양식 차림이었다. 그런데 늘
모자가 머리에 맞지 않아서 그렇게 차려입은 모습이 우스꽝스러워 보
였다. 코트도 마찬가지였다. 불쌍한 그 사람들은 박봉에 옷을 살 형편이
안 되어서 빌려 입었기 때문에 늘 품이 맞지 않았다.

# 8

## 축복과도 같은 다섯 아이들

1906년 3월 4일, 첫딸이 태어났다. 아이 이름은 마리 루이즈라 지었다(훗날 이마쿨라타 수녀). 나에게는 아주 훌륭한 산파가 있었는데 그녀는 독일에서 갓 돌아온 의사가 곁에 있어주길 원했다. 의사는 일본인이었다. 의사는 아이가 일요일에 태어나길 원했다. 그는 일요일에 태어난 아기들을 위한 독일 시 한 편을 내게 소개해주었다. 나는 가슴에 문제가 있어서 집에서 세 번 수술을 받았는데 한 번은 마취 없이 했다. 몸이 약해서 많이 힘들었지만 다행히도 번번이 잘 회복되었다. 훌륭한 의사 친구들 덕분에 아이들에게 문제가 생길 때도 매번 잘 극복했다.

둘째딸은 이듬해 1907년 4월 23일에 태어났다. 아이 이름은 마리 앙투아네트라고 지었다(훗날 디폴드 부인). 이번에는 한결 출산이 수월했지만 아이는 예상보다 일찍 태어났다. 인력거를 타고 마을에 가다가 인력거가 너무 흔들리는 바람에 출산이 앞당겨진 탓이었다.

당시에 우리는 두 딸과 함께 무척 행복했다. 그런데 그 해 마지막 날, 첫째가 아파서 우리 부부는 걱정이 이만저만이 아니었다. 의사는 디프

테리아라고 진단을 내리면서 주사를 놓고 저녁에 다시 오겠다고 약속했다. 밤 11시 무렵에 의사가 다시 왔을 때 아이는 잠이 들어서 간신히 호흡만 관찰했다. 그 해[1909]에는 새해 첫날이 되었어도 아무도 맞을 수 없었지만 프랑스 영사[44]가 주방을 통해 우리를 보러 왔다. 우리는 그의 우정에 깊이 감사했다. 첫째가 앓는 동안 작은 딸은 유모와 함께 부모님 댁에서 지내게 했다.

**도판 167** 아말리에와 둘째딸 마리 앙투아네트, 1907년

 석 달 후, 1909년 3월 1일에 다시 만삭이던 나와 우리 가족은 부모님 댁에 가서 부모님이 일본에서 주문한 칠면조 요리를 먹었다. 오후 세 시에 진통이 시작되자 아버지는 나를 집으로 보내셨다. 나는 남편의 도움으로 무사히 집에 도착했다. 산파가 불려오고 오후 일곱시에 첫 아들 샤를을 낳았다.

 일 년 반이 지나 1910년 9월 26일, 나는 넷째 아이 프랑수아를 낳는 축복을 받았다. 이번에는 몹시 힘들었다. 아이 체중이 4.3킬로그램이나 되었기 때문이다. 아이를 낳다가 쇼크 상태에 빠지는 바람에 출산이 더

---

**44** 이 시기에 서울 주재 프랑스 총영사는 J. 블랭(J. Belin)이었다.

욱 힘들었다. 같은 해에 한국이 일본에 합병되면서 남편은 한국 정부로
부터 해고되었다.

　1912년 7월 1일에는 막내딸 마르게리트가 태어났다. 마르게리트는
태어난 지 몇 달 되지 않아서 탈장이 됐다. 의사는 아이를 울리지 마라
고 했다. 그래서 일본인 유모는 아이가 울 때마다 연신 안아 달랬다. 유
모는 아이에게 무척 잘해주었다. 보상으로 나는 유모에게 예쁜 기모노
를 선물했다.

# 9

## 고난의 시작

　1914년 6월, 아이 넷이 한꺼번에 성홍열에 걸려 몹시 힘든 시기를 보냈다. 위의 두 딸이 먼저 시작했다. 의사를 불렀더니, 의사는 아이들을 보면서 선뜻 병명을 말하지 못하고 머뭇거렸다. 내가 혹시 성홍열이냐고 물었더니 그렇다고 말했다. 나는 아이들을 병원으로 데려가서 병실 두 개와 개인 간호사를 요청해 서로 떼어 놓았다. 때마침 돌아온 남편은 집을 떠날 채비를 하는 내 모습을 보고 놀랐다. 우리는 방 두 개와 아주 착한 간호사를 배정받았다. 며칠 후에 둘째 딸은 퇴원해도 괜찮을 만큼 회복되었다. 다 끝났다보다 생각했지만 착각이었다. 이번에는 첫째 아들이 옮은 것이다. 나는 아이를 보고 아이가 죽은 줄만 알았다. 전날 저녁에 남편은 평소와 같은 시간에 병원에 오지 않고 훨씬 늦게 왔다. 남편은 그때 나에게 아무 말도 하지 않았지만, 나중에서야 샤를을 어머니 댁에 데려다놓고 그리로 의사를 불렀다는 얘기를 들었다. 샤를이 어찌나 심하게 앓던지 아이가 영영 회복되지 못할 줄로만 알았다. 아이의 목 상태가 너무 나빠서 이비인후과 전문의가 매일 아이를 보러

도판 168 서울에 있는 일본인과 한국인 아이들, 1915년경

왔다. 아이는 거의 삼주 동안 입원했다. 나는 집에 있는 두 아이 때문에 걱정이 이만저만이 아니었다. 과연 얼마 안 있어서 둘째 아들이 병원에 실려 왔다. 다행히도 둘째는 형만큼 심각한 상태가 아니었다. 나는 이 방 저 방을 왔다 갔다 하다가 밤에는 상태가 위독한 큰아들 곁을 지켰다. 무더운 날씨에 삼십분에 한 번씩 얼음찜질 주머니를 바꿔 주어야 했다. 마침내 샤를은 퇴원은 했지만 한쪽 시력을 잃고 말았다. 그래도 아들을 잃지 않았다는 사실에 하느님과 의사들에게 감사했다.

# 10

## 제1차 세계대전

1914년 7월 말엽의 일이었다. 나는 너무 피곤해서 끝도 없이 잠이 쏟아졌다. 어느 날 아침 일어났을 때만 해도 무슨 일이 벌어졌는지 영문을 몰라 얼떨떨했다. 그 날은 나의 비극적인 나날의 시작이었다. 8월 4일, 남편은 프랑스 영사관으로부터 프랑스 군대에 입대하라는 통보를 받았다. 남편은 8월 8일 프랑스로 떠났다. 그는 일본 신문을 통해 선전포고 소식을 들은 터라 이런 일이 찾아올 줄 짐작하고 있었다. 나는 눈물을 흘리며 남편의 출발 채비를 도왔다. 남편은 여섯 달만 있으면 돌아올 수 있을 거라며 나를 안심시켰다. 하지만 남편이 돌아오기까지는 무려 오 년이 걸렸다. 부모님이 우리 집에서 멀지 않은 곳에 살고 계셔서 그나마 다행이었다.

일본 친구들은 전부 남편의 여행에 보탬을 주러 선물과 상품권을 들고 달려왔다. 무척 고마웠지만 너무 슬픈 나머지 친구들이 우리에게 해준 점에 일일이 감사할 여력이 없었다. 나는 집에서 남편에게 작별 인사를 했다. 남편 친구 한 사람도 비슷한 처지였지만 그는 광산을 소유

**도판 169** 제1차 세계대전에 참전한 프랑스 군인들, 1916년경

하고 있어서 몇 달 후에 돌아왔다. 머지않아 우리 집에서 일하던 중국인 요리사와 인부 한 명은 몸이 아프다며 일을 그만 두었다. 그러자 일본인 유모는 내가 요리법을 가르쳐 주면 자신이 요리를 하겠다고 했다. 아이들이 얼추 자라서 자기 일을 스스로 할 수 있기 때문에 그러마고 했다. 일본인 정원사는 자기 조수를 해고하고 자신이 그 일을 직접 하겠다고 나섰다. 하인들 모두 나에게 잘해주었다. 나는 집안일을 도와줄 한국인 인부 한 명을 구했는데 알고 보니 손버릇이 나빴다. 하루는 우리 모두가 외출해서 마을밖에 있는 시골집에 가 있었는데, 우리가 집을 비운 새 물건 몇 개를 도둑맞은 사실을 알게 되었다. 그 인부가 훔친 물건은 대부분 되찾았다.

나는 부모님 댁에 자주 갔다. 아침이면 큰 아이들을 가르치고 피아노도 가르치기 시작했다. 그래서 늘 바빴다. 수입이 적어서 아이들에게

**도판 170** 공습 전 베르됭에서 프랑스 군사들, 1916년

새 옷을 자주 사 입힐 형편이 안 되는 터라 일본인 하녀와 함께 바느질과 수선도 직접 했다. 그래도 아이들을 건강하게 키우기 위해서 좋은 음식을 해 먹이려 애썼다. 아들들은 이따금 내게 와서 이렇게 말했다. "엄마, 양말이랑 바지에 작은 구멍이 났어요." 그런데 막상 보면 결코 작지 않은 구멍이었다. 내 손이 통째로 쑥 들어갈 정도의 크기였다. 처음에는 정부에서 얼마 안 되는 보조금이라도 받았다. 정부에서는 남편의 월급 일부를 지불했다. 그나마도 끊기게 되자 친구들은 내게 군인 부인들이 받을 수 있는 배당금을 신청하라고 알려 주었다. 시간이 좀 걸리긴 했지만 소액이라도 들어오자 간신히 하인들에게 월급 줄 형편은 되었다. 갖가지 잡무를 맡기려면 그들이 필요했다. 나중에 돈을 더 받게 되면서 우리 집 정원사는 시골 밭에서 키운 딸기와 야채들을 파는 일을 도맡았다.

# 11

## 아버지의 병환과 타계
### :1915-1916

이듬해 아버지가 건강이 악화되셔서 아버지를 병원으로 모셨다. 병세가 더 심해지면서 아버지는 더는 치료를 받으러 다니실 수가 없게 되었다. 그러자 의사는 아버지의 인후 통증을 덜어드리는 도구 사용법을 알려 주었다. 그 도구 덕분에 아버지는 침 삼키기가 다소 수월해지셨다. 하지만 후두암이 진전되면서 아버지는 날이 갈수록 쇠약해지셨다. 어떤 때는 밤에도 불려가서 인력거를 타고 의사를 데리러 가야 했다. 의사에게 주사를 몇 대 맞으면 좀 나으신 듯했다. 아버지가 많이 고통스러워하실 때면 의사가 아침까지 병상을 지키기도 했다. 나는 밤이면 일본인 하녀들에게 아이들을 맡기고 부모님 댁으로 갔다. 다행히 믿을 만한 사람들이어서 언제든 돌아와 보면 아이들을 잘 보살펴주고 있었다.

1916년 4월, 일본 고베에 있는 남동생 프란츠에게서 전보 한 통을 받았다. 프란츠는 편찮으신 아버지를 뵈러 오는 길이었다. 하지만 오래 버티지 못하실 것 같은 아버지께는 행여 놀라시지 않도록 동생이 시모노세키에 사업차 가는 길에 잠깐 들르기로 했다고 말씀드렸다.

**도판 171** 동대문 근처 교회, 1916년경

아버지는 아들을 만나고 나서 잠깐 회복되시는 듯싶었지만 동생이 떠나고 나서 상태가 더욱 악화되었다. 독일인들인 베네딕도 수도회 신부님들은 우리에게 늘 상당히 친절하셨다.[45] 신부님들은 아버지가 돌아가시기 전에 자주 아버지를 찾아오셨다. 나는 그 당시에 남편이 곁에

---

**45** 한국에서 베네딕도 수도회 수도사의 임무를 처음 맡은 사람은 서울에 있는 프랑스 주교 귀스타프 샤를 마리 뮈텔이었다. 1908년에 그는 독일 오버바이에른의 상트 오틸리엔에 있는 베네딕도회 수도사에 개인적으로 찾아가서 총아빠스 노르베르트 베버(Norbert Weber, 1870. 12. 20-1956. 4. 3)에게 한국에서 하는 선교 활동을 도와달라고 부탁했다. 그렇게 해서 보니 파시오 사우어 신부(1877. 1. 10-1950. 2. 7)와 도미니쿠스 엔스호프 신부(Dominikus Enshoff, 1868. 4. 18-1939. 9. 14)가 적당한 수도원 영지를 물색하기 위해 먼저 한국에 파견되었다. 그들은 1909년 2월 25일에 서울에 도착해서 백동, 지금의 종로구 혜화동에 영지를 구입했다. 이후 1909년 12월에 상트 오틸리엔의 신부 두명과 수사 네명이 도착하면서 한국에서 베네딕도회의 선교 활동이 뿌리를 내렸다. 한국 내 베네딕도 수도회의 선교 활동에 관한 자세한 역사는 다음을 참조하기 바란다. 한스 알렉산더 크나이더, 『독일인의 발자취를 따라』, pp. 214-227.

도판 172 보니파시오 사우어 대주교

없는 게 너무 속상했다. 남편이 절실히 필요했다. 어느 날 목요일, 나는 남동생에게 전보를 보냈고, 동생은 다음 토요일 아침에 도착했다. 내가 역까지 마중을 나갈 수가 없어서 부원장 신부님이 대신 나가 주셨다. 아버지는 원장 신부님에게 임종 성사를 받으셨고, 부원장 신부님과 원장 신부님은 일요일 온종일 우리와 함께 곁을 지켜주셨다.

신부님들을 저녁까지 잡아두었건만, 결국 아버지는 내가 임종을 지키는 가운데 밤 아홉시에 돌아가셨다. 우리는 무릎을 꿇고 마지막 기도를 올렸다. 그리고 의사를 불러 아버지의 옷을 갈아입혀 드렸다. 장례식을 치르던 날, 우리는 성당까지 짧은 거리나마 영구차 뒤를 따라 걸었다. 당시 일곱 살이었던 큰아들 샤를이 할아버지의 훈장들을 검정색 벨벳 쿠션에 받쳐 들고 운구 행렬을 따랐다. 아버지가 받으신 훈장들 가운데에는 일본에서 받은 고위 훈장도 있었다. 지나는 길에서 그 훈장을 본 일본 사람들은 우리에게 조의를 표했다. 참석자들 대부분이 가톨릭 신자가 아니었던 탓에 우리는 나지막하게 위령 미사를 올렸다. 전시여서 공무원들은 장례식에 거의 참석하지 못하고 프랑스 친구들의 부인들만 참석했다. 군악대가 쇼팽의 장송 행진곡과 다른 곡들을 연주하면서 묘지까지 한 시간 반 정도를 함께 걸었다. 우리는 차를 탔지만 자리가 충분치 않았다. 그래서 몇몇은 마차를 타야 했다. 장마 직후여서 땅이 질퍽한 탓에 하마터면 영구차가 뒤집힐 뻔했다. 바로 옆에서 따라 걷던 음악가들 덕에 간신히 위기를 모면했다. 신부님들 중 가장 연장자이신 신부님이 무덤에 가호를 빌어주셨다. 아버지의 시신이 무덤에 놓였다. 평생 나를 무척 아끼셨던 아버지 생각에 슬픔이 북받쳤다. 장례식이 끝난 후 나는 한동안

**도판 173** 양화진 외인 묘지에 있는 프란츠 에케르트의 묘, 2012년 11월. ⓒ한스 알렉산더 크나이더

어머니와 함께 지냈다. 우리 모두 지독히 외로웠다. 그래서 남동생은 어머니와 나의 큰 딸 둘을 일본에 있는 자신의 집으로 데려갔다. 나는 남은 세 아이들과 함께 한 달 뒤에 따라가서 동생의 고베 집에서 묵었다. 나는 하녀 한 명을 데려가서 그곳에 머무는 몇 달 동안 도움을 받았다.

# 12

## 교사 생활과 남편의 귀환
## : 1917-1919

일본에서 돌아온 어머니는 친구들이 살고 있는 동네로 이사하셔서 더는 외롭지 않게 되었다. 큰아들이 매일 오후 들러서 밤새 할머니 곁을 지키고는 아침이면 집으로 돌아왔다. 아침마다 내가 직접 가르치는 교육을 받아야 했으니까.

1917년에 일본은 전쟁에 돌입했다.[46] 경찰은 독일인인 나를 늘 감시하며 힘들게 했다. 한번은 내가 일본인들의 "블랙리스트"에 올랐다. 나는 석탄 배달부에게 수표로 돈을 지불했는데 내 계좌가 막혀서 현금으로 바꿀 수가 없다고 했다. 나는 너무 걱정스러워서 일본인 변호사 친구에게 알아봐 달라고 부탁했다. 또 프랑스 영사[47]에게도 도와달라고 부탁했지만 결코 쉬운 문제가 아니었다. 프랑스 영사는 그 문제를 해결

---

46  1914년 8월 7일, 일본 정부는 영국 정부로부터 중국해 근처의 독일제국해군의 침공을 무찔러달라는 공식 요청을 받았다. 일본은 1914년 8월 14일에 독일에 최후통첩을 보냈으나 응답이 없었다. 그러자 일본은 1914년 8월 23일에 독일제국에 전쟁을 선포했다.

47  이 무렵 서울 주재 프랑스 영사는 A. 게랭(A. Guérin)이었다.

**도판 174** 서울 백동의 베네딕도 수도원, 1925년

하러 일본 행정부까지 갔다. 그들은 단지 착오가 있었을 뿐이라는 변명을 둘러댔다. 이 일을 겪은 직후에 나는 신경쇠약에 걸렸다. 온몸이 떨리기 시작해서 이주 동안 앓아 누웠다. 어머니와 아이들이 걱정되어서 간단히 넘어갈 수 있는 문제가 아니었다. 모두들 나에게 정말 잘해주었다. 내가 조용히 쉴 수 있도록 낮에는 어머니가 두 딸을 봐주셨고, 베네딕도 수도회 신부님들이 아들들을 수도원으로 데려가주셨다.

막내 마르게리트만 유일하게 집에 있었다. 그동안 내가 아파서 주치의를 부른 적은 한 번도 없었다. 그래서 아침 일찍 일본인 하녀가 의사를 부르자, 의사는 염려하면서 즉각 달려왔다. 그 후로 의사는 나를 보러 매일 왔다. 의사 선생님이 나에게는 큰 위안이 되어주었다. 그분은 우리에게 각별한 애정을 보여주셨다. 우리 아이들을 무척 좋아하셔서 가끔은 우리가 청하지 않아도 우리 아이들을 만나러 일부러 들렀다 가

**도판 175** 성심여학교 정문, 2010년

실 정도였다. 의사 선생님은 아이들의 맥박을 확인하시면서 그저 별 문
제가 없는지 확인해두셨다. 나에게 왕진료를 달라고 하신 적도 한 번도
없었다. 그저 이렇게 말씀하시곤 했다. "남편을 전장에 보내신 부인께
어떻게 뭔가를 요구할 수 있겠습니까?"

1917년 가을에 위의 두 딸이 도쿄 성심학교[48]에 다니게 되었다. 수녀
님들은 나를 위해 학비 지불을 간편하게 해주셔서 무척 감사했다. 나는
다른 아이들까지 전부 여덟 명의 아이들을 데리고 도쿄에 갔다. 그중
셋은 도쿄 근처의 요코하마에 갔다. 그래서 육년 동안은 여름 방학 두

---

**48** 성심학교(성심여자학원(聖心女子學院))은 1908년에 예수성심회가 도쿄에 설립했다. 예수성
심회는 1800년에 성 마들렌 소피 바라(St. Madeleine Sophie Barat, 1779. 12. 12~1865. 5. 25)가
프랑스에 세운 로마 가톨릭 교단이다.

달 동안만 아이들을 만날 수 있었다. 아이들이 그리웠지만 달리 어쩔 도리가 없었다. 적어도 아이들은 종교적인 가르침과 훌륭한 교육을 받을 수 있었으니까.

이듬해인 1918년 1월부터는 어린 학생들을 대상으로 피아노 강습을 시작했다. 요청을 받아서 하게 된 일이었다. 강습은 지루했지만 강습을 해나가면서 갈수록 수월해지는 걸 느꼈다. 일본인 친구들은 다들 내게 잘해주어서 나에게 새 학생들을 소개시켜 주려고 애썼다. 그래서 몇 달 만에 가르치는 학생들이 제법 되었다.

또 일곱 살 난 아이들 다섯 명을 모아서 영어도 가르쳤는데 그 아이들을 가르치는 일은 재미있었다. 나중에는 철로 직원들에게 프랑스어를 가르쳐달라는 요청도 받았지만 그 사람들이 다른 곳으로 전근을 가는 바람에 일 년 반밖에 가르치지 못했다.

우리 성당 근처에는 샤르트르 성 바오로 수녀원[49]이 있었다. 그 수녀원의 애덕회 수녀님들은 프랑스인들이었다. 수녀님들은 서울에 있는 프랑스 아이들을 위해 교실을 만들기로 했다. 나의 두 아들과 다른 프랑스 아이들 네 명이 매일 아침 수녀님들에게 프랑스어를 배우러 갔다. 나는 집에서 아이들의 영어와 독일어 학습을 도왔다. 몇 년 후에는 독일 교사[요하네스 볼얀]에게 계속 독일어 수업을 받았다. 영어는 성공회의 영국인 수녀들에게 보냈다. 복잡한 일이긴 했지만 나로선 최선이었다. 당시에는 아이들을 보낼 만한 특별한 학교가 없었으니까.

1919년 9월, 마르세유에 있는 남편에게서 집으로 오는 길이라는 내

---

**49** 152페이지 주석 25 참조.

**도판 176** 더블린의 휴전 기념일, 1919년

용의 전보 한 통을 받았다. 그 소식을 듣고 우리는 무척 기뻤다. 그런데 마르세유에서 파업이 일어나는 바람에 한 달 동안 배의 출발이 지연되었다. 마침내 11월 11일 휴전 기념일에 남편은 도착했다. 남편의 친구들 모두 기차역으로 남편을 마중 나갔다. 하지만 기차가 연착되었고, 친구들은 휴전 기념일[50]을 축하하는 특별 미사를 드리러 성당에 가야 했던 터라 더는 기다릴 수가 없었다. 대신에 미사가 끝나고 모두 우리 집으로 왔다. 가족 주치의, 정원사, 아들들과 막내 마르게리트는 기차를 타고 몇 정거장 앞서 마중을 나갔지만, 나와 하인은 집 정원에서 남편

---

**50** 휴전기념일(또는 영령 기념일)은 11월 11일로 제1차 세계대전 연맹국들과 독일이 서방 전선의 적대감을 종식시키기 위해 프랑스 콩피에뉴에서 맺은 휴전을 기념하는 날이며, 아침 열한 시, 즉 1918년 "열한번째 달의 열한번째 날의 열한시"에 효력이 발생되었다.

도판 177 경성제국대학교, 1930년경

을 기다렸다. 시간이 몹시도 더디게 느껴졌다. 마침내 남편이 도착하자 우리는 집에서 커피와 와인으로 그의 귀향을 축하했다. 남편이 무사히 집으로 돌아올 수 있게 해주신 하느님께 마음 깊이 감사했다.

새로운 문제가 발생했다. 남편에게 직업이 없다는 사실이었다. 그래도 남편은 머지않아 서울에서 하나뿐인 영자신문사[51]에서 편집자 역할을 맡았다. 그 일을 채 오래 하지도 못하고 몇몇 학교와 갓 창립된 대학에서[52] 학생들을 가르치는 일을 다시 위탁받았다. 그래서 모든 일은 서서히 다시 전처럼 돌아갔지만 그래도 서울 근교에 갖고 있던 커다란 텃

---

**51** 일본 정부의 허가를 받은 언론기관이자 1906년부터 1937년 사이에 서울에서 발간된 한국의 유일한 영자 신문은 ⟪Seoul Press⟫였다.

**52** 경성제국대학(京城帝国大学)은 1924년에 창립되었다. 경성대학은 1946년 8월 22일에 미군의 압력으로 폐쇄되었다가 같은 해에 다른 아홉개 대학과 함께 서울대학교로 통합되었다.

밭을 팔아야 했다. 마음은 몹시 섭섭했지만 빚을 갚으려면 돈이 필요했기에 달리 도리가 없었다.

# 13

## : 1920-1927년 시기

1920년에 어머니는 독일로 돌아가셨다. 어머니와 떨어져 지내는 일은 힘든 일이었다. 한집에서 살진 않아도 늘 함께 지냈기 때문이다. 어머니는 옛 친구 한 분과 함께 여행을 떠나셨다.[53] 먼저 일본으로 가서 큰아들 프란츠와 함께 석 달을 지내신 다음 독일에서 돌아가실 때까지 작은 아들과[54] 함께 사셨다. 손주들은 모두 어머니가 남동생 네 집에 머무시는 동안 태어나서 어머니는 깊은 애착을 느끼셨다. 어머니는 자식들에게 극진히 대접을 받으셨고, 그 점이 나도 고마웠다. 어머니는 여든두 살까지 사셨다[1852-1934]. 어머니가 떠나신 직후에 내 두 아들은 첫 영성체를 받았다. 어머니는 이미 뱃길을 예약해놓으신 터라 그 모습을 함께 보지 못하셨다.

---

**53** 여기서 말하는 옛 친구는 독일어학교 교장이셨던 요하네스 볼얀이다. 그는 1920년에 마틸데 에케르트와 같이 독일로 돌아갔다.

**54** 아말리에의 둘째 남동생은 카를 에케르트였다. 카를은 교사가 되어 독일 상부 실레지아의 라티보르 구에 있는 수돌(1936년 4월 27일에 트라흐키르히로, 1945년 이후에는 수돌 또는 라치보시 수돌로 개명)이라는 작은 마을에서 살았다.

도판 178 슐레지엔의 라티보르

1922년까지는 별 탈 없이 지냈다. 그 해에 막내 마르게리트는 저보다
한 살 어린 남자아이 하나와 함께 첫 영성체를 받았다. 남자아이는 프
랑스 여성 두 명에게 입양되어 마르셀이라는 이름을 가진 아이였다. 그
들은 그 일을 축하하기 위해 '조선호텔'[55]로 우리를 초대해 성찬을 베풀
었다. 프랑스 영사[56] 가족, 우리 주교님, 목사님, 그 외 몇 명은 우리 손
님이었다. 그날 저녁 큰 아들 샤를이 갑자기 열이 나기 시작했다. 의사
는 말라리아라는 오진을 내렸다. 우리 주치의는 여행 중이었는데 하필
이면 홍수가 나서 이주 동안 돌아오지 못했다. 대신에 의사 보조가 왔

---

**55** 조센호텔은 1914년에 세워졌고, 오랫동안 객실 69개가 구비된 유일의 고급 호텔이었다.
1945년에 한국이 해방된 후에 호텔 이름이 '조선호텔'로 바뀌었다. 1967년에 철거되었다가
새 건물로 대체되었고, 1979년 11월에 현재의 '웨스틴조선호텔'로 개칭되었다.

**56** 이 무렵 프랑스 영사관 책임자는 부영사 에드메 앙리 갈루아(Edme Henri Gallois, 1878. 9.
1-1956)였다.

**도판 179** 1914년에 건설된 조선호텔

는데 영 믿음이 가지 않는 사람이었다. 나는 개인적으로 파라티푸스(살
모넬라균에 의한 감염병−옮긴이)가 아닌가 싶은 생각에 샤를을 다른 아이들
과 떼어놓고 직접 간호하며 각별히 주의를 기울였다.

계속 노심초사하던 어느 날 외과의사인 친구가 샤를을 보러 와서 괜
찮다고 말해주어서 그제야 한시름을 놓았다. 그날부터 열이 내렸다. 마
침내 우리 주치의가 돌아와서 샤를을 봐주셨다. 의사 선생님은 내 간호
에 아주 흡족해 하셨다. 그리고 얼마 안 있어서 줄곧 수프와 죽만 먹었
던 샤를은 정상적인 식사를 할 수 있게 되었다.

1922년 9월 1일, 두 아들은 마리스타 수사회[57]에서 세운 학교에 입학
하기 위해 중국 톈진으로 떠날 예정이었다. 샤를은 그때까지만 해도 먼

---

**57** 최초의 마리스타 수도회 수사들은 1891년에 프랑스를 떠나 베이징과 톈진으로 갔다. 샤를
과 프랑수아가 톈진에서 다닌 학교는 생 루이 칼리지였다.

**도판 180** 톈진에 있는 생루이 학교, 1940년

길을 떠나기에는 너무 약한 상태여서 나중에 갔고, 프랑수아가 먼저 아버지와 함께 떠났다. 남편은 중국에 아들을 남겨두고 혼자 돌아왔다. 몇 달 후에 기회가 생겨서 한 친구 편에 샤를도 동생이 있는 톈진으로 보냈다. 두 아이 모두 학교를 마음에 들어 하며 아주 열심히 공부했다. 아이들은 일년에 한 번 여름 방학에만 집에 왔다. 샤를은 늘 성적이 좋았는데 프랑수아는 아쉽게도 그러질 못했다. 우리는 나중에 아이가 왜 그렇게 형편없는 점수를 받았는지 설명하는 편지를 받을 때까지 걱정을 했다. 처음에는 두 아이 모두 공부를 꽤나 곧잘 했다. 종종 반에서 일등도 했다. 하지만 프랑수아는 너무 활동적이다 못해 때로는 거칠어서 취미에 빠져 성적이 떨어졌다.

여름방학은 늘 가장 분주하고 힘든 시기였다. 우선은 날씨가 무더웠고, 모든 옷가지를 점검해서 애들이 일 년 내내 쓸 물품을 준비해야 했다. 그래도 몇 달은 다함께 할 수 있어 행복하게 지냈다. 아이들 모두 저마다 친구들과 재미있는 시간을 보내고 집으로 데려와서 함께 놀기도 했다. 같은 무렵에 두 딸들도 여름 방학을 지내러 일본에서 돌아왔다. 딸들도 일 년에 한 번씩 집에 와서 그 아이들의 옷도 점검하고 수선해야 했다.

1924년에 두 딸은 학교를 졸업하고 집으로 돌아왔다. 덕분에 아들들은 여태 중국에서 유학 중이었지만 그다지 외롭지 않았다. 그 즈음에 막내 마르게리트가 일본에 있는 학교로 떠났다. 마르게리트와 일본인 친구 하나는 큰 딸 둘이 다니던 학교에 입학했다.

7월에는 서울에서 한국 북쪽에 있는 원산으로 이주해 새로 전도 사업을 시작한 베네딕도 수도사들을 찾아 원산을 방문했다.[58] 남편과 아들들은 신부님 댁에서 지낼 수 있었지만 우리 여자들은 마을에 방 하나를 얻었다. 오후에는 다른 사람들과 함께 낚시를 갔다가 억수 같은 소나기를 맞았다. 배에 물이 가득 찼다. 우리는 흠뻑 젖어서 마을까지 맨발로 걸어가야 했다. 우리가 걸어가는 모습을 지켜보는 한국인들에게는 꽤나 가관이었을 거다. 우리가 옷을 벗고 기다리는 동안 예전에 우리 집 안일을 거들어주었던 한국 여성이 옷을 빨아서 다려주었으니, 그나마 운이 좋은 편이었다. 그날 밤은 마을로 돌아갈 수 없었다. 날씨가 너무

---

**58** 1913년에 서울에 있는 베네딕도 수도회는 극동지역 최초의 베네딕도회 수도원으로 격상되었다. 하지만 한국인들을 공예가로 교육시키기만 하는 제한된 일은 독일 수도사들의 성에 차지 않았다. 외국에 있는 다른 성직자들과 마찬가지로 베네딕도회 수사들도 '진정한 목적'을 갈망했다. 즉, 선교 활동을 하는 일이었다. 프랑스 선교사들이 제1차 세계대전 때문에 많은 인원을 잃었을 때 그들에게 기회가 와서 1920년에 함경남북도가 사도 교구로 선언되었다. 보니파시오 사우어는 로마의 칙령을 받아 1920년 8월 25일에 최초의 교구 목사로 지정되어 1921년 5월 1일에 서울에 있는 성당에서 주교 임명을 받았다. 몇 년 후 1927년 11월 17일에 베네딕도회 수도원은 필요한 절차에 따라 강원도 원산 항구 도시 근처에 있는 작은 마을 덕원으로 공식 이주했다.

**도판 181** 덕원에 있는 베네딕도 수도원, 1928년경

더워서 마당 한가운데에 있는 작은 정자에 있었다. 그 정자에는 창문이 하도 많아서 우리는 그 정자를 '유리 궁(Glass Palace)'이라고 불렀다. 우리는 그곳에서 대부분의 시간을 보냈다.

# 14

## 졸업 후의
## 샤를과 프랑수아

아들들은 학교를 졸업하고 나서 그곳에 조금 더 머물며 캠브리지 대학 입학시험을 치러도 되겠냐고 물었다. 아이들은 입학시험을 두 차례 치렀다. 교수는 최고의 학생들을 선별했다. 총 아홉 명 중에서 한 사람만 탈락했다. 기쁘게도 우리 아들은 둘 다 합격했다. 아이들에게 프랑스어와 독일어 시험은 쉬운 편이었지만 영어 철자법은 훨씬 어려웠다.

일 년 후에 아이들은 학교 교장에게서 학교에 남아 지도를 해달라는 청을 받았다. 아이들을 가르치는 신부들이 몇 명 되지 않는데 그중 일부가 건강이 악화되어 프랑스로 돌아가야 했기 때문이었다. 두 아들은 일 년 동안 학생들을 가르치며 한 달에 백 달러씩 벌었다. 그 시기에 아이들은 고모 댁에서 사촌 형제들과 함께 지냈다. 이듬해 아이들이 집에 돌아와 있는 여름 방학 동안, 큰 아들 샤를은 학교 교장으로부터 적당한 일자리가 났으니 돌아오라는 전보를 받았다.

샤를은 한 기업에서 팔 년 동안 직장 생활을 한 다음에 프랑스 영사관 산하에 있는 지방자치제에 채용되었다. 샤를은 새로운 중국 정부가 일

도판 182 톈진에 있는 생 루이 학교 신도들, 1936년

본인들의 도움을 받아 톈진에 있는 모든 외국 조계지를 인수할 때까지
[1937년][59] 그곳에서 지냈다. 당시에 샤를은 국가들 사이의 연락 담당자
역할을 하느라 바빴다. 전환기를 거치고 나서 샤를은 직장을 잃었지만

---

**59**  2차 청일전쟁(1937.7.7-1945.9.9) 과정에서 톈진은 1937년 7월 30일에 일본에 점령되었다.
하지만 도시 전체가 점령된 것은 아니었다. 일본은 1941년까지 외국인 조계지의 치외법권
을 존중하며 계속 보전해주었기 때문이다. 1939년 여름에 일명 톈진사건(天津事件)이라는
중대 사건이 발생하며 영국과 일본의 관계가 악화되었다. 1939년 6월 14일에 일본 제국군
은 지역에서 유명했던 친일파를 암살하고 영국 조계지에 피신해 있던 중국인 여섯 명을 영
국 당국에서 인도하기를 거부하자 영국 조계지를 포위하고 봉쇄했다. 결국 영국이 모국과
중국에서의 전반적인 정치적 상황을 고려해서 일본의 요구에 마지못해 굴복함으로써 사건
은 일단락되었다. 그 결과 톈진에 있던 영국 군대 전체가 1940년 8월 9일에 철수 명령을 받
았다. 1년 후인 1941년 11월 14일에는 톈진에 주둔하던 미 해군 부대도 철수 명령을 받았다.
남은 조계지는 이탈리아와 프랑스 조계지뿐이었다. 1937년부터 1940년까지 베이징을 기
반으로 하는 꼭두각시 상태의 중화민국임시정부(中華民國臨時政府)가 도시를 지배했다. 톈
진의 일본 점령은 1945년 8월 15일에 일본이 항복해서 제2차 세계대전이 종전될 때까지 지
속되었다.

**도판 183** 톈진에 있는 프랑스 영사관, 1898년

다른 직장 몇 군데에서 취업 제안이 들어왔다. 결국 샤를은 프랑스 영사관에 들어가기로 결정했다. 샤를은 영사[60]를 무척 좋아했다. 과거에도 프랑스 지방자치제에서 영사를 위해 일한 적이 있었다.

한편, 프랑수아는 징집되어 프랑스 군대에서 복무했다. 샤를은 한쪽 눈을 실명했기 때문에 면제되었다. 프랑수아는 군 복무를 마치고 일 년 동안 친구와 함께 어느 수출회사에서 일했는데 일이 마음에 들지 않아 결국 정규군에 등록했다.

---

**60** 당시 톈진의 프랑스 영사는 장 에밀 샤를 레피시에(Jean Emile Charles Lepissier, 1882. 5. 23-1975. 2. 28)였다.

# 15

# 1937-1939년 시기

1937년 1월에 남편은 베네딕도 수도원장인 보나파시오 사우어 신부님의 환갑 축하연에 참석하기 위해 북한에 있는 원산으로 갔다. 한국 사람들은 자신들의 관습대로 그분의 예순살 생일에 환갑이라며 성대한

**도판 184** 1938년 덕원에 있는 베네딕도 수도원. 맨 앞줄 가운데에 앉아 있는 보나파시오 사우어

**도판 185** 1950년대 말의 조선호텔

잔치를 준비했다. 그래서 모든 기독교인들이 원장 신부님을 축하하기 위해 선물을 들고 모였다. 아마도 야외에서 행사를 했던지 남편은 잔뜩 독감에 걸려 돌아왔다.

　이튿날 남편이 학교에 갔을 때 어찌나 아파 보였는지 학장은 그를 병원에 보냈다. 의사는 폐렴 진단을 내렸다. 남편은 누워서 쉬라는 권유를 받았는데도 고집을 부리면서 안락의자에 앉아 있었다. 한 번도 병이라는 걸 앓아본 적이 없었던 남편에게는 침대에 누워 환자가 된다는 것은 상상도 할 수 없는 일이었다. 그 상태가 계속되던 어느 날 부원장 신부님이 남편을 찾아와 간신히 남편을 침대에 눕혔다. 남편에게는 매일 방문객이 찾아왔고, 남편도 그들을 만나는 걸 좋아했다. 주교님과 신부님들도 찾아오셨는데, 나중에 남편이 회복된 후에야 들은 얘기지만 당시

신부님들은 남편이 회복되지 못할 거라고 생각했다 한다. 열이 내리자 혈액이 너무 묽어져서 남편의 코와 입에서 피가 흘렀다. 나는 연신 그의 입가에 얼음을 갖다 댔다. 남편은 하루는 자신이 죽어야 출혈이 멈출 거라며 비관했다. 하지만 의사가 주사를 놓아주자 한결 가라앉았다. 남편이 마침내 회복되었을 때 우리 모두 몹시 기뻐했다. 하지만 그 다음에 이번에는 내가 열이 올라 한동안 앓아누웠다.

일본에 살 때 함께 어울리던 한 일본 제독이 한국에 왔다. 그는 내가 서울에 있다는 소식을 듣고 만나자고 했다. 만남이 주선되었고, 마르게리트와 나는 그를 만나러 호텔로 갔다. 우리는 그와 함께 즐겁게 이야기를 나누었는데 우리와 함께 있는 동안 기자들이 연신 귀찮게 굴어서 시간이 제한되어 많은 이야기를 나눌 수는 없었다.

# 16

# 일본과 중국 여행

1938년 가을에 일본 국가 '기미가요'의 역사를 다룬 영화가 제작되었다. 나는 그 일과 관련하여, 훗날 한국에 교황 사절로 부임했다가 1950년에 북한 포로수용소에서 타계하시는 번 수도원장[61]으로부터 자신이 체류하고 있는 일본 교토로 오라는 초대를 받았다. 남편도 다녀오라고 했다. 그래서 나는 '기미가요'에 관한 필름을 가져가서 고등학교 학생들에게 보여주었다. 남편이 국유철도에서 빌려온 필름이라 각별히 조심스럽

---

**61** 패트릭 제임스 번(1888. 10. 26-1950. 11. 25)은 워싱턴 D.C.에서 아일랜드 이민자 출신의 패트릭과 애나 번 부부의 넷째 아들로 태어났다. 1915년에 볼티모어에 있는 세인트 매리 신학대학에서 서품을 받은 번은 1911년에 미국에서 설립된 메리놀 외방전교회 일원이 되었다. 그의 나이 서른다섯살이던 1923년에 최초의 메리놀 외방전교회 선교사로 한국에 파견되었다. 1934년에는 일본 교토에서 선교 활동을 맡았다. 제2차 세계대전이 끝난 후 교황청에서는 1947년 6월 26일에 번을 한국의 교황대리로 임명해서 같은 해 10월 9일에 일본을 떠났다. 1950년 6월 25일에 북한군이 서울을 침공한 후에 번 신부는 포로로 잡혀서 다른 사제들과 외국인들과 함께 평양에서 몇 달간 감금생활을 했다. 9월에는 서북쪽에 있는 자강도의 압록강 근처 작은 마을 만포진으로 이송되었다. 1950년 10월 31일에 포로들은 일명 '호랑이 죽음의 행군 - Tiger Death March'을 하며 북한 북쪽으로 이동했다. 약 백오십 킬로미터의 강행군 끝에 마침내 1950년 11월 8일에 고된 행군은 끝이 났다. 그로부터 머지않아 패트릭 제임스 번 신부는 1950년 11월 25일에 폐렴으로 숨을 거두었다.

**도판 186** 1930년대 교토

게 다루었다. 특히 부산에서 시모노세키[62]까지 가는 증기선 위에서는 파도가 너무 심해서 선실 안 물건들이 전부 이리 저리 움직이는 통에 더 조심했다. 신부님은 내게 배 승선권을 보내주셨다. 수도원장님이 나를 부른 건 당시에 일본이 독일의 연합국이어서 일본 국가 작곡가의 딸을 만나면 일본 국민들이 감동을 받을 거라는 생각 때문이셨다. 물론 기자들은 내게 온갖 질문들을 퍼부으며 사진을 찍었고, 그 사진은 신문에 아버지 사진과 나란히 실렸다. 인터뷰는 즐거웠다.

일본 여행을 마치고 집에 돌아왔는데, 이번에는 샤를에게서 중국 북부에 있는 톈진에 한 번 들르라는 부탁을 받았다. 프랑수아가 프랑스로

---

**62**　시모노세키는 혼슈 섬 남서쪽 끝에 있는 야마구치 현에 있는 도시다.

**도판 187** 텐진의 빅토리아 공원

떠나기 때문이었다. 나는 다시 사람들을 남겨두고 떠나는 게 염려되었
지만 남편이 고집을 부리는 통에 마지못해 갔다. 1938년 10월 1일, 톈
진으로 가는 직행열차를 타고 중국으로 떠났다. 톈진에 도착해 보니 역
에는 아는 사람이 아무도 보이지 않았다. 어쩌면 인파에 묻혀서 안 보
이는지도 몰라서 그냥 기다리기로 했다. 어디선가 샤를이 다가와서 내
게 입을 맞추었고, 반대편에서는 프랑수아가 다가왔다. 그래서 내 짐을
운반해줄 중국인 짐꾼이 필요없어져서 그를 다시 돌려보냈다. 프랑수
아는 군인이 운전하는 자그마한 자동차를 타고 왔다. 당시에도 여전히
군복무 중이었기 때문이다. 우리는 차를 타고 시누이 집으로 가서 온
가족의 환영을 받았다. 나는 그곳에서 한 달 동안 머물며 톈진을 구경
했다. 하지만 몇 년 후에 공산주의자들이 프랑스 라자리테 성직자들[63]
이 소유한 근사한 집들을 모조리 인수해서 중국인들 손아귀로 넘어가

신부님들은 강제로 톈진을 떠날 수밖에 없었다.

이듬해 [1939년] 일찌감치 프랑수아는 프랑스로 떠났지만 운이 없었다. 허가된 두 달을 미처 즐기지도 못하고 곧장 파리로 가야 했기 때문이다. 프랑수아는 계속 복무하라는 명령을 받았다. 원래는 군사학교에 입학해서 장교가 될 계획이었다. 그런데 전쟁이 발발해서 프랑수아는 오년 동안 독일군의 포로가 되었다. 나중에 수용소에서 지내는 동안 매일 병사 서른명씩 어느 독일인 농장으로 노역을 갔는데 다행히도 아들은 독일어를 할 줄 알아서 대우를 잘 받았다고 한다. 아들은 먹을 만한 음식을 받았지만, 정작 우리는 아들이 포로로 잡혀 있다는 내용의 공식 편지를 받을 때까지 아들의 소식을 전혀 듣지 못했다. 아들은 석방된 후에 마다가스카르로 보내져서 삼년을 보냈다. 아들은 편지 쓰는 걸 귀찮아해서 너무 오랫동안 아들의 소식을 듣지 못해, 우리는 아들이 죽은 줄로만 알았다.

---

**63** 대중적으로 널리 알려진 '라자리테' 수도회는 로마 가톨릭 교회에서 서원한 수도회다. 이 수도회의 기원은 1625년에 가톨릭교 사제인 뱅상 드 폴(Vincent de Paul, 1581. 4. 24-1660. 9. 27)이 가난한 사람들을 돕기 위해 헌신하다가 파리의 '콜레주 데 봉 장팡(Collège des Bons Enfants)'에 지속적으로 정착하면서 생겨났다. 1783년에 라자리테 수도회는 레반트와 중국 선교에서 예수회 수도회를 대신하도록 임명받았다.

# 17

## 제2차 세계대전

이어서 몇 년 동안은 특별한 일이 없다가 1941년 12월에 태평양 전쟁이 일어났다. 미국인들은 모두 한국을 떠나야 했다. 우리는 철수한 미국인 선교사 집으로 이사를 들어가서 그들이 비축한 식량을 샀다. 당시는 음식과 연료가 귀한 시기여서 그것만으로도 굉장한 일이었다.

그러던 어느 날 남편이 심하게 아프기 시작했다. 막내딸 마르게리트와 난 남편을 돌봤다. 남편이 병마와 싸우던 어느날 늦은 시간에 일본인 경찰 두 명이 일본어로 작성된 명령서를 가지고 왔다. 무슨 말인지 읽을 수 없었지만 남편은 그다지 걱정하지 않았다. 이튿날 아침, 앙투아네트와 함께 당시 우리와 같이 지내던 친구 한 명이 프랑스 영사관에 가서 이 문제를 알아보자고 했다. 두 사람은 가는 도중에 제지를 당해서 아무 것도 하지 못했다. 다행히도 한 러시아 부인이 그 다음날 마르텔 씨 건강이 어떠시냐며 찾아왔다. 부인도 상황이 심각하다는 사실을 알아차렸다. 우리가 부인에게 할 수 있는 말은 부디 우리 영사[64]에게 전화해서 도움을 청해달라는 말뿐이었다. 영사는 그날 오후 우리 집

**도판 188** 1940년경 경성 남대문로

에 들어오려고 하다가 마당에서 경찰의 제지를 받았다. 그러자 영사는 그길로 일본 총독부에 가서 매일 우리를 만나러 와도 좋다는 허락을 받아냈다.

문제는 일본인들이 남편을 한국에서 쫓아내려 한다는 점이었지만, 영사는 남편의 출발 날짜까지 정해놓은 일본인들의 추방 이유까진 밝히지 못했다. 가톨릭 신자이신 한국인 주치의 박 박사님이 그렇게 병세가 심한 사람을 장거리 이동하게 놔둘 수는 없다면서 항의했다. 간신히 남편은 한 주 더 머물 수 있도록 허락을 받았다. 남편의 일본인 친구들, 남편이 일했던 대학의 교수들 모두가 경찰 관리들에게 전화를 걸어서

---

**64** 1942년 1월 26일부터 1946년 2월 16일까지 서울에서 프랑스 영사관을 책임진 인물은 부영사 피에르 마리 위그 오귀스트 뵈조즈(Pierre Marie Hugues Auguste Veujoz, 1911. 2. 20 출생)였다.

**도판 189** 1940년경 경성 종로

뭔가 노력을 해보았지만 이 문제에서 빠지지 않으면 감옥에 갈 수도 있
다는 으름장만 받았을 뿐이었다.

친구들은 남편의 일흔번째 생일을[1944년 12월 14일] 위해 성대한 잔치
를 준비할 계획이었다. 하지만 사정이 여의치 않자 교수 한 분이 예쁘
게 색칠한 상자에 자신들끼리 모금한 성금을 담아갖고 왔다. 그날 아
침, 우리는 눈물을 흘리며 남편을 축하했다. 저녁에는 우리 영사가 아내
와 장모님을 모시고 찾아와서 함께 저녁 식사를 했다. 대학에서 온 한
독일인 교사를 제외하고는 그 외 어느 누구도 남편을 보러 오지 못했
다. 나는 어찌 해야 할 바를 몰라서 톈진에 있는 아들에게 전보를 보내
서 아버지가 곧 도착하실 거라고 알리고 싶었지만 이 전보는 남편이 떠
날 때까지 지연되어서 기차가 톈진 역에 도달하기 몇 시간 전에야 도착
했다. 샤를은 고모와 조카들과 함께 지내고 있었다. 그날 그들은 집에서

도판 190 톈진에 있는 일본 조계지, 1940년대

성대한 파티를 열었지만, 손님들은 서둘러 떠나야 했다. 샤를이 남편과 제 아버지를 따라간 앙투아네트가 지낼 방을 다급히 준비해야 했기 때문이다. 나는 두 딸들을 놔두고 집을 비울 수가 없어서 함께 가지 못했다. 병세가 위중한 남편이 그런 장거리 여행을 한다는 그 자체가 위험한 터라 작별 인사를 나누자니 가슴이 찢어지는 듯했지만, 이번에도 다시 한 번 하느님이 보우하사 남편은 무사히 목적지에 도착했다.

일본인 사복 경찰 두 명도 남편을 따라갔다. 둘 중 하나는 남편과 안면이 있는 사이여서 여행을 하는 동안 어떻게든 남편을 도와주려 안간힘을 썼다. 출발 전날 밤, 작별 파티가 열렸지만 독일 사람은 한 명밖에 참석하지 못했다. 일부러 음식도 장만했지만 즐기지도, 많이 먹지도 못했다. 이튿날 아침 사복 경찰들이 데리러 오자 남편은 떠났다. 그때가 1944년 12월이었고, 남편은 1947년 11월이 되어서야 서울로 돌아왔다.

나는 감정을 이루 다 표현할 수
가 없었다. 어쨌든 최선을 다하
긴 했지만 쇠약한 내 신경으로
감당하기 너무 버거운 일이었
던 지라 며칠을 앓아눕고 말았
다. 여러 친구들이 문병을 왔고
조금씩 호전되었다. 얼마 지나
지 않아서 샤를에게서 소식을
받고서야 기분이 좋아지며 하
느님께 감사 드렸다.

초반에는 남편에게 편지도
쓰고 필요한 물품 몇 가지를 보

도판 191 샤를 드골, 1942년

낼 수도 있었지만 이내 아무 소식도 들을 수 없게 되었다. 시간은 더디
게 흘렀다. 늘 남편의 건강이 염려되었다. 다행히도 좋은 프랑스인 의사
가 남편을 돌봐주었다.

1945년, 프랑스 정부가 바뀌고 드골[65]이 권력을 잡으면서 톈진에 있
는 프랑스 영사[66]는 모든 프랑스 공무원들을 프랑스로 돌려보내라는 명
령을 받아서 샤를도 떠나야 했다. 남편은 친구들을 몇 명 사귄 덕분에

---

**65** 샤를 앙드레 조제프 마리 드골(1890. 11. 22-1970. 11. 9)은 프랑스 장군이자 정치인으로서
제2차 세계대전 동안 프랑스 군대를 이끌었다. 1944년 6월 3일에 그는 비시 체제가 붕괴된
후 알지에르에서 프랑스 임시정부공화국을 선포했다. 후에 드골은 1958년에 프랑스 제5공
화국을 설립했고 1959년부터 1969년까지 초대 대통령으로 재위했다.

**66** 톈진의 프랑스 영사는 조르주 필립 쥘 카탕(George Philippe Jules Cattand, 1902. 10. 28-1988.
12)은 1943년 11월 17일부터 1946년 4월 1일까지 프랑스 영사관을 책임졌다.

**도판 192** 미국 공사관, 1904년

시간을 보내기가 수월해졌다. 또 일본 당국을 위해 통역을 맡아서 프랑스 군 장교들을 도울 수도 있었다. 남편은 그 일로 매번 몇 달러씩 벌기도 했다.

프랑스 정권 변혁기 동안에는 우리도 서울에 억류되어서 프랑스 사람들만 만날 수 있었다. 경찰은 다짜고짜 나에게 드골에 대해 어떻게 생각하느냐고 물었고, 그에 대해 아무 것도 아는 게 없다고 대답하자 그들은 떠났다. 그 기간은 퍽이나 지내기 힘든 시기였다. 음식이 귀해서 우리는 눈에 띄게 수척해졌다.

종전 몇 달 전에 일본 군대가 우리 집을 인수하려고 했다. 군인들이 주둔하는 고등학교 근처였기 때문이었다. 나는 다른 집을 얻을 수 있게 해주면 이사하겠다고 말했다. 그들은 몇 군데 숙소를 제안하더니 결국은 우리를 철수된 미국 영사관[67] 뒷방으로 밀어 넣었다. 우리는 방 세 개를 얻었지만 지붕에 커다란 구멍이 나 있어서 비만 오면 침대를 옮겨야 했다. 우리는 미군이 서울에 들어올 때까지 그곳에서 지냈다. 미군들 중에는 우리의 옛 친구들도 있었다. 그들을 만나서 반가운 마음에 맥주

와 케이크를 대접했더니 무척 고마워했다. 그들도 역시 음식을 구하기
가 쉽지 않았던 탓이다.

---

**67** 1822년 5월 22일에 제물포에서 미 해군 중장 로버트 윌슨 슈펠트(Robert Wilson Shufeldt, 1933. 2. 21-1895. 7. 11)과 전권대신 신헌(申櫶, 1810-1888)이 한국과 미국의 우호조약에 협상해 조약을 체결한 후 1883년 5월 20일에 루시우스 하우드 푸트(Lucius Harwood Foote, 1826. 4. 10-1913. 6. 4)가 미국의 초대 특명 전권공사로 서울에 파견되어 고종 황제에게 신임장을 제출했다. 1884년 8월에 푸트는 요즘은 덕수궁이라 부르는 정동구의 경운궁 바로 뒤편에 어느 양반 가문으로부터 집 두 채를 매입했다. 1888년 왕실이 이것을 사들였다. 1905년 11월 7일에 을사조약이 체결된 후에 모든 외국인 사절단이 한국을 떠나야 했다. 따라서 미국 특명 전권공사 에드윈 버논 모건(Edwin Vernon Morgan, 1865. 2. 22-1934. 4. 16)은 1905년 11월 28일에 공사관을 폐쇄하고 다음 달인 12월 8일에 한국을 떠났다. 이후 한국과 관계된 모든 외교 업무는 도쿄에서 주관했다. 당시에 일본인들은 미국 공사관 건물을 여러 용도로 사용했다.

# 18

## 미군정 아래의 서울

둘째 딸 앙투아네트는 한 일본인 친구의 추천으로 서울전기회사[68]에서 통역관 일을 제안 받았다. 앙투아네트는 나중에 이 회사의 미국인 회장 밑에서 일했다. 회장은 군 장교였는데 전 일본인 회장이 살던 집을 인수했다. 그 인연으로 우리는 1946년 6월까지 미군 장교 세 명과 함께 집을 나누어 쓰게 되었다. 막내 마르게리트도 일을 시작해서 낮에는 나만 혼자 집에 있었다. 하지만 집안 일꾼이 마루와 정원을 청소해 주는 늙은 한국인 인부 한 사람밖에 없어서 종일 바빴다. 딸들은 처음에는 회사 구내식당에서 미국 직원들과 함께 식사를 하다가, 나중에는 점심과 저녁을 먹으러 집으로 오는 바람에 나는 요리하느라 몹시 분주했다. 반면에 함께 사는 장교들은 할당 받은 음식을 집으로 가져올 수

---

[68] 1887년에 토머스 에디슨 사에서 한국에 최초로 전기가 도입되어 경복궁에 전기가 들어온 후, 고종 황제는 1898년에 두 미국인 사업가 헨리 콜브랜(Henry Collbran)과 해리 라이스 보스트위크(Harry Rice Bostwick, 1870-1931)와 합작 투자로 한성전기회사 창립을 승인했다. 오십퍼센트는 황제가 소유한 그 새로운 회사는 서울에서 공공 전력망을 설립하는 일을 맡았고 콜브란과 보스트위크 회사와 함께 전차 체계 신설도 계약했다.

있었다. 그 덕에 우리는
꽤 괜찮은 식사를 할 수
있었다. 전부 과거 전시
동안만 해도 아쉬워하던
것들이었다. 나중에는 젊
은 식모를 구해서 빨래와
다른 허드렛일을 맡겼다.
그 집에서 살던 시절에는
여러 장교들과 함께 생활

도판 193 한성전기회사, 1920년

했다. 그중 몇몇은 집으로 갔고 새로운 사람들이 이사를 들어오기도 했
지만 간부 장교는 꾸준히 머물면서 늘 좋은 장교들이 우리와 함께 지낼
수 있도록 애써 주었다.

우리는 이따금 조촐한 파티를 열거나 우리에게 무척 잘 대해주었던
친구들을 만나러 가기도 했다. 1945년 9月부터 1946년 5月까지 한국
에 살고 있는 모든 일본 거주민들이 한국을 떠나야 했다. 정든 옛 친구
들과 헤어지는 일은 슬펐다. 그 기간 동안 우리는 장교들과 함께 지냈
기 때문에 가끔 일이 있어서 장교를 만나러 우리 집에 오는 한국 사람
들의 말을 통역해주었다. 그들은 한국인 통역사들을 좀체 믿지 못했다.
한국인 통역사들은 온당치 못한 방법으로 자신들의 친구들을 도우려
해서 늘 제대로 통역을 하지 않아 많은 사람들이 곤혹스러워했다. 한국
인들이 일본인들이 소유했던 모든 사업체를 인수했다.

1947년 2月 말에 평소와 다를 바 없이 지프차 한 대가 와서 딸들을
일터로 태워갔다. 나는 우연히 창밖을 내다보다가 그들이 다시 오는 걸

**도판 194** 한국에서 철수하는 일본 군대, 1945년

보고 놀랐다. 지프차가 언덕을 내려오는데 누가 봐도 브레이크가 제대로 작동하지 않는 듯했다. 지프차는 뒤집어지고 말았다. 다행히도 딸아이들은 몇 군데 긁힌 상처만 났을 뿐 다치지 않았다. 운전한 군인에게는 천만다행으로 심각한 사고는 아니었다. 딸들은 당국에 그 사고에 대해 보고하지 않겠다는 약속을 했다. 그 군인은 미국으로 귀환할 예정이어서 문제를 복잡하게 만들 우려가 있었기 때문이다.

**도판 195** 미군 지프 윌리스 MB, 1941년

그 사건이 일어나고 얼마 안 되어서 정오 직전에 지프 차 한 대가 언덕을 올라오더니 우리 집 앞에 멈추었다. 이번에는 크게 기쁜 일이 일어났다. 큰아들이 그 전날 서울에 도착했는데 집을 못 찾았던 것이다. 우리는 전쟁통에 집을 옮기느라 큰 아들에게 미처 연락을 하지 못했다. 결국 샤를은 성 바오로 수도원으로 가서 그곳 수녀님들을 통해 집을 알아내어 찾아왔다. 샤를은 서울에 돌아와 친구인 프랑스 영사[69]와 함께 일하게 되어 기뻐했다. 3월 1일은 샤를의 생일이었다. 그래서 우리는 파티를 열어 샤를에게 미국인 친구들을 소개해주었다. 그 무렵 우리와 함께 지내던 미군 장교들이 집을 떠나고, 어느 대령 부부가 그 집을 인수했다. 우리는 딱히 갈 곳이 없었기 때문에 부부는 우리를 위층에서 지내도록 해주었다. 우리는 주방도 없이 방 세 개만 얻었지만 히바치(숯불 화로)[70]로 그럭저럭 요리를 했다. 우리는 맛있는 저녁 식사를 하면서 근사한 시간을 보냈지만 가장인 남편이 그리웠다. 그래도 같은 해 11월에 샤를은 남편이 중국에서 한국으로 돌아올 수 있도록 필요한 허가를 얻어냈다.

1948년 7월 10일, 둘째 앙투아네트가 결혼했다. 결혼식 날 우리는 즐거운 시간을 보냈다. 많은 사람들이 참석해서 예배가 끝난 후에 우리와 함께 점심 식사를 했다. 앙투아네트의 친구들도 많이 왔고, 샤를의 친구들은 물론 미국인 친구들도 많이 와서 평소에 먹고 싶어 하던 음식과

---

**69** 프랑스 총영사 조르주 페뤼슈(George Perruche)는 1949년 4월에 대사직무대행자로 임명되었다.

**70** 히바치(火鉢)는 일본의 전통 가열기다. 둥근 모양이나 원통형 또는 박스 형태로 뚜껑이 달린 숯불 화로.

**도판 196** 1948년 7월 10일에 서울에서 열린 마리 앙투아네트 에케르트와 리차드 디폴드의 결혼식

음료를 맘껏 즐기며 파티를 즐겁게 해주었다. 앙투아네트의 남편인 리차드 디폴드는 미국 군인이었다.

대령 부부와 함께 지낸 그 집도 결국은 비워주어야 했다. 1948년에 그 집을 인수한 새 주인은 한국 국무총리였다.[71] 새 주인이 집에 들어오기 한참 전부터 경찰이 경비를 섰다. 또 내가 대령에게 빌려주었던 피아노도 골칫거리였다. 한국 친구가 자신의 단체에서 쓰려고 그 피아노를 빌리고 싶어 했는데, 그게 여간 골치 아픈 문제가 아니었다. 우리는 우여곡절 끝에 간신히 피아노를 집 바깥으로 끌어냈다. 그런데 피아노 처분을 감시하러 온 미군이 피아노 소유권을 증명하는 영수증을 달라지 뭔가. 우리는 오십년 동안 그 피아노를 갖고 있었지만 애초부터 영수증이라고는 없었으니 난감한 노릇이었다. 셋방을 구할 수 없어 우리는 같은 동네에 있는 넓은 영빈관으로 들어갔다. 길고 무척 넓은 방이었는데 난방기구 하나 없이 건물 양 끝에 작은 방이 하나씩

---

**71** 남한의 초대 국무총리는 독립운동가 이범석(李範奭, 1900-1972)이었다. 그는 1948년부터 1950년까지 국무총리를 지냈다.

있었다. 우리가 할 수 있는 일이
라고는 우리가 지낼 방에 자그마
한 휴대용 석유난로를 놓는 일뿐
이었다.

도판 197 서울에서 아말리에 마르텔, 1948년

1949년 1월 1일, 우리는 매년
그랬듯이 프랑스 영사[조르주 페뤼
슈]의 초대를 받았다. 해마다 새
해 첫 날이 되면 프랑스 지역사회
사람들은 점심을 대접 받았다. 주
교72와 신부님들 모두 참석했다.
즐겁게 잘 먹었는데, 점심 직후
에 그만 남편이 탈이 났다. 샤를과 나는 남편을 지프차에 태우고 집으
로 돌아왔다. 우리는 기름 난로를 놓아둔 작은 방 침대에 남편을 눕혔
다. 남편은 이내 한결 나아졌다. 당시는 우리가 새 동네로 이사를 가야
할 무렵이었다.73 우리는 새 집으로 옮겨갔고, 마르게리트는 먼저 가서
아버지를 위해 침대를 준비했다. 남편은 아직 제대로 걷지 못해서 친구
한 명이 남편을 도와서 언덕을 내려와 자신의 차에 태운 다음에 새 집
까지 데려다 주었다. 집은 괜찮은 편이었는데 전 세입자들이 수도를 차

---

72  대주교 귀스타브 샤를 마리 뮈텔의 후임은 같은 교단(MEP)의 앙드리엥 장 라리보 주교
  (1883. 2. 4-1974. 8. 12)였다. 새 주교는 1933-1942년 사이에 서울의 교황대리로 임명되었다.
  그의 후임은 한국 교황대리이자 명의사제 로 폴 마리 기남(로기남(盧基南)) 사제로, 1942년
  부터 1967년까지 재임했다.

73  새 집은 경복궁 동쪽, 작은 시내 중학천 언저리에 있었다. 중학천은 청계천의 지류로 삼청동
  천이라 불렸다. 북악산에서부터 이킬로미터의 거리를 지나 청계천까지 유입되었다. 청계천
  은 1957년에 콘크리트로 메워졌다.

도판 198 마르텔 일가의 새로운 동네 근처 중학천, 1929년

단하지 않아서 얼어붙은 파이프가 터졌다. 설상가상으로 날은 추웠고 전기도 들어오지 않았다. 세 시간 정도 지나고 나서야 전기가 들어왔다.

남편은 다행히 회복되었지만 걸음이 불편했다. 그런데도 다시 대학에서 강의를 하기 시작했다. 하지만 청력에도 문제가 생긴 것 같았다.

7월에 제물포에 살던 남편의 독일인 친구 한스 리에크(Hans Rieck)가 아내와 함께 일본에 가고 싶어 했다. 비자를 얻는 일이 여의치 않자 그는 필요한 절차를 밟기 위해 서울에 와야 했다. 그래서 8월 15일까지 우리와 함께 머물다가 간신히 일본으로 떠나도 좋다는 허가를 얻어냈다. 다음 달인 1949년 9월 17일, 미국 우정공사 부부가 우리를 보러 왔고, 나중에는 한국인 친구 한 명이 남편을 찾아왔다. 남편이 워낙 저녁 식사를 맛있게 해서 그날 밤 일찍 잠자리에 들었는데도 상태가 좋지 않은 걸 눈치 채지 못했다. 내가 잠자리에 들었을 때 남편은 평소와 다름없이 코를 골고 있었다. 그런데 남편이 갑자기 한밤중에 깨어나서 숨 쉬기가 힘들다고 했다. 그게 남편의 마지막 말이었다. 나는 이상한 기분이 들어서 위층에서 자고 있던 마르게리트를 깨웠다. 마르게리트가 내려와서 남편을 살피는데, 갑자기 토악질을 시작하더니 앉아있던 침대에 서서히 드러누웠다. 나는 그제야 집의 반대편 끝 방에 있던 샤를을 깨우러 갔다. 샤를은 근처 적십자 병원[74]으로 가서 의사를 불러왔다. 의사는 주사를 놓아주고는 남편이 뇌졸중 발작을 일으켰다고 말했다. 다음날은 일요일이었다. 샤를과 마르게리트는 성당에 가서 신부님을 모시고 왔다. 그리고 샤를은 성당에서 막 나오던 길인 우리 집안 주치의를 모셔왔다. 주치의는 곧바로 와서 남편을 진찰했다. 그러고는 남편의 상태가 위중하다며 길어야 오늘밤 아니면 다음날 아침을 넘기기 힘들 거라고 말했다. 신부님이 오셨는데도 남편은 깨어나질 못했다. 남편은 여전히 혼수상태였다. 그래도 신부님은 남편에게 종부성사를 해주셨다. 프랑스 수녀님들은 우리에게 대단히 다정하게 대해주셨다. 원장님은 수녀님 두 분을 보내주셨다. 한 분은 프랑스인이고 다른 한 분은 한국인이었다. 두 분은 밤새 침상 옆을 지키며 남편에게 주사를 놓아주셨다. 내가 몹시 지쳐보이자 한숨 자라고 권유하셨다. 한두 시간이나 잤을까 새벽 세시에 깼더니, 마침 수녀님 한 분이 위층에 있던 마르게리트를 부르고 계셨다. 마르게리트는 아빠가 한 시간을 못 넘기실 것 같다고 내게 말하고는 샤를을 깨우러 갔다. 우리는 모두 남편의 침상 곁에 모였다. 프랑스 수녀님이 죽는

---

**74** 고종 황제의 명에 따라 프랑스 주재 한국 영사는 1902년에 최초로 제네바에서 열리는 국제 적십자 회담에 참석했다. 1903년 3월 17일에 제네바 협정에 공식 가입한 후, 한국의 적십자회는 1905년 9월 27일에 대한적십자사(大韓赤十字社)라는 이름으로 들어왔다. 일본에 점령되면서 1909년에 이름이 일본 적십자사로 바뀌었다. 1947년 3월이 되어서야 한국 적십자회는 다시 조선적십자사라는 이름으로 존재하기 시작했다가 1949년 9월에 현재 명칭인 대한적십자사로 다시 바뀌었다.

도판 199 바오로 마리아 로기남 대주교

자를 위한 기도를 암송하셨고 우리는 생명의 신호가 사라질 때까지 기도를 올렸다. 1949년 9월 19일 새벽 네시였다. 수녀님들은 남편을 씻기고 옷을 갈아입히는 걸 도와주셨다. 시신은 식당으로 옮겼다. 수녀님들은 일일미사 시간에 맞춰 수도원으로 돌아가셨다.

제일 먼저 문상하러 온 사람은 우리의 한국인 주교님이었다. 주교님은 신학대학에서 남편의 프랑스어 수업을 듣던 학생이기도 했다. 주교님은 아침 아홉시에 오셨다. 그 후로 많은 사람들이 오기 시작했고, 그중에는 낯선 사람들도 있었다. 당시에 서울에 살던 유럽인들은 극소수였기 때문에 대부분이 왔다. 많은 이들이 꽃을 가져왔다. 남편을 얼마나 좋아했고 존경했는지 보여주는 증표였다. 우리가 평소에 잘 알고 지냈던 프랑스인 라리보 주교님[75]께서도 장례식에 참석하기 위해 남쪽에서 먼 길을 마다않고 기차를 타고 오셨다. 라리보 주교님은 한국 교황 사절 번 주교님[76]과 함께 오셨다.

참석자 중에 가톨릭교도가 아닌 사람들이 워낙 많은 탓에 배려 차원에서 나직하게 그리고 간단하게 평미사(노래, 음악, 성가대 없는 미사-옮긴이)

---

**75**　1942년에 서울 교구장을 사임한 주교 앙드리앵 장 라리보는 1958년 7월 4일에 대전의 교황대리로, 1962년 3월 10일에는 주교로 임명되었다. 그리고 1962년 11월 6일에 은퇴했다.

**76**　275페이지 주석 61 참조.

를 지냈다. 샤를은 미군이 자국 장교들을 위해 남겨놓은 마지막 강철관을 구해왔다. 아름다워서 한국인들도 감탄해 마지않았다. 성당 안이 꽉 찼다. 나중에서야 수녀님들이 해주신 말씀으로는 장례식에 그렇게 사람이 많이 모인 모습은 처음 보셨다고 했다. 주교 두 분도 참석하셨다. 프랑스 주교 한 분과 미국인인 바이런 교황사절 옆에 한국인 주교 한 분이 계셨다. 젊은 한국인 신부들도 많았다. 그중에는 남편의 옛 제자들도 있었다. 프랑스 신부들 중에는 남편의 가장 친한 친구의 형제들도 있었다. 남편은 형제인 두 신부를 구분하기 위해 큰 공베르와 작은 공베르라고 부르곤 했다.[77] 두 분 중 한 분이 미사를 집전했고 다른 한

**도판 200** 앙투안 공베르 신부

---

77 두 형제 중 형은 앙투안 공베르 신부(Antoine Gombert, 1875. 4. 27-1950. 11. 12)였고 동생은 쥘리앙 공베르 신부(Julien Gombert, 1877-1950. 11. 13)였다. 형제는 프랑스 남부 아베롱 데마르트망에 있는 도시 로데즈 근처의 캉불라제라는 작은 마을에서 태어났다. 앙투안이 먼저 1897년 9월 16일에 파리 외방전교회에 가입했고, 두 형제는 1900년 6월 24일에 사제 서품을 받았다. 두 사람은 함께 1900년 8월 1일에 조선이라는 미지의 나라로 출발해서 같은 해 9월 9일에 서울에 도착했다. 앙투안 강베르는 경기도 안성에 있는 구포동에서 삼십이년간 사제로 복무했다. 1932년 11월에 그는 서울로 옮겨 가서 용산신학교(龍山神學校)라는 최초의 가톨릭 신학대학에 재직했다. 1950년 7월 15일에 서울에서 북한군에게 체포된 그는 다른 신부들과 외국인 공동체의 민간인들과 함께 평양으로 이송되어 수감 생활을 했다. 동생 쥘리앙 공베르도 같은 운명을 겪었다. 그는 1950년에 인천에서 체포되어 형과 나란히 감금되었다. '호랑이 죽음의 행군'을 강행한 끝에 앙투안은 1950년 11월 12일에 선종했다. 동생 쥘리앙도 자신의 바람대로 하루 만에 형의 뒤를 따랐고, 두 사람의 시신은 여전히 북한 중강진 어딘가에 매장되어 있다.

**도판 201** 서울 양화진 외인 묘지에 있는 에밀 마르텔의 묘

분이 마지막 축복을 올렸다.

많은 사람들이 장지까지 갔다. 내게 가장 힘든 순간은 사람들이 관을 내릴 때였다. 그 일은 한국인 주교와 프랑스 영사가 해주었다. 모든 일이 끝나고 나서 우리는 친구들 몇 명과 함께 집으로 왔다. 친구들은 잠깐 동안 우리와 함께 머물다 갔다. 나는 맥주와 케이크 말고는 딱히 대접할 음식이 없어서 미안했다. 모두들 우리에게 무척 잘해주었다. 나는 몹시 외롭고 피곤했지만 친구들이 계속 우리를 위로하러 찾아왔다. 또 해외에 있는 친척들과 친구들에게 남편의 죽음을 알리는 편지도 쓰느라고 바빴다.

# 19

## 북한군의 남침

1950년 6월 25일, 북한 군대가 서울을 향해 진격하고 있다는 충격적인 소식이 들려왔다.[78] 한국을 떠날 예정이었던 나의 오랜 지기인 프랑스 노부인 두 명이 집을 임대했는데 해결할 일들이 너무 많은 탓에 우리와 함께 지내도 되냐고 물었다. 부인들은 큰 방 하나에 함께 지내면서 우리와 식사도 같이했다. 둘 중 한 사람은 앞을 보지 못했다. 부인들은 공산군이 쳐들어올 때까지도 서울에 계셨다. 외국인들은 곧바로 피난을 시작했다. 우리 영사는 한밤중에 우리에게 와서 다음날 일본으로 떠나는 비행기 두 대가 있다고 알려주었다. 나의 두 친구는 다음날 떠났다. 샤를은 내게 남을 건지 그들과 함께 떠날 건지 물었다. 샤를은 일

---

**78**  1950년 6월 25일, 북한 인민군의 기습으로 한국전쟁이 시작되었다. 북한군은 여덟개 사단과 한개 기갑사단을 이끌고 3열로 38선을 넘어 기습으로 남한을 공격해서 나흘 만에 수도 서울을 점령했다. 그러자 미국과 영국 그리고 다른 UN 국가들이 개입해 1953년 7월 27일까지 남한을 수호하기 위해 싸운 결과 미국의 후원을 받은 UN 사령부와 북한 인민군 그리고 중국 지원군 사이에 평화 협정이 체결되며 전쟁은 종식되었다. 제대로 된 평화조약은 맺어지지 않았지만 이 시점에서 전쟁은 끝났다고 여겨졌다.

**도판 202** 1950년 4월 서울 남대문

때문에 떠날 수가 없어서 마르게리트와 나도 남기로 했다. 차마 샤를만 남겨두고 떠날 수가 없었다.

우리는 공산군이 쳐들어오는 모습을 보았다. 공산군은 우리 집 앞을 지나갔다. 일부는 탱크를 타고 지나갔다. 다섯 시간 정도 걸렸다. 그들의 모습을 본 건 아침에 일어난 일이었다. 곧바로 오후에 경찰 두 명이 찾아왔다. 그들은 우리에게 집에 가만히 있으면 아무 일도 일어나지 않을 거라고 말했다. 나는 그들에게 우리는 프랑스 시민이니 우리에게 아무런 해도 입히지 않겠다는 사실을 서면으로 적어달라고 요구했다. 그들은 대문 밖에 커다란 판자 두 개를 박아 놓았는데 하나는 금세 부서졌다. 우리는 집안에서 조용히 지내면서 서류들과 사진들 상당수를 찢거나 불태웠다.

프랑스 영사 일가는 일본으로 피난을 갔지만 영사는 남았다. 7월 10일, 한 북한군 장교가 샤를을 데리러 왔다. 장교는 어쩌면 샤를이 그날 밤 경

298

**도판 203** 1950년 6월 28일 서울로 진입하는 북한 군대

찰서에 구금되어 돌아오지 못할지도 모른다고 말했다. 그 장교는 건방지고 무례했다. 샤를은 집을 떠나서 다시는 돌아오지 못했다. 프랑스 영사관의 통역관이 와서 샤를이 원한 물품 몇 가지를 가져갔다. 특히 빨갱이들이 내 아들을 북한으로 끌고 가려 한다는 사실을 알려주기 위해 온 것이었다. 샤를은 아무도 눈치 채지 못하도록 짧은 메모를 적어서 지폐 묶음 사이에 조심스럽게 넣어 보냈다. 샤를은 내게 조심하라고 그리고 자신을 구하려고 애쓰지 마라고 했고, 나는 아들의 말을 따랐다.[79]

샤를이 체포되고 며칠 후에 한국인 식모가 겁에 질려서 집을 나가고 샤를의 운전사만 우리 집에 와서 자고 갔다. 하지만 운전사도 우리 곁

---

**79** 샤를 마르텔은 프랑스 대사 직무 대행자 조르주 페뤼슈와 함께 체포되었다. 두 사람은 함께 북한군에 감금되어 '호랑이 죽음의 행군'에 참여했던 일을 글로 남겼다. 그 경험담은 『한국의 프랑스 포로들-Prisonniers française en Corée』이라는 제목으로 출간되었다. 《Cahiers d'Histoire Sociale》, no. 3, Albin Michel, 1994, pp. 116-146.

**도판 204** 1950년 서울에 있는 UN 전쟁 포로들

에서 떨어지라는 명령을 받았기 때문에 오래 남지 않았다. 그렇게 해서 마르게리트와 나만 방이 열한 개나 되는 거대한 집에 덩그러니 남았다. 하지만 그것도 그리 오래 가지 못했다. 공산주의자 일가 두 가족이 우리 집에 들어왔기 때문이다. 물론 그들이 제일 먼저 한 일은 도둑질이었다. 나는 샤를의 신발을 신고 있는 남자를 보았다. 가족의 아내는 나쁜 사람은 아니었다. 여자는 우리에게 음식을 구해주었다. 여자에게 쌀이 없기에 나는 안쓰러운 마음에 내가 가진 걸 나눠주었다.

**도판 205** 1950년 10월 서울의 폐허에서

여자에게는 아들이 둘 있었고, 남편은 이년 동안 남한정부에 수감되어 있었다. 좌파였던 남편 때문에 여자는 늘 두 아들을 데리고 이곳저곳을 전전해야 했다. 그 일이 있기 전, 우리끼리 지낼 때 한 공산주의자 대령이 매일, 가끔은 하루에 두

300

도판 206  한강을 건너는 서울 피난민들, 1950년

번씩 우리를 보러 왔다. 그는 그나마 친절한 편이었다. 그러던 어느 날 경찰서장과 다른 사람들이 와서는 밤새 먹고 마시며 눌러 앉았다. 그들은 여행 가방 하나에 우리 물건들을 주섬주섬 담아 넣었다. 간부 장교가 평소와 다름없이 다음날 집에 들렀다가 우리 창고가 열려있는 걸 보고는(모든 문은 잠긴 채 당국이 붙인 종이로 봉인되어 있었다) 누가 그 문을 열었느냐고 물었다. 나는 밤새 우리 집에 있었던 사람들 짓인 것 같다고 말했다. 여기서는 군인들이 경찰보다 권한이 더 많은 것 같았다. 장교는 경찰들이 가져가려고 챙겨놓은 여행 가방을 도로 가져다주었으니 말이다. 장교는 경찰들에게 무척 화를 냈다. 하지만 안타깝게도 그 장교는 머지않아 병이 나서 떠나야 했다.

어느 날 오후, 지프차 몇 대가 군인들을 가득 태우고 왔다. 그들은 내게 앉으라고 명령하더니 집안 곳곳을 돌아다니며 원하는 것들을 강탈

했다. 그런데 최악의 일은 따로 있었다. 그들은 마르게리트에게 한국인 여자 친구들의 집을 안내하라고 명령했다. 그 순간은 나에게 가장 힘겨운 순간이었다. 내 딸이 다시는 돌아오지 않을까봐 무서웠기 때문이다. 그때 갑자기 굵은 소나기가 쏟아졌다. 군인 한 명이 나에게 우산을 내놓으라고 하더니 혼자 달려 나갔다. 그는 잠시 후에 돌아왔는데, 그세 전부 까먹어서 마르게리트에게는 아무 일도 일어나지 않았다. 나는 소나기를 내려주셔서 우리를 다시 한 번 도와주신 하느님께 감사했다. 모두 떠나고 나자 기분이 착잡했다. 무슨 일이 있었던 건지 얼떨떨할 따름이었다. 우리는 빨갱이들에게 강제로 북한으로 끌려갈 때까지 그 집에서 꼼짝도 하지 않았다.

# 20

## 북한에서의 포로 생활

1950년 7월 30일 새벽 다섯시, 빨갱이들이 우리를 잡으러 왔다. 우리는 옷도 제대로 입지 못하고 아침도 먹지 못한 채 끌려갔다. 나는 드레스를 입었다. 어깨 패드 속에 귀금속을 꿰매 감추어 특별히 준비해둔 옷이었다. 그리고 양치질을 했다(그때까지만 해도 치아가 조금은 성했다). 우리는 각각 짐을 꾸렸다. 빨갱이들이 약탈하러 왔을 때 방안에 온갖 물건들이 흩어져 있어서 정신없이 주워 담아야 했기 때문에 안에 정확히 뭐가 들어있는지도 모르는 채였다. 그렇게 경황없이 집을 나섰다. 왠지 모르겠지만 기분이 나쁘지는 않았다. 나는 전쟁이 오래 가지 않을 테고 우리 집은 괜찮을 거라고, 미군 장교들이 돌아와 우리 집에 살면서 우리 물건들을 지켜 주리라고 확신했었다. 하지만 그건 큰 오산이었다. 공산주의자들이 점령하고는 전부 빼앗아갔다. 그렇게 우린 모든 걸 빼앗겼다.

우리는 곧장 경찰서로 끌려가서 온종일 똑같은 질문을 계속 되풀이하는 무례한 사람들에게 심문을 당했다. 샤를과 한국 대통령의 비밀 연

**도판 207** 1950년 9월 1일 남쪽으로 향하는 피난민들

락망에 대해 묻기에 나는 모른다고 했지만, 끝없이 되풀이되는 질문에 인내심을 잃고는 그런 게 우리 집에 있는지 가서 직접 찾아보라고 소리쳐버렸다. 그러자 그 질문은 두 번 다시 되풀이하지 않았다.

우리는 탁자와 의자가 있는 어느 방으로 끌려갔다. 그곳에서 우리와 같이 심문을 받으러 끌려온 다른 사람들을 만났다. 점심시간이 되자 쌀밥과 함께 삶은 옥수수 한 그릇을 받았지만 나는 손

**도판 208** 1950년 11월 1일 서울의 돌무더기를 뒤지는 한국 여성들과 아이들

**도판 209** 1950년 9월 18일 인천항에 상륙하는 미군 군대

도 대지 않았다. 밤새도록 우리는 그 방에 있었는데 자리에 앉아 있어서 잠을 잘 수가 없었다. 날씨는 찌는 듯이 더웠다. 창문들은 전부 닫힌 채 묵직한 커튼까지 드리워져 있었다. 누군가 문을 열자 지독한 화장실 냄새가 풍겨왔다. 선택의 여지가 없었다. 열기 아니면 지독한 냄새였다. 아침에 음식이 나왔지만 이번에도 역시 나는 아무 것도 먹지 않았다. 이튿날도 똑같은 일과였다. 심문에 기타 등등. 마침내 아침 일곱 시에 출발한다는 얘기를 들었다. 하지만 그전에 종교를 포기할 것 기타 등등의 장황한 설교를 들었다. 그 얘기와 기나긴 기다림은 견디기 힘들었다. 나는 잃어버리기 전에 우리 짐 가방을 찾으러 밑으로 내려갔다. 시간이 되자 모두 트럭 두 대에 나누어 올라탔다. 터키인, 타타르 사람들, 백러시아 사람들, 영국인들 그리고 프랑스인들. 체포된 한국 경찰

**도판 210** 1950년 38선 횡단

지도자들은 다른 트럭에 올라탔다. 우리가 기나긴 여정을 시작한 날은 근사한 달밤이었다. 출발하자마자 갑자기 우리 트럭은 한 시간 동안 멈춰 섰다. 한국인 포로들이 탄 트럭이 고장이 나서 수리를 해야 했기 때문이었다.

다음날 아침 여섯 시에 북한 어딘가에 있는 작은 마을에 도착했다. 그곳에서 한참을 기다렸다가 온종일 보낸 교실에서 잠시 쉴 수 있었다. 바닥에 돗자리가 몇 개 있었고, 우리는 일상적인 음식을 할당받았다. 나도 조금은 먹었던 것 같다. 날이 어두워지면서 다시 길을 떠났다. 우리는 밤에 북한의 수도 평양에 도착했다.

우리는 그곳 군사지휘본부의 방 하나에서 하룻밤을 보냈다. 간만에 고기 수프로 괜찮은 저녁 식사가 나와서 맛있게 먹었다. 우리는 벤치를 침대 삼았다. 다음날 아침에 다시 출발해서 한밤중에 어떤 건물에 도착했다. 예전에는 학교로 쓰였던 건물이었다. 어둠 속을 걷는데 총성이 들려서 그대로 총살당하는 줄 알았다. 교실에 들어서자 프랑스 애덕 수녀회 수녀들과 카르멜 회 수녀들과 한 독일 여성[80], 우리보다 먼저 그곳에 도착한, 서울에서 잡혀온 모든 포로들이 우리를 입맞춤으로 환영했다.

---

**80** 그 독일 여성은 1950년 6월 29일에 서울에서 체포된 샤를로테 글리제(Charlotte Gliese)였다.

나는 큰 소리로 "샤를, 샤를" 하고 불렀지만 근처에 있던 경비들에게 조용히 하라는 제지를 받았다. 샤를은 남자들 방문 앞에 서 있었다. 샤를이 내뱉은 첫 말은 "엄마, 엄마도 오셨군요"였다. 나는 아들을 다시 만나서 무척 기뻤다. 이번에는 양배추 잎사귀 몇 개가 들어 있는 허여멀건 수프를 받았다. 이튿날 아침, 우리는 같은 지붕 아래 잡혀 있는 나머지 포로들을 만났다. 우리 방에는 미국 선교사 여성 셋, 프랑스 카르멜 회수녀 다섯 명, 프랑스 애덕회 수녀 두 명, 영국인 성공회 수녀 한 명[81], 독일 여성 한 명, 터키 아가씨 한 명이 있었다. 이 많은 사람들이 우리와 한 방을 썼다. 우리는 제일 마지막에 도착했기 때문에 아무 것도 받지 못했다. 그래서 나는 갖고 있던 담요 하나를 영국인 수녀에게 빌려주고 나머지 하나로 마르게리트와 함께 썼다. 그때까지만 해도 운이 좋은 편이어서 가져온 짐 가방 안에 들어 있던 비누 몇 개, 종이, 바늘과 실로 다른 사람들을 도와줄 수 있었다. 한 여성은 갖고 있는 거라고는 자기 몸에 걸친 게 전부였다. 아침 일찍 끌려오느라 바로 옆에 있는 가방 하나 챙길 시간이 없어서 아무 것도 가져오지 못했기 때문이었다. 영국 주교[82]는 옷자락이 붉고 긴 가운 차림으로 오셨다. 빨갱이들이 잡으러 갔을 때 손

---

**81** 성공회 수녀는 아일랜드 위클로우 주 에니스케리에서 1883년 5월 30일에 태어난 메리 클레어(Mary Clare, 본명 클레어 엠마 위티Clare Emma Witty)였다. 1912년에 메리 클레어는 성 베드로 수녀회에 가입해 1915년에 정식 수녀가 되었다. 메리 클레어 수녀는 1923년에 한국에 왔다가 제2차 세계대전 때문에 선교단 철수가 강요되자 영국으로 돌아갔다. 이후 1947년 1월에 다시 한국으로 돌아와 1950년 11월 6일에 결국 '호랑이 죽음의 행군' 도중에 세상을 떠났다.

**82** 아말리에가 언급하는 영국 주교는 1915년에 한국에 온 영국인 목사 찰스 헌트(Charles Hunt)였다. 그는 시청 건너편 덕수궁 옆에 위치한 대한성공회 성당의 수석조교이자 주임 사제였다. 성당은 1922년에 착공되어 1926년 5월 2일에 공식 예배를 시작했다. 헌트 목사는 1950년 7월에 북한군에 체포되어 평양으로 이송되었다. 그는 감금생활을 하던 도중 1950년 11월 26일에 숨을 거두었다.

도판 211 1950년 12월 19일 흥남 부두를 떠나는 북한 피난민들

에 닿는 옷이 그 가운이었다고 한다.

우리 방에 있는 여성은 전부 열다섯 명이었다. 바로 옆방에는 프랑스 영사관 일행들이 있었다.[83] 세 번째 방에는 영국 공사관 직원들이 있었다.[84] 네 번째 방에는 미군 시민들이, 마지막 방에는 프랑스 신부들이 있었다.[85] 샤를이 있는 방은 우리 방 옆에 있었지만 경비들이 특별히 허락해주었을 때에만 아들과 이야기를 나눌 수 있었다. 우리는 그룹별로 완전히 격리되었다. 이따금 경비들이 잠깐씩 사리지고 없을 때면 재빨

---

**83** 프랑스 영사관 일행들은 대사 직무대행 총영사 조르주 페뤼슈, 부영사 장 메드모르(1922. 10. 17. 출생) 그리고 샤를 마르텔이었다.

리 옆방으로 내가 가져온 통조림 음식이나 먹지 않은 쌀밥 같은 것들을 밀어 넣었다. 남자들이 나보다 훨씬 배가 고프다는 사실을 알고 있었기 때문이다.

씻을 물이 부족할 때도 다반사였다. 우리는 한 방씩 차례로 돌아가면서 씻었다. 우리가 문에서 제일 가까웠기 때문에 제일 마지막에 씻으러

---

**84** 1948년 8월 15일에 대한민국이 선포되고 나서 영국의 대사 직무대행 비비안 홀트 대령 (Vyvyan Holt, 1896-1960)은 1949년 3월에 주한 초대 한국 공사로 임명되었다. 영국 공사 관의 부영사 조지 블레이크(George Blake)와 서기관 노먼 오웬(Norman Owen)과 함께 그는 1950년 7월에 체포되어 평양에 투옥되었다. 그는 '호랑이 죽음의 행군'에 참여했다가 1953년 3월 21일에 풀려났다.

조지 블레이크(1922. 11. 11. 로테르담 출생, 본명 조지 비하르George Behar)는 소련을 위해 활동하던 이중스파이로 알려진 영국의 스파이 출신이었다. 1961년에 발각되어 사십이년형을 선고받은 그는 1966년에 탈옥해 러시아로 달아나 현재 모스크바에서 살고 있다.

'세 번째 방'에 있던 또 다른 남성은 필립 딘 지간테스(Philippe Deane Gigantès)였다. 1923년 8월 16일에 그리스 테살로니키에서 태어난 그는 제2차 세계대전 때 영국 왕립해군에서 복무했다. 종전 후에 그는 저널리스트가 되어 1946년부터 1961년까지 〈런던 옵저버〉지에서 근무했다. 그는 한국전쟁을 취재하다가 1950년 7월 23일에 서울에서 체포되어 북한 포로수용소에서 삼십삼개월을 보냈다. 저널리스트 활동을 접은 그는 처음에는 UN 공무원으로 일하다가 다음에는 그리스의 왕 콘스탄틴 2세(Constantine Ⅱ, 1940. 6. 2. 출생)의 사무총장으로 재직했다. 이 시기에 그는 그리스 문화부 장관에 임명되었다. 1984년에 캐나다에서 〈몬트리올 가제트〉지의 논설위원으로 일하던 중에 캐나다 수상 피에르 엘리엇 트뤼도(Pierre Elliot Trudeau, 1919. 10. 18-2000. 9. 28)로부터 캐나다 상원에 임명되어 1978년부터 1980년까지 연구원으로 일했다. 그는 1998년까지 캐나다 상원에서 근무하다가 2004년 12월 9일에 몬트리올에서 전립선암으로 사망했다.

**85** 이 방에 갇혀 있던 프랑스 신부 여섯 명 중에 다섯 명은 북한에 억류되어 있다가 사망했다. ① 조제프 빌토(Joseph Bulteau, 1901-1951. 1. 6) 신부, 파리외방전 소속 가톨릭 선교사로 자강도 중강구의 작은 마을 한창리에서 투옥 중 사망. ② 조제프 카다르(Joseph Cadars, 1879-1950. 12. 18) 신부, 파리외방전 소속 가톨릭 선교사로 1950년 7월에 대전에서 체포되어 역시 한창리에서 옥사. ③ 앙투안 공베르(1875. 4. 27-1950. 11. 12) 신부, 파리외방전 소속 가톨릭 신부로 중강진에서 '호랑이 죽음의 행군' 후유증으로 사망. ④ 쥘리앙 공베르(1877-1950. 11. 13) 신부, 파리외방전 소속 가톨릭 신부이자 앙투안 공베르의 동생으로 중강진에서 사망. ⑤ 마리 폴 빌망(Marie-Paul Villemont, 1868-1950. 11. 11), 서울의 샤트르트 성 바오로 수녀회 가톨릭 선교사이자 목사로 중강진에서 '호랑이 죽음의 행군' 후유증으로 사망. ⑥ 셀레스탱 코요(Célestin Coyos) 신부만 유일하게 살아남은 프랑스 신부였다.

갔다.

음식은 형편없을 뿐만 아니라 양도 턱없이 부족했다. 가끔 우리가 저녁을 먹었던가 의아할 때도 있었다. 식사 시간도 늘 규칙적이지 않았다. 장교들이 시찰을 나올 때면 닭고기 수프나 고기 수프를 먹었다. 장교가 식량 양동이를 들여다 볼 때면 "늘 이렇지는 않아요"라고 말하고 싶은 마음이 굴뚝같았지만 아무 말도 않는 편이 상책이었다.

매번 장교를 만날 기회가 있을 때마다 내 큰 딸(베네딕도 수녀) [마리 루이즈]은 어디 있느냐고 물었다. 아무도 큰 딸에 대해서 모르거나 말해 주지 않으려 했다. 그래서 몹시 슬펐다. 공산주의자들은 1948년에 수녀원 수녀들과 함께 큰딸을 잡아갔다.[86]

나는 시간도 때울 겸 프랑스 수녀들에게 영어를 가르쳤다. 카르멜 회 수녀원장이 부탁한 바이기도 했다.[87] 과거에도 그들은 미군 장교들의 말을 이해하지 못해 애를 먹을 때가 많았다. 그 수녀원장님은 나중에 수용소에서 돌아가셨다.

수용되어 있던 학교 건물에서 나갈 때가 되었다. 비행기들이 머리 위로 날면서 폭탄을 투하했다. 우리는 기차에 태워졌지만 밤에만 이동했

---

86 아말리에의 맏딸인 이마쿨라타 수녀는 실제로 1949년 5월 12일에 강원도의 신고산이라는 작은 마을에 수감되었다. 베네딕도 수도회는 1933년 3월 19일에 설립되었다. 원산 수도원에 있던 베네딕도회 수녀들은 1949년 5월 10일, 이틀 전에 이미 체포되었다. 평양에 있는 어느 감옥에서 석 달을 보낸 수녀들은 북한의 북쪽 압록강 근처에 있는 포로수용소로 이송되어 사년 동안 구금되어 지냈다.

87 카르멜 회 수녀원 원장은 벨기에 태생의 마리아 테레사(Marie-Thérèse, 본명 이렌 바스탱Irène Bastin) 수녀였다. 수녀는 1901년에 룩셈부르크 비르통에서 태어나 1950년 11월 30일에 북한에 억류 도중 사망했다. 테레사 수녀의 후임으로 온 카르멜 회 수녀 앙리에트 드 로비(Henriette de Lobit)는 당시에 수녀원장으로 불렸다. 새로 온 수녀원장도 1950년 7월 15일에 서울에서 체포되었고, '호랑이 죽음의 행군'에서 살아남아 1953년 3월 26일에 풀려났다.

도판 212 북한에서 미군 전쟁포로들, 1951년경

다.[88] 낮 동안에는 야외나 어떤 한국인들 집에 있었다. 그곳에서 몸에
이가 생기기 시작했다. 우리가 먹을 쌀 포대들도 내내 우리와 함께 이
동했는데 멈추는 곳마다 몇몇 한국인들이 양념을 넣고 요리해 주었다.
밤에만 이동해서 꼬박 엿새가 걸렸다. 역에서 포로로 잡혀있는 미국 군
인들을 처음 보았다.[89] 그들은 낮 동안에는 우리와 격리되었다. 우리는
기차 안에서 나무 바닥에 쪼그려 앉아 있느라 경련이 나서 무척 고생했
다. 남자들과 여자들은 서로 다른 칸에 탔다. 미국 군인들은 또 다른 칸
을 차지했다. 화장실은 따로 없었다. 운이 좋으면 기차가 멈췄을 때 허
락을 구하고 나가서 들판에서 볼 일을 볼 수 있었지만 우리 여자들은
다른 궁리를 해야만 했다. 가령, 창가에 앉았다가 기차가 달리기 시작할

---

88  1950년 9월 5일에 평양에서 출발한 기차는 1950년 9월 11일에 자강도 마포진이라는 작은
    마을에 도착했다.
89  미국 전쟁포로(POW)는 기차로 서울을 출발해 1950년 8월 24일에 평양에 도착했다.

때 볼 일을 보는 방법이었다. 한 노수녀는 그런 식으로 일을 해결하기에 몸이 너무 약해서 신발에 볼 일을 보았다. 그 다음에는 창밖으로 비웠는데 기차가 너무 빨리 달려서 옆 창에 파편이 튀기도 했다.

마침내 수용소에 도착한 우리는 형편이 나아지기를 바랐다. 어떤 면에서는 나아지기도 했다. 그나마 트인 공간이었으니까. 한가운데에 마당이 있었다. 한쪽에는 외교관들이 있었다. 내 아들도 거기에 있었지만 경비에게 먼저 허락을 받지 않고는 말을 걸 수조차 없었다. 우리 여자들은 오십 야드 정도 떨어진 반대편에 있었다. 그곳에는 임시 숙소가 두 채 있었다. 우리는 제일 큰 방을 차지했다. 마르게리트와 나는 애덕회 수녀 두 명과 카르멜 회 수녀 다섯 명과 함께 방을 썼다. 한 수녀는 결핵에 걸려서 몹시 아팠다. 조명도 없어서 신부님 한 분이 작은 램프를 만들어서 기름을 넣어 사용했다. 내가 서울에서 가져온 물건 중에

도판 213 북한 벽동군에 있는 전쟁포로 수용소

양초도 하나 있어서 아픈 수녀님이 밤새 뭔가 필요하실 때 유용하게 사용했다. 날씨는 일찌감치 추워지기 시작했는데 우리들 중 일부는 여름 옷만 달랑 걸치고 있었다. 다행히도 낡은 한국 군복을 받았지만 모두 나눠 입기에는 부족했다. 남자 군복을 입고 있는 수녀들을 상상해 보라! 그래도 최소한 따뜻했다.

남자들은 근처 우물로 물을 길러 가야 했다. 지고 오기 힘들었지만 한 가지는 기뻤다. 그곳에서 소식을 전해줄 한국인 학생(비 공산주의자)을 만났기 때문이다. 남자들은 달걀과 맞바꾸어 담배도 얻었다. 이 모든 일들은 경비가 알아채지 못하게 비밀리에 이루어졌다. 한번은 맞바꾼 달걀을 들고 있는 소년이 잡힌 적도 있었지만 소년은 나중에 다른 길을 또 찾아냈다. 달걀은 화장실 창문을 통해 건네졌다. 이 모든 준비가 가능했던 건 신부님들이 한국말을 잘 한 덕분이었다.

우리는 또 다시 이동해야 했다. 우리는 강가에 머물렀는데 놈들은 우리가 보트를 타고 가기를 바랐다. 추운 강가에서 몇 시간씩 기다리고 또 기다렸지만 보트는 끝끝내 오지 않았다. 할 수 없이 전에 있던 장소로 돌아올 수밖에 없었는데, 우리가 잠시 나가 있던 몇 시간 동안 누군가 우리 방의 창유리를 훔쳐갔다. 그래서 밤새 추위에 떨어야 했다. 우리는 이튿날 떠났다.[90] 프랑스 영사 조르주 페뤼슈는 우리가 타고 갈 트럭을 요구했고, 다행히 이 요구는 수용되었다.

어딘지도 모를 곳으로 끌려가는 동안 우리는 한국 군인들이 산을 향

---

[90] 모든 전쟁포로들은 1950년 10월 25일에 만포 남쪽에 있는 '옥수수밭'이라고만 알려진 장소로 이송되었다. 그곳에서 그들은 1950년 10월 31일까지 엿새를 지냈다.

**도판 214** 1951년 3월 23일 문산의 낙하산 부대원들

해 달아나는 모습을 보았다. 사람들은 피난을 가는 모양이었다. 우리는 미군이 우리와 멀지 않은 곳에 있다는 상상을 하기 시작했다. 그때부터 우리는 대개는 걸어서 수용소별로 하나씩 이동했다. 미군과 우리 같은 민간인들로 이루어진 기나긴 포로들의 행렬이 삼엄한 감시에 둘러싸인 채 행군을 시작했다. 우리 무리에서 제일 힘이 센 남자들이 번갈아 약한 수녀님을 업고 갔다.

퀸란 주교님은[91] 약한 사람들을 도왔고 늘 모두에게 너무나 친절하셨다. 제대로 맞는 작업화를 신은 사람이 없어서 더 힘들었다. 미군들이 우리보다 앞서 걸었다. 그렇다 보니 어떤 병사들은 탈진해서 죽거나 뒤에 처졌다. 그렇게 죽어간 병사들의 책임을 추궁당한 미군 장교는 총살당했다. 그 불운한 장교에게는 고향에 남겨두고 온 가족도 있었다[92]. 체력이 강한 사람들이 약한 사람들을 업고 갔다. 강한 사람들도 지쳐갔다. 어떻게 약한 병사들을 업고 갈 수 있었을까? 결국 경비들은 소달구지에

---

**91**  토마스 퀸란(Thomas Quinlan, 1896. 9. 13-1970. 12. 31) 주교는 아일랜드 태생이었다. 그는 1920년 2월 2일에 사제 서품을 받고 1940년에 한국에 왔다. 1950년 7월 2일에 체포될 때까지 그는 강원도 춘천 지목에서 재직했다. 북한군에 포로로 잡혀 있다가 풀려난 그는 주교 대표단으로 남한에 돌아와서 춘천에서 계속 재직하며 1955년 11월 23일에 주교로 축성되었다.

병든 수녀들을 싣고 가도록 해주었지만 어디로 가야할지 몰라서 끝내는 길가에 버려졌다. 마침내 커다란 학교 건물에 도착했다. 그곳에서는 침낭 대신 지푸라기를 넣은 길쭉한 나무 상자를 하나씩 나누어 주어서 두 사람씩 짝을 지어 속에 들어가서 잤다. 우리 무리에 있던 영국 성공회 수녀님은 그날 밤에 돌아가셨다.[93] 그 수녀님은 심장 상태가 안 좋으셨다. 수녀님은 나와 가까운 거리에서 주무셨는데 나는 아무 소리도 듣지 못했다. 남자들은 우리와 멀찌감치 격리되어서 지냈기 때문에 여자들끼리 땅을 파서 대충 만든 무덤 속에 수녀님의 시신을 안장했다. 다들 크게 상심하면서 다음 차례는 누가 될까 불안에 떨었다. 며칠 후, 그 새로운 수용소까지 줄곧 걸어온 남자들이 마침내 도착했다. 다시 함께 만나서 기쁘기도 했지만 다른 한편으로는 옆에 서 있는 공산주의자 지휘관인 호랑이 감독관[94]이 보여서 금세 다시 우울해졌다.

하루는 우리 중 몇몇은 – 약한 사람들과 아이들 – 트럭에 타고 기운

---

**92** " … 그 불운의 장교는 7번 구역을 책임진 텍사스 출신의 코더스 손튼(Cordus Thornton) 중위였다. 호랑이 감독관이 손튼에게 할 말이 있느냐고 묻자, 용감한 중위는 미국 군대였다면 군사재판에서 유죄인지 무죄인지를 판가름할 거라고 대답했다. 호랑이 감독관은 경비들에게 중위가 유죄냐고 물었다. 그러자 경비들이 대답했다. "네……. 죽이십시오. 저들 전부 죽이십시오." 호랑이는 우리 모두가 보는 앞에서 손튼 중위를 처형했다. 뒷머리에 총 한 발을 쏘아 죽였다. 중위는 애걸하지 않았다. 주춤하거나 울지도 않았다. 그는 남자답게 서 있었고 우리 모두에게 명예롭게 죽는 방법을 보여주었다. 그 일은 너무나 생생하게 목격된 한국 전쟁의 첫 참상이었다. 손튼 중위는 우리의 영웅이었고, 우리는 하는 작업이나 근무 당번표를 짤 때 그를 기억하며 그에게 바쳤다. '호랑이 죽음의 행진'은 1950년 11월 9일에 북한 중강진에서 끝이 났다. 우리 중 89명이 호랑이와 그의 부하들에게 총살되었다. …"
출처: Shorty Estrabrook: The Tiger Survivors Story - Capture and Beyond. http://24thida.com/stories_by_members/estrabrook_tiger_survivors.html.

**93** 실제로 민간인 포로들 중에 유일한 성공회 수녀였던 그분은 아일랜드 태생의 메리 클레어 수녀였다. 수녀님은 1950년 11월 6일에 '호랑이 죽음의 행군' 직전이 아닌 행군 중에 세상을 떠났다. 307페이지 주석 81번 참조.

**도판 215** 북한에서 미국 전쟁포로들, 1950년

이 있는 사람들은 걷고 있었다. 또 다시 다른 수용소로 이동 중이었다. 갑자기 누군가 우리를 멈춰 세웠다. 장교 한 사람이 다가오더니 차안에 전부 몇 명이 있느냐고 물었다. 누군가 스물세 명이라고 소리쳤다. 그가 세어보니 실제로는 스물두 명이었다. 장교는 우리에게 화를 내며 더 못 가게 했다. 그는 몇 시간씩 무어라 떠들면서 상황을 파악할 때까지 우리를 잡아두었다. 진상은 이러했다. 우리 무리 중에 있던 러시아 여자 한 명이 자신의 아버지와 함께 걷기로 했던 것을 우리는 몰랐다. 사실 우리는 그 아가씨가 평소에 우리와 함께 있었는지도 몰랐다. 그런데 장

---

**94** 1950년 10월 마지막 날, "옥수수밭"에 있던 북한 정규군의 근위병들은 방출되고 그 자리는 보위부로 바뀌었다. "호랑이"는 북한 비밀경찰 장교 이름은 정명실이었다. 그는 비교적 큰 키에 건장하고 몸놀림이 빨랐으며 영어는 할 줄 몰랐다. 성격이 난폭하고 잔인해서 전쟁포로들은 그의 별명을 "호랑이"라고 붙였다. 그는 1950년 10월 31일부터 1951년 초반까지 포로들을 책임졌다.

교는 아무리 설명해도 그 말을 믿으려 하지 않았다. 결국 그 아가씨의 어머니가 앞으로 나서며 자신이 책임질 테니 나에게 프랑스 사람들을 보살펴 달라고 부탁했다. 마침내 장교가 우리를 앞으로 나아가게 해주었다.

**도판 216** 1951년 6월 9일 M-26 탱크 앞에 있는 한국인 소녀

우리는 지붕도 없는 웬 허름한 집 한 채가 서 있는 곳에 도착했다. 병든 카르멜 회 수녀님이 동상에 걸려서 통증을 호소하기 시작했다. 나는 수녀님 어깨까지 담요를 덮어드렸지만 수녀님의 몸은 좀체 따뜻해지질 않았다. 우리 중 하나가 마른 나무를 모아 와서 천장이 휑하니 뚫린 방 한가운데에 불을 피웠다. 러시아 여자는 연신 벽돌 하나를 덥혀서 그걸로 자식의 언 몸을 녹여 주었다. 트럭을 타고 그곳에 온 사람들은 전부 여자들과 아이들뿐이었다. 우리 중에 남자는 한 명도 없었다. 이튿날이 되어서야 걸어서 온 다른 사람들이 도착했다. 마르게리트도 그들 중에 있었다. 우리는 그들을 보자 대부분은 눈물이 벅차오르며 몹시 반가웠다. 나도 내 딸을 되찾아서 무척 기뻤다. 영국 공사[비비안 홀트]와 프랑스 영사[조르주 페뤼슈]는 이런 이산가족을 보고서 마르게리트와 내가 아들 샤를과 함께 지낼 수 있게 해달라고 부탁했다. 이 요청이 수락되어서 그때부터 우리는 아들과 함께 있는 외교관 무리와 지낼 수 있게 되었다.

**도판 217** 1950년 12월경 북한에서 동상 사상자

하루는 호랑이 감독관이 우리 모두를 불러서 줄을 세우고는 명령을 내렸다. 그러고는 우리 주머니를 뒤졌다. 주머니칼은 압수당했고, 심지어 몸이 약한 사람들이 뒤처져 걸을 때 의지했던 지팡이마저 빼앗겼다. 우리는 '죽음의 행군'이라고 알려진 행군을 시작했다. 한국의 산들을 오르락내리락하며 이백오십 킬로미터를 걷는 무시무시한 행군이었다. 행군을 하는 동안에는 지휘관의 명령 없이는 쉬지도 못했다. 약한 사람들은 이내 강한 사람들의 등에 업혀 갔다. 그야말로 죽을 때까지 걸었다. 프랑스 영사가 지휘관을 향해 입을 열었다. "어떤 식이든 상관없으니 노인과 병자 그리고 아이들은 태워주시오." 그러자 돌아온 대꾸는 이랬다. "닥쳐! 이건 군명이다. 행군하든지 아니면 죽어!"**95**

그렇게 해서 우리는 행군을 시작했고, 샤를은 여행 가방을 밧줄로 양 어깨에 동여매서 등에 지고 걸었다. 인정 많은 영사는 다른 사람의 가

방까지 대신 짊어지고 걸었
다. 나는 소중한 담요를 한 쪽
팔에 둘렀다. 하지만 금세 걸
치고 가기에 너무 무거워졌
다. 등허리가 아파서 더 걸을
수도 없을 지경이었다. 그래
서 샤를과 마르게리트가 자
신들도 등에 짐을 짊어졌는
데 양쪽에서 내 팔을 붙들고
부축해주었다. 다들 내게 무
척 친절하게 대해주었다.

**도판 218** 1951년 2월 1일 아버지를 업고 얼어붙은 한
강을 건너는 피난민

우리는 몇 차례 멈추어서 밥이나 옥수수를 먹었다. 하루는 걷다가 멈
추었을 때 소달구지가 눈에 띄었다. 우리는 그 소달구지에 노인과 병자
들을 태워도 되느냐고 물었다. 그 달구지에는 쌀 가마니가 가득 실려
있었지만 우리는 그 위로 기어 올라갔다. 편안하지는 않았지만 무릎이
쑤시기 시작하던 터라 그나마도 타고 갈 수 있어서 기뻤다.

---

**95** 이런 냉혹한 말과 함께 '호랑이 죽음의 행군'은 1950년 11월 1일 이른 아침에 시작되었다.
그날 전쟁포로 칠백오십팔명과 일흔네명의 다국적 민간인들은 열다섯개 구역으로 나뉘었
다. 민간인들은 마지막 구역으로 배치되어 북한과 중국의 국경에 있는 압록강을 향해 북진
했다. 군인들, 늙은 여자들, 어린 아이들과 같은 사람들은 지독한 혹한에 제대로 된 옷이나
음식도 없이 약 백오십 킬로미터의 거리를 걸어서 행군해야 했다(아말리에 마르텔이 말한 것처
럼 이백오십 킬로미터가 아니라). 그러다 보니 튼튼한 사람들은 약해지고, 약한 사람들은 죽어
나갔다. 1950년 11월 9일, 죽음의 행군은 마침내 중강진이라 불리는 작은 마을(현재 북한 자
강도의 중강읍)에서 끝이 났다. 이 행진의 끝에 사망자 수는 군인 팔십구명과 민간인 여러 명
이다. 전쟁포로와 민간인의 수뿐만 아니라 죽음의 행진의 사망자 수도 자료마다 조금씩 다
르다. 그러나 여기서 제시된 수가 가장 많이 언급된다.

도판 219  1951년 1월 8일 피난민들

도판 220  1951년 1월 24일 서울의 피난민들

눈 덮인 산등성이를
넘어서 걸어야 하는 일
이 허다한데다가 신발
상태가 좋지 않아서 발
가락에 동상이 걸렸다.
몹시 고통스러웠다. 어
느 우물가에 다다랐을
무렵 타는 듯한 갈증을
느꼈는데 물이 충분치

**도판 221** 1951년 1월 3일 눈 덮인 산

않았다. 다행히도 눈이 많이 쌓여 있어서 물 대신 그나마 몸이라도 씻
을 수 있었다. 심지어 걷는 동안 갈증이 나면 눈을 먹기도 했다.

어느덧 11월 10일이 되었다. 그 달 초반에만 벌써 여자 세 명이 목숨을
잃었다. 영국인 메리 클레어 수녀[96], 프랑스 애덕회 수녀원장인 베아트
리스 원장님[97] 그리고 백러시아 노파인 미스 푼데라[98], 11월 11일에 아
흔 살 노인 빌망 신부님[99]도 돌아가셨다. 근처 언덕에 신부님의 시신을
안치할 묘를 파고 있는 동안 미군 비행기들이 머리 위로 날아가면서 폭
탄을 떨어뜨려서 무덤 파는 인부 셋이 수풀 속으로 들어가 숨을 수밖에

---

**96** 아일랜드 태생의 메리 클레어 수녀, 307페이지 주석 81 참조.

**97** 안 마리 에두아르(Anne-Marie Édouard, 1874. 2. 4-1950. 11. 3), 베아트릭스 수녀. 1950년 7월
17일에 체포되기 전에 수녀님은 서울에 있는 샤르트르 성 바오로 수녀회 고아원에서 봉사
했다. '호랑이 죽음의 행군' 동안에 수녀님은 '호랑이'가 정한 빠른 보폭을 따라오지 못해 총
살당했다.

**98** 백러시아 미망인 미스 푼데라(Funderat)는 1881년 태생으로 1950년 11월 3일에 역시 '호랑
이 죽음의 행군' 동안에 총살당했다.

**99** 1868년 태생의 마리 폴 빌망 신부는 실제로는 여든두살이었다.

**도판 222** 1950년 8월 25일 살해된 민간인 피난민들

없었다. 또 다른 신부님은 심한 독감에 걸려서 상당히 위독해졌지만 어쨌든 회복되어 우리와 함께 돌아갈 수 있었다. 그분은 코요 신부님[100]이었다. 12일에는 앙투안 공베르 신부님이 세상을 떠나셨다. 그분은 카르멜 수녀회의 사제셨다. 숨을 거두시기 전에 신부님은 동생에게 이렇게 말씀하셨다고 한다. "내일 보세." 그런데 정말 그렇게 되었다. 동생이신 쥘리앙 공베르 신부님이 이튿날 돌아가셨으니까.[101]

그 수용소에서부터[102] 나와 아들딸이 속해 있는 '외교관 무리'는 다른 민간인과 군인 무리와는 완전히 격리되었다. 그들로부터 완전히 단절

---

**100** 프랑스 태생의 가톨릭 사제인 셀레스탱 코요 신부(?-1993. 3. 3)는 1950년 7월 17일에 서울에서 체포되었고 1953년 3월 26일에 석방되었다. 그는 파리외방전 선교사들 중에서 가장 젊은 신부였고 유일하게 살아남은 프랑스 사제였다.

**101** 295페이지 주석 77 참조.

된 우리는 다시는 그들
의 소식을 듣지 못했다.
한참 후에야 카르멜회
수녀 두 분(수녀원장 마
더 테레사[103]와 메히틸데
수녀님[104])이 돌아가셨
다는 사실을 알게 되었
다. 메리놀 선교회의 번
주교님도 폐렴으로 돌

**도판 223** 1950년 북한의 언덕에서 항복하는 중국군

아가셨다. 늘 우리 기운을 북돋워주시던, 대단히 선량하고 활달한 분이
셨다. 우리는 그 분을 잘 알았기에 그분의 타계로 모두 크게 상심했다.

다른 무리에서도 잠깐 동안 여러 사람이 목숨을 잃었다. 매일 너덧 명
의 젊은 미군 병사들이 죽는 모양이었다. 그들은 혹한 때문에 약해지고
병들어서 살 가능성이 없었다. 전체 칠백명의 포로 병사들 중에서 마지
막에 남은 인원은 사백명에 불과했던 것 같다. 나는 내 기도서를 신부
님께 빌려드리고 토요일에 돌려달라고 부탁했는데 한 미군 병사가 혹
시 자신도 빌릴 수 있느냐고 물어왔다. 그 책을 병사에게 직접 건네줄

---

**102** 1950년 11월 16일에 다른 포로들은 중강진 수용소 밖으로 내보내졌다. 다음날 그들은 중강
진 근처 자강도 한창리라는 작은 마을에 도착했다. 그곳에서 그들은 1951년 3월 29일까지
머물렀다. 외교관 그룹은 중강진에서 다른 포로들과 격리되어 있다가 나중에 마포진에 있
는 작은 마을에 보내져서 석방될 때까지 그곳에서 지냈다.

**103** 벨기에 태생의 마리아 테레사(이렌 바스텡) 수녀원장. 310페이지 주석 87번 참조.

**104** 본명 고들리브 드브리스(Godelieve Devriese)인 마리 메히틸데 수녀는 벨기에의 이프레에서
온 카르멜 수녀다. 1888년 태생인 메히틸데 수녀는 1950년 7월 15일에 체포되어 1950년
11월 18일에 억류 도중 사망했다.

방법이 없었기 때문에 신부님은 군인들 막사 앞에 있는 큼직한 돌 위에 올려놓으셨다. 그런데 병사가 가져가기 전에 공산당 경비가 먼저 주워 갔고 그후 기도책을 봤다는 사람은 없었다. 나는 기분이 안 좋았다. 평소에 소중히 여기던 남편의 유품이었기 때문이다.

그러던 어느 날 버스 한 대가 와서 우릴 다른 장소로 태워갔다. 처음 출발할 때만 해도 그럭저럭 편안했는데 길에서 한 사람씩을 차에 태우더니, 더는 앉을 자리도 없고 바닥에 쪼그리고 앉기에도 너무 많은 지경에 이르렀다. 일단은 마음씨 착한 대령이 우리를 이끌었다. 대령은 시골 도로변에 있는 한 여인숙에 우리를 멈추게 했다. 그곳에서 나는 한 한국 병사가 평범한 쌀밥 대신 갈색 빵을 먹고 있는 모습을 보았다. 담당 장교가 내게도 한 덩어리를 건네서 깜짝 놀랐다. 나는 다른 사람들과 나누어 먹었다. 그렇게 오랜 시간 만에 제대로 구운 빵을 먹는 맛

**도판 224** 1951년 8월 5일 휴식을 취하고 있는 노인

이 어땠겠는가! 오랜 시간 기다린 끝에 그럴 듯한 닭고기 수프를 한 사발씩 받아 맛있게 먹었다. 우린 다시 출발했고 언제나 그랬듯이 우리를 위해 준비된 건 아무 것도 없었고, 머물 만한 곳도 없었다. 마침내 우리는 경찰서 방 하나를 얻었다. 신발이나 옷도 벗지 못한 채 일단 쉬었다. 방안에 의자가 하나뿐이어서 번갈아 의자에 앉아 쉬었다. 저녁

**도판 225** 얼어붙은 한강을 건너는 피난민 행렬, 1951년 1월

에는 의자마저 빼앗겼지만, 그나마 공간이 제법 넉넉해서 우리 열 명이 몸을 뻗고 바닥에서 잠을 청할 만은 했다. 여기서 다시 큰딸의 안부를 물었지만 오래 전에 집으로 돌아갔다는 대답을 들었다. 당연히 사실이 아니었다.[105] 중국 국경 지역에 주둔하던 일부 수녀님들만 떠날 수 있는 사람들이었으니까.

우리는 여정을 이어갔고 다음 경유지가 그리 멀지 않아서 걸어갔다. 나는 보조를 맞춰 걸으려고 안간힘을 썼지만 얼마 전에 병을 앓은 뒤로 너무 멀리까지 가기에는 몸이 너무 쇠약해진 상태였다. 얼어붙은 압록 강을 걷고 있는데 함께 가던 장교의 눈에 소가 끄는 썰매가 띄었다. 그는 그 썰매를 멈추게 하고 나를 그 위에 태웠다. 나 혼자여서 이상하긴

---

**105** 310페이지 주석 86번 참조.

했지만 무섭지는 않았다. 썰매에서 내리고 난 후에는 아주 천천히 걸어서 몇 번씩 쉬어가며 행진했다. 프랑스 영사인 페뤼슈 씨와 부영사 메드모르 씨가 와서 나를 붙잡아 주었다. 다들 언제나 나에게 무척 친절하게 해주었다.

# 21

# 만포 근처 농가로
# 들어가다

우리가 지낼 새 '집' 주인인 농부는 우리에게 공간을 만들어주기 위해 내쫓겨서 혼자 새 집을 지어야 했다. 우리는 농부가 우리에게 화가 났을 거라고 생각했지만 천만에, 대단히 친절한 사람이었다. 농부는 험상 굿은 경비들 때문에 처음에는 겁을 먹었지만 그의 아내는 조금도 무서워하지 않고 때때로 숨겨둔 구운 옥수수나 팬 케이크를 몰래 가져다주었다. 부부에게는 아들도 있었는데, 아들이 공산주의자 부대에 맞서 싸운 뒤로 한 번도 아들 소식을 듣지 못했다. 샤를은 손목시계를 팔아서 그 돈으로 농부가 팔러 가져온 영계 몇 마리를 샀다. 이내 암탉들과 어울릴 수탉이 필요해지자 닭을 팔러 끌고 가는 농부들을 발견하고는 멈춰 세웠다. 병아리 한 마리와 영계 몇 마리가 눈에 띄었다. 마음씨 좋은 농부의 아내가 우리 닭들에게 먹일 옥수수를 조금 주었을 때는 정말 고마웠다. 마르게리트는 옥수수가 필요하면 농부의 집 근처 뜰에 자루를 갖다 주겠다고 농부의 아내와 약속을 했다.

저녁에 영사와 마르게리트는 산책을 하고 나서 한 사람은 주변에 혹

도판 226 만포와 압록강, 2008년

시 경비가 없는지 살피고 다른 사람은 재빨리 자루를 집어서 뒤편에 가져다 놓았다. 대신에 우리는 배급 받은 비누를 농부에게 조금 나누어 주었다. 나는 제공받은 캔버스 화가 아직 닳지 않아서 그것도 줄 수 있었다. 우리는 이내 암탉들이 낳은 달걀들을 얻기 시작했다. 그건 꽤나 신나는 일이었다. 가끔 달걀 한 알씩을 먹을 수도 있고 다른 동료들에게도 몇 개씩 줄 수 있어서 기뻤다. 때로는 프랑스인끼리 조그만 파티도 열었다. 우리는 차를 못 마시는 대신 오시로코[팥죽]를 쑤었다. 갈색 설탕이 없는 탓에 샤를이 시계를 판돈으로 사온 꿀로 단맛을 냈다. 추수가 끝나면 들판에서 팥을 많이 주웠다. 들판에 남겨진 팥들이 너무 많았다. 이런 기분 전환은 마치 캐비어와 샴페인이라도 되는 듯 즐거웠다. 모두에게 달걀 한 두 개씩을 나누어 주었다.

우리는 이 수용소에서 이년 동안 지냈다. 그곳에 도착하고 두 달 후에는 거의 매주 왕진을 오시는 멋진 의사 선생님도 계셨다. 의사는 제일 먼저 우리 방부터 들렀다.
선생님이 칼슘 주사를 놓
아 주신 덕에 다소 기운도
차렸다. 다른 수감자들이
의사 선생님을 찾으시면
바로 건너가셨다. 샤를이
통역을 도왔다.

**도판 227** 일본식 단팥죽 오시루코

하느님이 함께 하시니
두려워할 것이 없다는 생각에 행복했다. 딱 한 번 슬펐을 때는 병이 나
서 소중한 내 자식들을 남겨두고 종부성사도 받지 못한 채 죽어야 하나
하는 생각이 들었을 때였다.

이어지는 날들은 늘 똑같은 날의 반복이었다. 가끔 소작농들이 산에
서 딴 과일을 팔러 왔다. 우리는 소작농들이 보이면 경비에게 우리 대신
먹을 것 좀 사달라고 부탁했다. 대
개는 돈이 없다면서 거절했다. 어
쨌든 그 과일은 썩 맛이 좋은 편
은 아니었지만 그런 과일이라도
먹을 수 있게 되면 마냥 기뻤다.

제복 차림의 젊은 간호사들이
이따금 검사하러 왔다. 한번은 우
리 모두 주사를 맞았다. 간호사들
은 그 주사가 여러 종류의 질병에
좋은 거라고 말했다. 모두들 주사

**도판 228** 1951년경 체포된 북한 간호사

**도판 229** 1951년 개성에 있는 정전회담 건물

를 맞고서 팔이 퉁퉁 부어 올랐는데 그 상태가 일주일도 넘게 계속 되었다. 하는 수 없이 통증을 가라앉히기 위해 아스피린을 먹었다.

1952년 새해 첫날에 깜짝 놀랄 만한 일이 일어났다. 이른 아침부터 경비들이 와서 다짜고짜 씻고 싶으냐고 물었다. 물론 우리는 그렇다고 했다. 뜬금없는 질문에 깜짝 놀라서 무슨 일이 일어나려나 불안했다. 경비들은 따뜻한 물을 양동이채 가져다주면서 장군님이 방문하실 거라고 알렸다. 우리는 부랴부랴 씻고 방을 치우고 앉아서 기다렸다. 마침내 나이 지긋해 보이는 장군이 영어를 잘 하는 통역관들을 대동하고 왔다. 나중에 듣기로는 통역관들 중 한 명은 공산군에게 체포된 서울 출신이라고 했다. 장교는 우리를 반기며 자신이 지금은 마을에 가야 하지만 저녁이면 돌아와서 우리와 함께 식사를 할 거라고 했다. 물론 우리는 그 소식에 반가웠다. 경비들은 작은 테이블들을 가져와서 흰 종이를 씌웠다. 기다리고 또 기다렸다. 마침내 저녁 일곱시가 되자 그는 우리 '소령' — '알프레드'라고 부르던 우리 수용소 담당 장교 — 과 함께 도착했다. 오는 길에 이미 한국 포도주를 몇 잔 걸친 상태여서 똑바로 걷기도 힘든 상태였다. 우리로선 웃음을 참느라 힘들었지만 꾹 참고 기다렸다. 어쨌든 그들은 거나하니 기분이 좋은 상태여서 우리에게 점잖고

**도판 230** 1951년 개성의 북한 장교들

친절하게 대해주었다. 그들은 음식은 먹지 않고 술만 거푸 먹어서 테이
블 위의 음식은 모두 우리 차지였다. 음식이 워낙 많아서 다 먹지도 못
할 정도였다. 이튿날 통역관이 우리를 보러 와서 모두에게 미국 담배를
나눠주면서 다정하게 말을 걸어주었다.

　장군이 우리를 보러 왔던 이유는 우리가 곧 풀려나리라고 생각했기
때문이었다. 하지만 생각처럼 바로 풀려나지 않아서 애가 탔다.[106]

---

[106] 1951년 7월 10일, 첫 휴전 회담이 황해북도 개성에서 열렸다. 처참하고 절망적인 참호전을
　　배경으로 계속되었다가 중단되었다고 하는 이 UN과 북한 그리고 중국의 평화회담은 개성
　　과 판문점에서 이년 동안 계속되었다. 회담이 진행되는 동안 주요 논점 중 하나는 전쟁포로
　　를 둘러싼 문제였다. 관련 당사자들이 본국 송환체제에 동의할 수 없었던 건 많은 공산주의
　　병사들이 북쪽으로 다시 송환되기를 거부했기 때문이었다. 중국인들과 북한 사람들에게는
　　받아들일 수 없는 사안이었다. 1953년 7월 27일, 마침내 판문점에서 한쪽에서는 총사령관,
　　UN 사령관 그리고 다른 한쪽에서는 조선인민군 최고사령관과 중국 자원군 사령관이 모인
　　가운데 한국 정전협정이 체결되었다.

여름에 우리와 함께 지내던 신문기자 두 명이 평양으로 불려갔다가 몇 달 만에 수용소로 돌아왔다. 그들은 7월 14일에 우리가 영국인 수감자들에게 열어준 근사한 잔치에 참석하지 않았다. 당시만 해도 샤를에게 돈이 약간 남아 있어서 전 해만큼 초라하진 않았다.

기자들은 평양에서 지내는 동안 우연히 발견한 외국 신문을 펼쳐들었다가 고향 소식을 접하고는 깜짝 놀랐다. 프랑스 기자는 자신이 체포된 후에 태어난 딸과 아내로부터 소식을 들었다. 그는 아내를 진찰했던 의사로부터 아내가 난산을 했다는 말을 들었던 터라 아내가 죽은 줄 알고 슬퍼하다가 어쨌든 다 잘 되었다는 걸 알고 무척 기뻐했다.

# 22

## 예기치 못했던 일들

1953년 4월 이른 아침, 경비들은 옆방을 쓰던 영국인 수감자들에게 빨리 일어나 옷을 입으라고 닦달했다. 그들은 어디로 가는지도 모른 채 끌려갔다. 달걀이 약간 있기에 나는 마르게리트에게 얼른 달걀을 삶으라고 해서 한 사람에게 두 알씩 가는 동안 먹으라고 주었다. 예전에 한 장소에서 다른 장소로 이동할 때 배고팠던 기억이 났기 때문이다. 우리와 상당히 가깝게 지냈던 사람들인지라 작별인사를 하는 내 눈에 눈물이 고였다. 그 영국인 네 명이 어디로 갔는지는 모르지만 다시 돌아오지 않기에 우리는 막연히 고향으로 귀환했으려니 생각했다.[107]

---

107 1953년 2월에 마크 웨인 클라크(Mark Wayne Clark, 1896. 5. 1-1984. 4. 17) 장군은 전쟁 포로들 중 병자와 부상자 교환을 제안했다. 이 제안은 4월 11일에 판문점에서 공산군과 UN 사이 휴전 회담에서 받아들여졌다. 첫 교환은 1953년 4월 20일에 이루어졌고, 1953년 5월 3일까지 UN은 중국인 1,030명과 북한군 전쟁포로 5,194명과 민간인 구금자 446명을 석방했고, 공산군은 미국인 149명을 포함한 UN 연합군 포로 684명을 돌려보냈다. 이 교환은 '리틀 스위치 작전(Operation Little Switch)'이라고 불렸다. 참고로, 1953년 8월 5일부터 12월 23일까지 진행된 '빅 스위치 작전(Operation Big Switch)'은 양쪽 전쟁포로의 최종 교환이었다. UN 사령관은 전쟁포로 75,823명을 돌려보냈고, 공산주의자들은 UN 전쟁포로 12,773명을 본국으로 송환했다(한국인 7,862명, 미국인 3,597명, 영국인 946명).

도판 231 1951년 11월 영연방사단의 전쟁포로들

영국인들이 수용소를 떠나고 이주 후, 밤에 샤를이 경비들에게 불려갔다. 샤를은 다들 지금 받는 대접에 만족하느냐는 질문을 받았다. 샤를은 당연히 그렇다고 했을 수밖에. 그들은 한동안 샤를과 이야기를 나눈 후에 우리 방으로 돌려보냈다. 우리는 평소와 다름없이 잠자리에 들었다가 새벽 한시에 누군가 방문을 두드리는 소리에 잠에서 깼다. 경비 중 한 사람이었다. 그는 우리에게 줄 음식을 준비할 테니 그동안 옷을 갈아입고 곧바로 떠날 채비를 하라고 일렀다. 어디로 가게 되는지는 알려주지 않았다. 경험상 우리는 다른 장소로 이동한다고만 생각했을 뿐, 새로 가게 될 장소에 대해서는 아무것도 아는 바가 없

도판 232 1952년 4월 10일 한국 전쟁 피난민들

었다. 그래서 우리는 갖고 있던 짐을 모두 꾸렸다. 샤를은 농부에게 달구지를 빌리기로 하고 남자 두 명이 가서 끌고 왔다. 영국인 친구들이 떠날 때 암탉 몇 마리를 잡아먹긴 했지만 그때까지도 암탉이 약간 남아 있었다. 우리를

**도판 233** 평양에서 피난을 기다리는 북한 민간인들, 1951년경

보러 온 한 고위 장교가 넉넉히 값을 쳐주기에 그에게 팔았다. 그는 샤를이 옥수수 줄기와 진흙으로 만든 양계장을 보고 감탄했다.

어두컴컴한 새벽 다섯시에 우리는 수용소를 떠났다. 자갈길을 걸어야 했는데 날이 어둑해서 위험했다. 영사님이 옆에서 도와주었기에 망정이지 그렇지 않았다면 아마 난 그 길을 무사히 빠져나오지 못했을 것이다. 그다음에는 마을에서 타고 갈 것을 하염없이 기다렸다. 트럭이 한 대 도착해서 모두 그 트럭에 탔는데, 울퉁불퉁한 길 때문에 너무 흔들려서 다들 몹시 힘들었다. 나는 두통이 너무 심해서 양손으로 머리를 감싸 쥐고 있었다. 중간에 식사하러 어느 여인숙에서 멈추자 다들 반색을 했다. 나는 몸이 너무 안 좋아서 아무 것도 못 먹고 바닥에 드러누웠다.

우리는 마침내 북한의 수도 평양에 도착했다. 한때 육군본부로 쓰였다는 어떤 장소에 갔는데, 이제는 폭격으로 커다란 구멍이 여기저기 뚫

도판 234 네이팜탄을 투하하는 F-51 무스탕기, 1951년경

려서 볼품없는 꼴이었다. 그곳에는 방 두 개와 침대가 있는 작은 집이
한 채 있었다. 마르게리트와 나는 그 침대 딸린 방에서 지낼 예정이었
지만 그것도 낮 동안 만이었다. 우리는 침대에 누워서 달게 한 잠 잤다.
나중에야 그 침대가 우리를 맡고 있는 담당 소령의 침대라는 사실을 알
았다. 소령은 우리에게 친절하게 대해주는 점잖은 사람이었다. 그는 식
사도 우리와 함께 했다. 다른 방에는 테이블 하나와 벤치가 있었다. 그
방이 식당이었다. 그곳에서 우리는 주방에서 가져온 괜찮은 음식을 먹
었다. 아침에는 젊은 아가씨가 대야에 따뜻한 물을 담아 와서 우리가
세수를 마칠 때까지 기다렸다. 우리는 오랫동안 그런 대접에 익숙해지
질 못했다.

밤에는 모두 방 두 개가 있는 방공호에 들어갔다. 마르게리트와 나는
침대가 있는 방 하나를 함께 썼다. 다른 방에 있는 남자들은 바닥에서

잤다. 방공호까지 가려면
커다란 단지를 지나야 했
다. 가는 길이 너무 어두
운 데다가 땅에 구멍이 너
무 많았다. 마침 양초 하
나가 있었지만 매번 머리
위로 비행기가 날아갈 때
마다 촛불을 꺼야 했다.

**도판 235** 1951년 9월 4일 미해군 강습상륙함(USS Boxer)
위를 선회하는 함상 전투기(F4U)

어느 날 마르게리트와
나는 경비 한 명과 함께
지프차를 타고 대중목욕탕에서 목욕을 하러 마을로 갔지만 너무 늦어
서 허탕을 치고 돌아와야 했다. 그곳에서 우리는 불쾌한 경험을 했다.
갑자기 지프차가 멈추더니 경비가 나를 차에서 끌어내렸다. 난 무슨 영
문인지 알 수 없었다. 우리는 몸을 숨겨야 했다. 미국 비행기 한 대가 날
아와서 마르게리트 머리 너머로 총을 쐈기 때문이다. 경비는 다급히 자
동차 조명을 껐다. 그는 으레 총격 후에는 폭격이 있다는 사실을 아는
지 잔뜩 겁을 먹은 눈치였다. 몸을 피할 곳을 찾았지만 딱히 갈 곳이 없
었다. 그래서 나는 이리 저리 끌려 다녔다. 울퉁불퉁한 자갈들과 구멍들
때문에 걷기가 힘들었다. 몹시 불편했지만 무섭지는 않았다. 무슨 일이
일어날지 확실히 몰랐으니까. 우리는 어떤 장교가 올 때까지 기다렸다.
경비가 장교를 데리러 지프차로 갔다. 돌아오는 길에 장교는 병원에 들
러서 의사에게 나를 진찰하라고 지시했다. 돌아와 보니 저녁 식사에 늦
었지만 그래도 다른 사람들과 합류했다. 곧바로 의사가 간호사 한 명과

**도판 236** 1952년 3월 판문점 군사 정전 협정지

함께 와서 내가 밥을 먹는 모습을 보고는 눈이 휘둥그레졌다. 의사는 내가 약해서 기진맥진했으리라고 생각했기 때문이다. 어쨌든 의사는 내가 식사를 끝낼 때까지 기다렸다가 주사 한 대를 놓아주었다. 우리는 그런 환대에 놀랐다. 우리를 살려주려나 보다는 생각이 어렴풋이 들었다.

한 달 후, 우리는 다른 곳으로 이동하라는 명령을 받았다. 멀지 않은 곳이어서 걸어갔다. 그곳에서 이년 넘게 헤어져 있었던 나머지 프랑스 사람들을 만났다. 그들은 우리를 보자마자 한달음에 달려와 무척 행복하게 재회했다. 이년 동안 서로 소식도 주고받지 못했지만 어떻게 알았는지 내가 몹시 아팠던 걸 알고 있었다. 낮 동안에는 멀리가는 것이 허락되지 않았지만 바깥을 산책했고, 밤에는 다시 여러 개의 방이 있는 방공호에 가서 잠을 잤다. 서로의 근황에 대해 많은 얘기를 나누었다.

**도판 237** 1953년 4월 21일 판문점에서 이루어진 전쟁 포로 교환

며칠 후에는 재단사 한 사람이 와서 우리 치수를 재어 가더니, 떠나는 날에야 정장을 받았다. 짧은 스커트, 재킷 한 벌, 남자 셔츠, 스타킹 그리고 구두까지. 나도 좋은 정장 한 벌을 얻어서 여태 입고 있다. 우리가 받은 옷은 남자나 여자 다 엇비슷한 모양새에 똑같은 국방색이었다. 또 묵직한 외투도 한 벌씩 받았다. 남자나 여자나 똑같은 스타일에 회색이었다.

며칠 후, 우리는 공중목욕탕에 갔다. 하지만 그날은 우리 포로들을 위해 미리 예약되어 있었다. 욕조는 널찍했는데 물이 너무 뜨거워서 들어갈 엄두가 나지 않았다. 우리는 물을 욕조 밖으로 퍼내서 욕조 옆에서 몸을 씻었다. 여자들이 먼저 목욕을 하고 그 다음에 남자들이 했다. 그곳에서 지내는 동안 경비들은 우리에게 러시아 노동자들의 영화를 많이 보여주었는데, 몹시 지루했다.[108]

---

108 중국과 북한 포로수용소에서는 전쟁포로들에게 영화를 보여주거나 반자본주의 그리고 반미 선전용 자료를 보여주는 일은 꽤나 흔한 일이었다. 죄수들은 이런 교화 활동을 세뇌 교육이라고 언급했다. 압록강 강가의 평안북도 벽동군에 있던 북한 전쟁포로 수용소 일부에서는 이런 교화 활동이 매일 두 번씩 열렸다.

# 23

## 자유의 몸이 되다
### : 1953년 4월 16일

이윽고 마지막 출발일이 다가왔다. 어떤 장군이 우리에게 한참 얘기를 하면서 파리 외무성으로부터 우리를 프랑스로 돌려보내라는 요청을 받았다고 했다. 그러면서 내 딸을(독일 수녀들과 함께 어딘가에 구금되어 있던) 당장 데리고 오는 건 불가능하지만 그 아이도 집으로 돌아갈 수 있을 거라고 말했다. 나는 일전에도 내 딸이 이미 돌아갔다는 거짓말에 속은 적이 있었다. 그 장군과 그동안 우리를 돌봐주었던 소령과 간호사에게 작별인사와 감사 인사를 한 후에 모두 트럭에 올라탔다. 영사와 마르게리트, 나는 북한 고위 관리 한 명과 함께 지프차를 타고 가기로 되었다. 내 발 밑에 커다란 쌀 가마니 하나가 있어서 가는 동안 내내 다리를 맘껏 뻗지도 못해 지독히 아프고 불편했다.

가는 길에 비행기가 우리 위로 날아갈 때마다 차를 세우고 피신해야 했다.

우리는 마침내 신의주에 도착했다. 신의주는 한국과 중국의 국경에 있는 도시다. 의사도 우리와 함께 왔다. 내 생각에는 건강 증명서를 당

**도판 238** 1953년 판문점에서 UN 당국에 인도되는 전쟁포로들

국에 제출해야 했던 것 같다. 샤를은 남은 한국 돈을 가난한 사람들에게 전해주라며 의사에게 건넸다. 의사는 머뭇거리다가 결국은 그 돈을 받았다. 그리고 나서 우리는 북한 세관을 통과했는데, 그 일도 상당히 불쾌했다. 한 번에 한 명씩 어떤 방으로 끌려 들어가서 엄중한 검사를 받고 나서 서로 다른 사람과 이야기를 나누지 못하도록 다른 방으로 가야 했다. 우리가 갖고 있던 일기와 모든 서류들은 찢기고 파기되었다. 무척 애석한 일이 아닐 수 없었다. 세관에서 한 남자가 권총을 들고 서 있는 동안 다른 남자가 소지품을 검사했다. 그들은 탐이 나는 건 모두 빼앗아가서 나는 간직하고 싶었던 몇 가지 물품들을 잃어버렸다. 기도서 하나, 묵주 두 개, 조선 황제가 우리 결혼식 때 하사했던 묵직한 은 냅킨 고리 하나. 마르게리트가 나와 함께 있지 않았다면 주머니에 갖고 있던 보석들까지 전부 빼앗겼을 것이다. 마르게리트는 내게 그 보석을

도판 239 일제시대 신의주역. 한국전쟁 동안 파괴되었다.

꺼내지 말라고 말했다. 그 불쾌한 시련을 겪은 후에 우리는 만주로 향하는 기차에 올랐다.

무크덴[선양]109에 도착하자 호텔 사람들이 역까지 마중 나와 있었다. 외국 스타일의 근사한 대형 호텔 이인실을 우리에게 내주었다. 호텔 입구에는 우리를 지키는 경찰이 몇 명 있었는데 제복 차림이 아니었다. 하루에 두 번 혹은 더 자주 따뜻한 차나 담배 한 갑씩 제공되었다. 우리는 담배를 피우지는 않았지만 어쨌든 챙겨두었다. 그곳에서 정말 근사한 목욕을 했다. 이년 반 동안 해보지 못한 호사였다. 우리는 모든 걸 즐겁게 누렸다. 심지어 숙소까지 계단 오르는 걸 부축해주었던 중국 아가씨들의 친절마저도. 그곳에서는 며칠밖에 머물지 않았다. 남자들은 버

---

109 만주어로 무크덴이라고 부르는 선양(瀋陽)은 중국 동북지역 랴오닝 성의 성도이자 제일 큰 도시다.

**도판 240** 1930년대 무크덴(선양瀋陽)의 남만주 기차역

스를 타고 관광을 가서 몇 가지 물건을 사다주기도 했다.

　이제 먼 여행을 떠날 때가 되었다. 우리는 역으로 가서 시베리아를 경유해 모스크바로 가는 기차를 탔다. 객실 하나에 두 명씩 타는 일등석으로 여행했다. 우리 일행은 전부 열네 명이었다. 우리가 탄 특별한 객차에는 객실 일곱 개가 있었다. 나는 샤를과 함께 객실 하나를 썼다. 이쪽 객실에서 저쪽 객실로 서로 왔다갔다하며 만날 수도 있었다. 거의모두가 담배를 피웠다. 나는 내 평생 그렇게 담배를 많이 피운 적은 처음이었다. 하루에 두 번, 러시아 하인이 우리에게 차와 설탕을 가져다주었고 그가 두 번째로 시중을 들려 할 때 우리가 거절하자 놀라워 했다. 그는 이해할 수 없었을 것이다. 커다란 역에서 기차가 제법 오래 정차할 때면 그는 우리에게 와서 "파 좀 (갑시다)"이라고 말하곤 했다. 우리는 기차에서 내려 플랫폼을 거닐며 운동도 할 수 있었다. 너무 오랫동

**도판 241** 무크덴역의 러시아 기차

안 앉아만 있어서 절실하게 필요한 일들이 있었다. 우리는 여러 객차를 통과해 식당 칸에 도착했다. 여종업원들뿐만 아니라 식당 사장도 대단히 친절했다. 우리는 러시아어를 할 줄 몰라서 동행 중에 러시아어를 할 줄 아는 누군가가 도와주었다. 그래서 아무 문제없었다. 음식도 아주 훌륭해서 맛있게 먹었다. 한 번은 아침에 일어나서 식사를 하러 식당 칸에 갔는데 문이 닫혀 있었다. 처음엔 놀랐지만 나중에서야 우리 시계가 한 시간 빨라서 한 시간 미리 갔다는 사실을 알게 되었다.

여자 동행 한 명에 관한 재미있는 일도 있었다. 그녀는 반은 프랑스인이고 반은 한국인이었다. 아주 어렸을 때 파리에서 한국인 남자와 결혼한 여성이었다. 부부는 서울에서 살았다. 미국인들과 함께 일하던 그녀의 남편은 몸이 아팠다. 그녀에게는 열 살 난 아들이 하나 있었는데, 공산당이 쳐들어올 때 남편이 서울에서 달아나면서 모자만 남겨졌다. 아이는 상당히 말을 안 듣는 아이였지만 어머니에게는 꽤나 헌신적이었다. 가끔 여자가 욱해서 아들을 때리거나 쫓아가기 시작할 때가 있었다. 우리가 모두 말려서 아이는 달아날 수 있었다. 그래도 아이는 제 엄마에게 돌아와서는 엄마에게 늘 다정하게 대했다. 여자가 그런 식으로 행

**도판 242** 파리의 개선문

동하는 모습은 딱하기 그지없었다. 여자는 조금 정상이 아니었다. 여자는 내내 자신의 객실에만 있으면서 가끔은 식사하러 나가는 일도 마다했다. 그러면 아이는 접시에 음식을 담아서 엄마에게 가져가곤 했다. 우리는 처음에는 아이가 밥을 두 번 먹는 줄 알았다. 파리에 도착하자마자 여자는 병원에 입원했고 한국 대사관에서 그녀를 돌보았다. 전쟁이 끝나자 그들은 여자를 한국으로 돌려보내려고 했지만 한국 정부는 아들만 받아주었다.

그래서 한동안 소년은 형편이 넉넉지 못한 조부모와 함께 파리에서 지냈다. 그곳에서 학교도 다녔다. 마지막으로 들은 소식에 의하면 모자는 둘 다 서울로 송환되었다고 한다. 나는 지금도 가끔 그들이 어떻게 되었을까 궁금하다.

# 24

# 마지막 여정

1953년 4월 30일에 러시아 모스크바에 도착했을 때 역에서 프랑스 대사관 전체의 열띤 환영을 받았다. 우리는 대사관 관저로 인도되었다. 그래서 긴 기차 여행 끝에 목욕을 할 기회를 얻었다. 그러고 나서 프랑스로 가는 비행기 여행을 하기 전에 영국 의사 한 명에게 진찰을 받았다. 여행해도 충분히 양호한 상태라는 의사의 말을 듣고 우리 모두 무척 기뻤다.

대사관에서 점심 식사를 하는 동안 러시아어를 할 줄 아는 옛 한국 영사 제르맹 씨[110]가 내 옆에 앉았다. 대사[111]가 환영 연설을 하고 샴페인 잔을 들어 건강을 위해 건배를 한 다음에 우리는 비행기 시간을 맞추러 서둘렀다. 비행기는 파리에서 프랑스 정부가 특별히 보낸 전세기였다.

처칠[112]이 드골 장군[113]에게 선물한 낡은 비행기였다. 공항은[114] 무척

---

[110] 로베르 제르맹(Robert Germain, 1896. 10. 24-?)은 1926년 2월 28일부터 1929년 6월 1일까지 서울 주재 프랑스 영사관의 관리자였다.

[111] 1952년 6월 25일부터 1955년 12월 28일까지 소련에서 근무했던 프랑스 대사는 조제 루이 (Joxe Louis, 1901. 9. 16-1991. 4. 6)였다.

**도판 243** 모스크바 주재 프랑스 대사관 이굼노프 하우스

멀었고, 우리는 도착한 다음에야 비행기 엔진에 문제가 있어서 수리를 해야 한다는 사실을 알게 되었다. 할 수 없이 대사관으로 다시 돌아갔다. 우리를 배웅하러 멀리서 온 모든 사람들에게 미안했다.

대사관 직원 전부 우리와 함께 저녁 식사를 했다. 샤를과 마르게리트와 나, 우리 셋은 제르맹 씨의 집으로 갔다. 우리는 한국에 살던 옛 시절 이야기를 주고받으며 즐거운 시간을 보냈다. 제르맹 씨는 내 남편이 함

---

**112** 윈스턴 레오나드 스펜서 처칠(Winston Leonard Spencer-Churchill, 1874. 11. 30~1965. 1. 24) 경은 제2차 세계대전 동안 영국에서 리더십을 발휘한 영국의 존경받는 정치인이었다. 그는 위대한 전시 지도자로 널리 알려져 있다. 그는 두 번이나 수상을 역임했다(1940~1945, 1951~1955). 유명한 정치인이자 연설가였던 처칠은 영국군 장교이자 역사학자였으며 작가이자 예술가이기도 했다.

**113** 샤를 앙드레 조제프 마리 드 골에 대한 더 자세한 정보는 283페이지 주석 65번 참조.

**114** 브누코보 국제공항(Vnukovo International Airport)은 모스크바 중앙에서 남서쪽으로 이십팔 킬로미터 떨어진 곳에 위치해 있다. 브누코보는 모스크바에서 가장 오래된 공항이다. 1937년에 소련 정부에서 건설을 승인하여 1941년 7월 1일에 개항했다. 러시아 조국 해방 전쟁 동안(1941. 6. 22~1945. 5. 9) 군사기지로 사용되었고, 전쟁이 끝난 후에 여객기 운항을 시작했다.

**도판 244** 1954년 모스크바의 브누코보 공항

께 있지 못한 점을 아쉬워했다. 두 사람은 가까운 친구 사이였으니까. 우리가 알던 첫 부인과 사별한 후 재혼한 두 번째 아내와도 인사를 나누었다.

그날 밤 우린 모두 호텔에서 잤다. 다음날인 5월 1일 노동절은 러시아인들에게 중요한 날이어서 비행기 수리를 하지 못했다. 우리는 호텔에서 머물며 즐겁게 행렬을 구경을 했다. 그날 저녁은 대사관에 초대되었다. 종업원들이 전부 휴가를 가고 없어서 전반적으로 조촐했다.

다음날에야 비행기가 수리되었다는 얘기를 들었다. 모두 다시 공항으로 향했다. 대사관 직원 거의 전부가 우리와 동행했다. 그들은 비행기가 이륙할 때까지 머물다가 집으로 갔다. 그런데 이륙 후 십오분이나 지났을까, 비행기는 무슨 엔진 문제 때문이라며 회항해서 다시 착륙했다. 그래서 다시 우리를 호텔에 데려다줄 차편을 한참 기다려야 했다. 공항에서 대기하는 동안은 모든 홀마다 걸려 있는 스탈린의 사진을 쳐

다보는 일 외엔 딱히 할 일이 없
었다.

　그 영국 비행기는 도저히 수리
가 안 되어서 프랑스 대사는 러
시아 비행기 한 대를 빌려서 우
리를 베를린까지 태워 보내기로
결정했다. 비행기에 착석하자 스
튜어디스 한 명이 과자와 샌드
위치를 가져다주었다. 우리는 폴
란드에서 한 시간 동안 기항하
며 공항에서 맛있는 점심 식사를

도판 245 1930년 1월 1일 요제프 스탈린

했다. 고장 난 비행기는 모스크바에 남았기 때문에 프랑스 조종사와 승
무원들도 우리와 함께 타고 갔다. 그들은 우리와 함께 카드놀이도 하고
샴페인도 마셨다.

　비행기는 동베를린으로 향했다. 동베를린에 착륙하자 프랑스 관리
한 명이 우리를 맞이해 동베를린에서 서베를린까지 대형 버스로 데려
다주었다. 마침 일요일이어서 거리에 사람들이 많았다. 베를린 외곽의
작은 마을 샤를로텐부르크[115]를 지나면서 혹시나 그곳에 사는 동생 프
란츠를 볼 수 있지 않으려나 싶은 마음에 열심히 밖을 내다보았지만 헛
된 바람이었다. 프란츠는 함부르크로 떠난 후였는데, 당시에 난 그 사실

---

115 1920년까지 샤를로텐부르크는 베를린 서쪽의 자치도시였다. 합병된 후에 샤를로텐부르크
　　는 베를린의 행정 구역이 되었다.

**도판 246** 샤를로텐부르크의 카이저 빌헬름 기념교회, 1954년

을 알 리가 없었다. 우리는 전쟁으로 폐허가 된 곳들과 새로 지어진 집들도 전부 둘러보았다. 버스는 도심을 천천히 통과해서 지나치는 여러 건물들과 장소들에 대한 관리의 설명을 들으며 잘 볼 수 있었다. 서 베를린 공항에 도착하자 프랑스 영사[116]와 그의 아내 그리고 프랑스 장군[117] 한 명이 우리를 맞아주었다. 다른 많은 사람들도 모여 있다가 우리를 맞아주며 꽃을 건네주었다. 그 다음에는 커다란 홀에서 열리는 환영회에 참석했다. 오후 다섯 시 무렵에 프랑스 군용기를 타고 파리 부르제(Bourget) 공항에 도착했다. 네 시간 만에 도착했다. 공항에는 많은 인파가 붐볐다. 신문기자 한 명과 다른 기자들이 질문을 퍼부었는데 너무 피곤하고 감정이 북받쳐서 말을 할 수가 없었다. 그래서 그대로 지나쳤지만 우리를 계속 따라왔다. 카르멜 회 수녀들은 한 목사의 환영을 받으며 수도원으로 향했

---

**116** 피에르 프티오(Pierre Petiot, 1902. 3. 23-?)는 1951년 4월 11일부터 1956년 12월 7일까지 프랑스 영사로 재직했다.
**117** 피에르 망소 드미오(Pierre Mançeaux-Demiau) 장군은 1953년 1월 1일부터 1954년 12월 31일까지 베를린의 프랑스 지구 사령관으로 복무했다.

**도판 247** 부르제 공항, 2008년

다. 애덕 수녀회 수녀님들도 교구 수녀들을 만났다. 페뤼슈 영사는 아내와 아이들과 재회했다. 부영사[장 메드모르]는 누이와 재회했다. 한국에서 우리와 알고 지냈던 프랑스 사제 한 분도 공항에 나오셨다. 파리 주재 한국 대사[118]가 샤를을 포옹하는 모습이 보였다.

내 아들 프랑수아와 우리 친구들은 우리가 도착하는 정확한 시간을 알지 못해서 공항으로 마중 나오지 못했다. 그래서 무척 미안해했다. 마중 나오려고 최선을 다했지만 외무부에서 정보를 얻지 못했던 때문이었다.

그런데 다음날 아침, 옛 친구 스벤치스키(Sventsiski) 씨가 호텔로 우리

---

118  1957년 4월 27일부터 5월 16일까지 파리에서 교황특사로 재직했던 한국 특사는 전규홍(全奎弘, 1906-2001) 박사였다. 1958년 9월에야 프랑스와 한국은 양국에 대사관을 설치했다.

**도판 248** 1956년 파리

를 찾아왔다. 뜻밖의 만남에 무척 반가웠다. 그가 아내와 함께 파리에 있는 줄은 생각도 못했다. 그가 떠난 후에 우리는 또 한 번 놀랐다. 작은 아들 프랑수아가 들어온 것이다. 무려 십오년 만의 상봉에 이루 말할 수 없이 기뻤다. 프랑수아는 벨포르[119]에서 특별히 왔다고 했다. 정부에서 전화를 받긴 했는데 우리의 도착에 대해서는 아무런 정보도 얻지 못해서 우리가 호텔에 도착한 다음에야 온 줄 알았다고 했다. 우리는 정부의 손님으로 그 호텔에서 묵을 수 있었다. 각자 객실을 배정받았고 아침식사도 방에서 했다. 샤를이 주선해서 프랑수아도 며칠 동안 우리와 같은 호텔에 묵을 수 있었다.

그 무렵 우리가 그 호텔에 있다는 사실은 누구나 아는 공공연한 사실이어서 찾아오는 손님들이 제법 많았다. 옛 서울 영사들의 부인 두 명은 꽃을 가져다주었고, 파리에 있는 한국 대사는 샴페인 두 병을 가져왔다. 예쁜 장미꽃 다발이 나에게 배달되기도 했다. 나와 함께 수용소에

---

[119] 벨포르는 프랑스 동북지역 프랑슈 콩테 주의 벨포르 데마르트망 수도이자 벨포르 영역에 있는 산업도시이며 오래 된 요새 마을이다. 사부뢰즈 강 연안에 위치한 벨포르는 라인강과 론강 사이의 전략적으로 중요한 국도, 벨포르 협곡 또는 부르고뉴 게이트이다.

있었던 페뤼슈 씨의 부인이 보낸 선물이었다.

하루는 샤를의 친구 오귀스트 프티탱베르(Auguste Petitimbert)[중국에서부터 알고 지냈던]가 우리를 방문하자 모두 함께 레스토랑에서 저녁식사를 했다. 우리는 돈이 한 푼도 없었는데 다행스럽게도 프랑수아에게 돈이 있어서 식사비용을 낼 수 있었다. 다음날 샤를은 정부에서 돈을 꾸어왔다. 우리는 파리 거리에서 국방색 옷을 입고 다니려니 부끄러웠던 터라 옷을 몇 벌 구입했다.

파리에 정착하기 전에 마르세유로 가서 가까운 친구 플레장 부인과 함께 한동안 지내기로 했다. 플레장 부인[120]은 한국에서 오래 살아서 그 집 아이들과 우리 아이들은 함께 자랐다. 부인은 기량이 뛰어난 피아니스트여서 한국에서 지낼 때 우리는 종종 듀엣 연주를 하곤 했다. 부인은 내 큰 딸에게 피아노를 가르쳐 주었고, 나는 그녀의 큰 딸에게 피아노를 가르쳐 주었다. 우리는 기차를 타고 마르세유로 향했다. 샤를은 인심 좋게 일등칸 티켓을 끊어주었다. 샤를이 기차역까지 데려다 주었는데, 기차 안에서 역시 마르세유로 향하는 한 부부를 우연히 만나서 우리에게 소개시켜 주었다. 부부는 좋은 사람들이었다. 마르세유에 도착하자 남편이 내 여행 가방을 내려주었다. 플레장 부인은 역까지 마중 나왔다. 우리는 택시를 타고 부인의 집으로 갔다. 집에는 부인의 시누이와 일본인 하녀가 함께 살고 있었다. 우리는 서로 다시 만나서 너무 기

---

120 폴 A.와 앙투안 L. 플레장(Paul A.와 Antoine L. Plaisant) 형제는 잡화점 주인이자 수출입업자, 석탄 소매업자, 서울과 제물포에 있던 프랑스 회사 '롱동, 플레장 & Co.(Rondon, Plaisant & Co.)' 위탁 판매인이었다. 그렇게 해서 그들은 1904년부터 1911년까지 제물포에서 그리고 1905년부터 1909년까지 서울에서 살았다고 인명부에 등록되었다.

**도판 249** 마르세유

뻐하며 많은 이야기를 나누었다.

마르세유에서 두 달 동안 머물며 아들들이 중국에서부터 알고 지낸 오랜 친구 질베르(Gilbert)도 만날 수 있었다. 질베르와 그의 가족은 마르세유 근처에 살아서 우리 모두 그의 집을 하루 방문했다. 파리로 떠나기 전에는 스벤치스키 가족에게 부탁해서 그들과 같은 호텔에 방을 예약했다. 다행히도 같은 층에 방 세 개가 남아 있었다.

# 25

# 파리 체류

파리로 돌아가자 샤를이 우리를 마중 나왔다. 호텔에서 스벤치스키 부인은 사려 깊게도 자신의 방으로 와서 식사를 함께 하자고 초대했다. 우리는 천천히 함께 식사하고 비용도 나누어 냈다. 마르게리트와 스벤치스키 부인은 늘 시장에 함께 다녔다. 우리가 머무는 곳이 상업 지구여서 몇 블록만 걸어가면 상점에서 필요한 물건들을 살 수 있었다. 빵이 특히 맛있었다. 우리가 사는 빵은 길이가 족히 육십센티미터는 되었다. 빈 병을 들고 가면 와인도 싸게 구입할 수 있었다. 가져간 빈 병을 꼭지 밑에 놓고 채우기만 하면 되었다. 그런 와인은 요리용으로 더 좋았지만 매일 식사용 포도주로도 손색이 없다고 생각했다. 아들이 들를 때나 친구들이 놀러올 때는 좋은 와인을 샀다. 빈 병을 가져가서 올리브 오일이나 다른 종류의 오일을 받아올 수 있는 가게도 있었다. 음식은 비싸지 않았지만 옷을 사 입기에는 비용이 상당히 들었다. 차츰 정착해가면서 냄비며 그릇을 사서 방에 있는 가스난로로 직접 음식을 해 먹었다.

**도판 250** 1956년 파리

　스벤치스키 부인에게는 빅토르 드 미로(Vicor de Miro)라는 남동생이 하나 있었다. 빅토르는 호텔 옆 블록에 있는 아파트에 살았다. 그는 삼십 년 넘게 파리에서 살아온 터라 도시나 관광지에 대해 훤해서 더없이 훌륭한 안내자였다. 일요일마다 빅토르는 다양한 교회와 박물관으로 우리를 데려가곤 했고 그곳의 전반적인 역사를 들려주었다. 대개는 전철로 다녔다. 오래 기다리지 않아도 되고 거의 이분에 한 대씩 운행하다니 근사한 일이다. 마음에 안 드는 건 전철을 탈 때마다 무거운 다리를 끌고 오르내려야 하는 수많은 계단이었다. 걸은 다음에 집으로 돌아가기 전에 대개는 빵집에 들러서 집에 가져갈 케이크를 사거나 거기 앉아서 바로 먹곤 했다.

　우리는 내 여동생 [안나 이레네 델콩네]을 만나러 벨기에에 가려고 했다. 그런데 동생이 아들과 함께 우리를 보러 왔다. 우리는 역으로 마중을 나갔는데 동생과 헤어진 지 너무 오랜 세월이 흘러서 동생을 알아보는데 애를 먹었다. 동생네 모자를 위해 우리 호텔에 방을 예약해 두었다. 방안에서 요리를 해서 장소가 조금 비좁긴 했지만 함께 식사했다. 동생 모자는 며칠을 함께 보냈고, 우리는 몹시 행복했다.

**도판 251** 파리 전철역

그곳 파리에서 삿포로 고등학교 교장으로 재직 중인 아사이 부인이라는 한 일본인 여성을 소개받았다. 부인은 마르게리트에게 통역 일을 부탁했다. 부인은 대단히 친절한 사람이어서 호텔로 우리를 만나러 왔다. 하루는 파리에서 체류 중인 일본인 화가 한 명과 함께 왔다. 그 화가도 이내 우리와 좋은 친구가 되었다. 나중에 우리는 방에서 특별한 음식을 준비해서 두 사람을 저녁식사에 초대했다. 일본어로 이야기하면서 대단히 유쾌한 저녁을 함께 보냈다. 우리는 꽤 자주 어울렸다.

# 26

## 독일 방문

1954년 초반에 내 딸 이마쿨라타 수녀가 공산주의자들로부터 풀려나 다른 수녀와 신부들과 함께 독일 바이에른으로 돌아갔다는 소식이 담긴 전보를 받았다. 수녀들은 원장수녀의 허락으로 고향에 가서 가족들과 잠시 지낼 수 있었다. 하지만 내 딸은 우리가 호텔 생활을 하는 형편이라 마땅히 갈 곳이 없어서, 원장수녀는 우리가 수녀원으로 딸을 만나러 올 수 있으면 좋겠다고 제안했다. 정말 고맙게도 베네딕도 수도회에서 여행 경비를 대주었다. 딸과 헤어진 지 십사년 만이었다.

우리는 뮌헨 행 기차를 탔다. 거기서 다른 기차로 바꿔 타고 툿칭[121]까지 한 시간 남짓 갔다. 역에서 택시를 타고 수도원으로 갔다. 입구를 들어서면 왼쪽에 수도원 건물이 있고 오른쪽에는 병원이 있는 방대한 곳이었다. 안뜰을 걸어 내려가면 게스트하우스로 쓰이는 건물이 한 채

---

[121] 툿칭은 독일 바이에른 주의 슈타른베르크 지구의 지방자치제로 뮌헨 남쪽의 슈타른베르크 호의 서쪽 강둑에 있다.

도판 252  독일 오버바이에른의 툿칭

도판 253  툿칭에 있는 베네딕도 수녀회 수도원의 '마리아 힐프' 게스트 하우스

**도판 254** 1949년 베른리트에 있는 베네딕도 수녀원의 수도원과 견습원

서 있었다. 우리는 그곳에서 아주 좋은 방에서 묵었다. 더 아래쪽으로 내려가면 또 다른 커다란 건물이 나오는데 그건 학교 건물이었다. 근처에는 아름다운 푸른 호수가 있었다. 수영을 해도 좋을 만큼 물이 맑았다.

바이에른에서 지내는 동안 우리는 기차를 타고 상트 오틸리엔에 있는 베네딕도 수도원을 방문했다. 그곳에서 한국에서 알고 지냈던 신부님들을 많이 만났다. 그중 한 분인 에른스트 신부님(Fr. Ernst)은 박물관이며 인쇄소, 신학대학 등 주변 관광을 시켜주셨다. 신부님 걸음걸이가 너무 빨라서 따라다니기가 힘들 지경이었다. 다른 수녀님들의 집 두 곳도 방문했다. 한 곳은 은퇴한 수녀들의 집이었다. 집에는 천장에 페인트를 칠한 아름다운 방이 있었다. 베른리트[122]라는 곳에서는 견습 수녀들의 집을 방문했다. 그곳에도 여학교가 하나 있었다.

**도판 255** 뮌헨, 시청사와 프라우엔 교회, 1955년경

툿칭에 있는 동안 내 남동생 프란츠가 수도원으로 우리를 만나러 왔다. 프란츠도 삼십년 만에 처음 만났다. 프란츠는 내가 작아졌다고 했다. 가장 유쾌한 만남이었지만 아쉽게도 프란츠는 그다지 오래 머물지 못했다.

한 달 정도 수도원에서 손님으로 지내다 보니 어느덧 파리로 돌아가야 할 때가 되었다. 돌아오는 길에 뮌헨 역에서는 또 다른 남동생 카를을 만날 예정이었다. 카를은 헤어진 지 무려 오십년 만이었다. 동생이 어떻게 생겼는지 몰라서 일단 어지간한 사람들은 다 지나쳤다. 별안간 휭하니 혼자 서 있는 동생이 눈에 들어왔다. 얼마 전에 우리에게 전화

---

**122** 베른리트는 사실 바이에른 슈타른베르크 호의 서쪽 강둑에 있는 툿칭 남쪽에서 그리 멀지 않은 곳에 있는 다른 도시이다.

를 걸어와서 파리에서 만났던 조카딸이랑 눈이 똑같이 생겨서 바로 알아보았다. 우리는 식당에서 함께 식사를 하고 헤어졌다.

# 27

## 파리로의 귀환

우리는 여전히 미국 입국 비자를 기다리고 있었다. 수용소에서 함께 지냈던 페뤼슈 영사님이 미국 대사관에 편지도 써주었지만 아무런 답장이 없었다. 기다리다 못해 샤를과 마르게리트가 미국 대사관 사무실에 가서 문의를 했지만 결국 영사를 만나지는 못했다. 그 둘이 할 수 있

**도판 256** 1949년 툿칭 베네딕도 수녀회 수도원

**도판 257** 1954년 톳칭에서 이마쿨라타 수녀

는 일은 접수대에 있는 아가씨에게 이야기하는 일이 고작이었다. 그래서 우리는 비자를 받는 날까지 하염없이 기다렸다. 어느날 내 미국 비자가 먼저 나왔다. 나는 독일 이민자 할당량에 따라 통과되었지만 마르게리트는 한국인 신청자 목록에 올라 있어서 여전히 기다려야 했다. 그렇다고 마르게리트만 남겨두고 갈 수 없어서 함께 기다렸다.

그 무렵, 샤를이 일본에서 직장을 구해서 고베로 떠났다. 샤를이 파리 외곽에서 살아서 매일 보지는 못했다. 그래서 떠난다고 하니 그 아이가 몹시 그리웠다.

1955년에 베네딕도회 수녀들이 독일로 우리를 한 번 더 초대했다. 이번에는 '전도단 십자가'를 수여하는 행사에 참석해달라는 청을 받았다. 이번에도 수녀들이 여행경비를 지불해 주었다. 내 딸 이마쿨라타 수녀는 일본 고베 근처로 떠날 예정이어서 좋아했다. 딸은 그곳에서 오랜만에 남동생 샤를을 만날 예정이었다.

독일로 떠나기 전에 우리는 각각 내 딸이 받은 것과 똑같은 십자가를 선물 받았다. 나는 나중에 이 금속 십자가를 내 침대 머리맡에 매달아

놓았다. 수녀님들은 우리가 더 있기를 바라셨지만 이번에는 언제 비자 서류를 받을지 몰라 떠나야만 했다. 작별의 시간은 슬픈 순간이었다. 수녀님들과 헤어지기도 섭섭했지만, 무엇보다도 힘든 일은 내 딸을 두고 떠나는 일이었다. 다시는 만나지 못하리라는 걸 알았기에.

# 28

## 파리를 떠나
## 미국으로 향하다

1955년 5월에야 드디어 마르게리트가 입국 비자를 받게 되었다는 소식을 들었다. (나중에 미국에 가서야 앙투아네트[123]가 오리건 주 상원에 청원서를 보냈다는 사실을 알았다. 그런 일이 있은 후에 마르게리트는 비자를 승인받았다.)

이제 우리는 건강검진을 받으러 여기저기 다니느라 분주했다. 혈액검사를 받고 서로 다른 센터에 가서 신체검사를 받았다. 대답해야 할질문들이 산더미 같았다. 그 단계를 거친 다음에는 서류들을 들고 미국영사관에 가야 했다. 또 따로 들어가서 더 많은 질문들에 답변했다. 복잡한 절차가 끝나니 속이 다 후련했다.

벨기에에 있는 여동생[안나 이레네]에게 마침내 미국 입국 허가서를 받았다고 편지를 썼더니 동생은 아들 아데마와 함께 파리로 와서 우리와함께 며칠 지냈다. 몇몇 친구들에게는 전화로 작별 인사를 했고, 몇몇은

---

123 딸 마리 앙투아네트는 오리건 주 포틀랜드 출신 미국인 리차드 G. 디폴드와 결혼했다.

**도판 258** 파리 주재 미국 영사관 탈레랑 호텔(가운데 건물), 1952-2007

우리를 보러 왔다. 미국으로 가는 배를 탈 준비를 마쳤을 무렵, 나는 프랑수아에게 편지를 썼다. 프랑수아도 우리가 파리를 떠나기 전에 벨포르에서 와서 마지막으로 며칠을 함께 보냈다. 우리는 몇몇 작별 파티에 함께 다니며 막바지 쇼핑도 했다. 프랑수아는 우리가 '리베르테'호[124]를 타게 될 르 아브르 항까지 함께 기차를 타고 와서 배웅해주었다.

그곳에서 우리는 프랑수아에게 작별인사를 했다. 배가 움직이기 시작하자 우리를 향해 손을 흔드는 프랑수아의 모습이 보였다. 프랑수아

---

**124** '리베르테'호는 이전에는 '유로파'호라고 불리는 1929년에 독일 대서양 정기선, 노르드도이체 로이트 노선(Norddeutsche Lloyd Line)으로 대서양 해로 운항을 위해 건조되었다. 1945년에 포획되어서 종전 후에 군대수송선으로 미국 군인들을 본국으로 수송하는데 쓰였고, 그 다음에는 전쟁 배상금의 일환으로 프랑스에 인수되었다. 프랑스 회사 '콩파니 제네랄 트랑스아틀란티크(Compagnie Générale Transatlantique)'가 소유권을 넘겨받아 르 아브르 항으로 보냈다. 결국 1950년 8월에 '리베르테'호라는 새 이름으로 뉴욕으로 처녀항해를 떠났다.

**도판 259** SS '리베르테'호

는 우리 모습이 더는 보이지 않을 때까지 그 자리에 서 있었다. 또 한 번
의 슬픈 순간이었다. 샤를은 고베에서 제안 받은 새 일 때문에 이년 전
에 먼저 떠나서 곁에 없었다. 샤를은 프랑스 산소 관련 회사에서 삼년
을 일한 후에 프랑스 외무부로 일터를 옮겼다.

# 29
## 1955년 5월 25일,
## 뉴욕에 도착하다

1955년 5월 18일에 르 아브르 항을 떠났다. 우리가 탄 증기선은 영국 사우스햄프턴을 경유해서 닷새 만에 뉴욕에 도착했다. 선실은 육인실이었지만 아무도 오지 않아서 전체 공간이 다 우리 차지였다. 음식은 아주 훌륭했고 서비스도 좋았다. 우리는 작은 테이블에 앉았다. 프랑스 여성 한 명과 영국 여성 한 명이 동석했다.

뉴욕에 도착하면서 자유의 여신상을 지나갔다. 항구에 들어서자 부두에 스벤치스키 부부가 보였다. 이상하게도 그 부부는 우리가 파리에 도착해서 처음 만난 사람들이었는데, 이번에도 미국에서 제일 먼저 우리를 맞아준 이들이었다. 또 다른 지인 허버트(Hubert) 씨도 함께 있었다. 허버트 씨는 1947년에 남편이 톈진을 떠나 한국으로 갈 때 남편과 함께 여행했던 사람이었다. 그는 마르게리트가 일하는 R.C.A. 회사[125]에서 일하기 위해 서울로 왔었다. 우리는 그들을 향해 손을 흔들어 보

---

[125] 미국 전자기기 제조사인 RCA사는 1919년부터 1986년까지 존재했다.

**도판 260** 1950년대 뉴욕의 자유의 여신상을 지나치는 '리베르테'호

였다. 보트에서 내리는 데만도 한참 걸렸다.

우리는 줄을 서서 기다렸다가 이민국 관리들과 면담을 해야 했다. X-레이 사진과 파리에서 가져온 다른 서류들이 담긴 커다란 봉투를 두 손에 쥐고 있다가 그들에게 건넸다. 관리 한 명이 공산주의자들과 무슨 일이 있었냐고 내게 물었다. 나는 삼년 동안 그들에게 포로로 잡혀 있었다고 대답했다. 그러자 관리는 많이 힘들었겠다고 하며 통과시켜 주었다. 마침내 우리는 육지에 올라서 친구들에게 입을 맞추었다. 친구들을 다시 만나 무척 기뻤다. 그 다음에는 세관을 통과했다. 그쪽 관리는 한결 수월한 편이었다.

허버트 씨는 롱아일랜드에 있는 집으로 우리 모두를 데려갔다. 그의 아내는 우리를 기다리고 있다가 커다란 쟁반에 미리 준비해 놓은 다양한 냉육을 담아서 내놓았다. 맛이 아주 좋았다. 다들 우리의 건강을 위

해 건배를 했고, 우리는
근사한 시간을 보냈다. 양
쪽 가족 모두 우리를 초
대했기 때문에 우선 롱아
일랜드에 있는 허버트 씨
네서 지내기로 했다. 허버
트 씨는 스벤치스키 가족
을 뉴욕 시에 있는 집까지
데려다 주었다. 우리는 허
버트 씨 가족과 함께 며칠
밤을 보낸 다음 뉴욕으로
가서 스벤치스키 가족과

도판 261  1934년 뉴욕 항 부두

같은 호텔에서 며칠 지냈다. 스벤치스키 가족은 도시를 구경시켜 주고
다음 일요일에는 교회도 데려갔다. 그들은 미사가 끝날 때까지 바깥에
서 우리를 기다려 주었다.

그러다가 포틀랜드[126]로 떠날 때가 되어서 우리는 스벤치스키 가족
에게 작별을 고하고 택시를 타고 공항으로 갔다. 다행히 짐꾼이 와서
짐을 들어주었다. 비행기는 저녁 여섯시에 출발했다. 기내에서 식사가
제공되지 않았기 때문에 덴버에서 비행기를 내려 샌드위치를 조금 샀
다. 시카고에 기항했다가 새벽 세시에 포틀랜드에 도착했다. 비행시간
은 열두시간이 걸렸다. 웨스트코스트에 도착하면서 시계 시간을 세 시

---

126  포틀랜드는 미국 북서쪽 오리건 주 윌래멋 강과 컬럼비아 강의 합류 지점에 위치한 도시이다.

**도판 262** 뉴욕시의 스카이라인, 1991년 12월

간 뒤로 돌려야 했다. 딕[사위 리차드 별명]과 토니[둘째딸 마리 앙투아네트 별명]가 공항에서 우리를 기다리고 있었다.

딕과 토니에게 폐가 되는 듯해서 미안했지만 어쩔 수 없었다. 가엾은 딕은 아침에 출근해야 해서 충분히 자지도 못했다. 반면에 우리는 몇 시간 자고 나서 맛있는 아침 식사를 먹고 나니 한결 기분이 좋아졌다. 마르게리트는 비행기 멀미를 해서 며칠 동안 몸 상태가 그다지 좋지 않

**도판 263** 포틀랜드 국제공항

았다. 나는 오랜 여행 끝이라 피곤하기만 할 뿐이었다. 그날 저녁에 우리는 딕과 토니의 가까운 친구들의 오십주년 결혼기념일 행사에 초대되었다. 한 부인이 그 부부에게 파티를 열어주었고, 그들도 기쁘게 우리를 맞았다. 나는 키스로 환영받았다. 가슴 아프게도, 그 해에 부인이 세상을 떠났고 몇 년 후에 부인의 남편도 뒤를 따랐다. 늘 우리에게 너무도 다정한 부부였다.

# 30

## 포틀랜드 정착

초반에는 몹시 울적했다. 그동안 사람들은 우리에게 너무도 다정하게 대해주었는데, 나도 모르게 내가 배은망덕하게 느껴졌다. 좋은 친구들을 모두 남겨놓고 온 나는 앞으로 새로운 친구들을 사귀어야 할 생각에 막막하고 외로웠다. 지금은 한결 좋아졌지만 가장 친한 친구 두 명이 세상을 등진 이후로는 다시 외로워졌다. 이제는 친구를 사귀기에 너무 늙어서 요즘은 옛 친구들에게 편지를 쓰는 일이 큰 낙이다. 내 나이 여든에는 새로운 삶의 방식에 익숙해진다는 게 쉽지 않은 일이다. 특히나 머나먼 동양에서 그렇게 오랜 세월을 살아온 나로서는 더구나. 종종 다른 가족들을 생각하면 너무나 멀리 떨어져 있다는 사실이 속상하지만, 인

**도판 264** 2007년 오리건 주 포틀랜드 파노라마 경관

도판 265 후드 산을 배경으로 한 포틀랜드

생이 그런 것이 아니겠는가. 우리가 포틀랜드로 온지 벌써 사년 하고도 반년이 지난 지금도 때때로 좋았던 옛 시절을 꿈꾸며 울적해진다.

오년여 동안 미국에서 살다 보니 마르게리트와 나는 어느덧 미국 시민이 되었다. 그러기 위해서 이민자들은 특별한 수업을 듣거나 서신을 통해 열심히 공부해야 했다. 우리는 후자 쪽의 방법을 생각했지만 퇴직 교사인 워녹(Warnock) 부인이 우리에게 선뜻 가르쳐주겠노라고 제안하셨다. 부인은 우리 스터디 클럽의 일원이자 좋은 친구였다. 그래서 마르게리트와 나는 필요한 책들을 구입해서 워녹 부인과 함께 공부했다. 시험 볼 때가 되자 증인 두 명을 데리고 오라고 해서 우리는 다함께 법원으로 갔다. 모든 질문에 제대로 대답하지는 못했지만 시험들을 다 통과하여 귀화 서류는 1960년 8월에 받았다.

도판 266 오른쪽부터: 장남 프란츠 에케르트, 그의 아내 헤드비히, 카를 에케르트, 카를 에케르트의 네 딸 중 하나, 1958년경

　나는 짧은 시간 동안 두 동생을 차례로 잃었고[127], 둘 다 내 나이보다 어린 나이였다. 그나마 내가 이곳까지 오기 직전에 둘 다 만났던 일이 위안이 되었다. 프란츠는 내가 독일 베네딕도회 수녀원으로 맏딸 마리 루이즈를 만나러 갔을 때 날 보러 왔었다. 지금 마리 루이즈는 일본 오사카에 있다.[128] 수녀들은 그곳에서 유치원을 운영하고 있는데 아주 인기라고 한다. 올해는 자리가 없어서 아이들을 더 못 받겠다고 했을 정도란다. 내 딸은 그곳에서 행복하게 지내고 있다. 일본어를 할 줄 알아

---

127 마틸데와 프란츠 에케르트의 둘째 아들 카를 에케르트는 1959년 7월 26일에 사망했고, 장남 프란츠 에케르트는 동생이 죽고 나서 얼마 안 되어 같은 해 12월 13일에 사망했다.

128 1955년, 이마쿨라타 수녀는 튓칭에 있는 베네딕도 수도원에서 일본으로 파견되어 하시모토라는 작은 마을과 다나베에서 오년 동안 봉사했다. 두 도시 모두 오사카 남쪽 와카야마 현에 있다.

**도판 267** 포틀랜드를 흐르는 윌래멋 강

서 학부모들과 대화가 가능한 덕분이다. 마리 루이즈는 일본어를 잊지 않았지만 한국어는 딱히 쓸 일이 없어서 잊었을 것 같다.[129]

지금 살고 있는 집은 꽤 큰 편이다. 마르게리트와 나는 아래층 침실 하나를 함께 쓴다. 침실 바로 옆에는 욕실이 있다. 동쪽으로는 창문이 여러 개 나 있어서 여름이면 꽃이 피고 채소들이 자라는 널찍한 정원을 내다볼 수 있다. 우리 방에는 문이 세 개 있다. 북쪽으로 난 문은 거실로 통한다. 서쪽으로 난 문은 현관으로 이어지고, 남쪽으로 난 문은 주방으로 열린다. 식당은 서쪽으로 바로 옆에 붙어 있다. 위층에는 침실 두 개와 욕실 하나 그리고 작은 방 하나가 더 있다.

나는 비교적 좋은 건강을 유지할 수 있게 해주신 하느님께 대단히 감

---

**129** 이마쿨라타 수녀는 한국어뿐만 아니라 독일어, 영어, 프랑스어, 일본어도 유창하게 구사했던 것으로 알려졌다.

사하다. 성당이 그리 멀지 않아서 다행이다. 덕분에 나는 거의 매일 아침 걸어서 미사에 참석하러 간다. 걸어서 십오분 정도 걸리나 보다. 가끔은 친구가 차로 집까지 데려다 주기도 한다. 아침 아홉시 정도에 집에 와서 아침 식사를 한다. 그러고 나서 침대 정리를 하고 신문을 읽는다. 날씨가 좋을 때면 인도와 마당에서 갈퀴질을 하거나 비질을 하면서 청소를 한다.

덕은 내가 원예 작업을 할 수 있도록 특별히 정원 한 쪽을 나에게 할애해주었다. 나는 거기서 토마토와 꽃들을 키운다. 마당에서 몇 시간 정도 일을 하고 난 다음에는 점심을 먹는다. 하루는 다들 일을 하러 나가고 나 혼자 집에 남아 있었을 때가 생각난다. 나는 평소처럼 마당에서 일을 하고 있었는데 뒷문이 쾅 닫히면서 잠기고 말았다. 덕이 돌아오는 오후 다섯시까지 기다릴 수가 없어서 정원에서 찾은 나무 상자를 가져다가 열려 있는 내 침실 창 앞에 놓았다. 나는 일미터 높이 정도 되는 상자 위로 기어 올라가서 창문을 넘어 들어갔다. 내 나이 여든에 일어난 일이었다.

평소에는 오후에 낮잠을 잔다. 그러고 나서 채소 껍질을 까고 저녁 식사 준비를 돕는다.

일주일에 한 번씩 스터디 모임을 갖고 월요일 밤이면 친구들을 만난다. 우리는 종교에 대해서 토론을 하며 공부를 한다. 모임이 끝나면 커피와 케이크를 먹는다. 번갈아 서로의 집을 돌아가며 방문한다. 서로의 얼굴을 볼 수 있고 여러 가지 주제에 관해 이야기를 나눌 수 있어서 늘 이 모임을 학수고대하는 편이다. 월요일마다 덕과 토니가 낚시를 가면 마르게리트와 나는 산책을 하면서 친구들을 만난다. 가끔 교회 건너편

**도판 268** 1955년 가을에 포틀랜드 자택에서. 앞: 아말리에 마르텔; 뒷줄 왼쪽부터: 리차드 G. 디폴드, 마리 앙투아네트 디폴드 그리고 마르게리트 에케르트

에 사는 수녀님들을 방문하기도 한다. 걸어서 가기에는 조금 멀다 싶은 곳에 살아서 자주 만나지 못하는 친구들도 더러 있다.

안타깝게도 최근에 친한 친구 두 명이 세상을 떴지만, 그래도 아직 때때로 우리를 만나러 오는 친구 한 명이 남았다. 그 친구가 우리와 더 가까운 곳에 살았으면 좋겠다.

포틀랜드에 대해서는 그다지 쓸 말이 많지 않다. 좀체 외출을 하지 않아서 사람들을 많이 만나지 않기 때문이다.[130]

---

130 아말리에 마르텔의 파란만장한 일대기는 여기서 끝난다. 그녀는 1969년 4월 21일에 사망할 때까지 두 딸 마리 앙투아네트와 마르게리트와 사위 리차드 G. 디폴드와 함께 포틀랜드에서 조용히 살았다. 그녀의 장례식은 사흘 후에 진행되었고 포틀랜드 캘버리 묘지 'W' 구역 1127번 부지 5번 묘역에 잠들었다. 부디 편히 잠드시길 그리고 그녀의 생생한 '기록'을 통해 길이 기억되기를.

# 부록

# 프란츠 에케르트 가계도

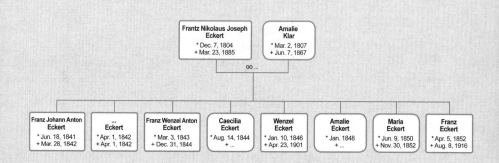

| Frantz Nikolaus Joseph Eckert<br>* Dec. 7, 1804<br>+ Mar. 23, 1885 | Amalie Klar<br>* Mar. 2, 1807<br>+ Jun. 7, 1867 |
| --- | --- |

oo ...

| Franz Johann Anton Eckert<br>* Jun. 18, 1841<br>+ Mar. 28, 1842 | ... Eckert<br>* Apr. 1, 1842<br>+ Apr. 1, 1842 | Franz Wenzel Anton Eckert<br>* Mar. 3, 1843<br>+ Dec. 31, 1844 | Caecilia Eckert<br>* Aug. 14, 1844<br>+ ... | Wenzel Eckert<br>* Jan. 10, 1846<br>+ Apr. 23, 1901 | Amalie Eckert<br>* Jan. 1848<br>+ ... | Maria Eckert<br>* Jun. 9, 1850<br>+ Nov. 30, 1852 | Franz Eckert<br>* Apr. 5, 1852<br>+ Aug. 8, 1916 |
| --- | --- | --- | --- | --- | --- | --- | --- |

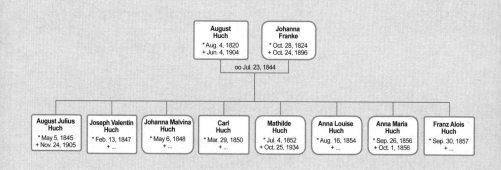

| August Huch<br>* Aug. 4, 1820<br>+ Jun. 4, 1904 | Johanna Franke<br>* Oct. 28, 1824<br>+ Oct. 24, 1896 |
| --- | --- |

oo Jul. 23, 1844

| August Julius Huch<br>* May 5, 1845<br>+ Nov. 24, 1905 | Joseph Valentin Huch<br>* Feb. 13, 1847<br>+ ... | Johanna Malvina Huch<br>* May 6, 1848<br>+ ... | Carl Huch<br>* Mar. 29, 1850<br>+ ... | Mathilde Huch<br>* Jul. 4, 1852<br>+ Oct. 25, 1934 | Anna Louise Huch<br>* Aug. 16, 1854<br>+ ... | Anna Maria Huch<br>* Sep. 26, 1856<br>+ Oct. 1, 1856 | Franz Alois Huch<br>* Sep. 30, 1857<br>+ ... |
| --- | --- | --- | --- | --- | --- | --- | --- |

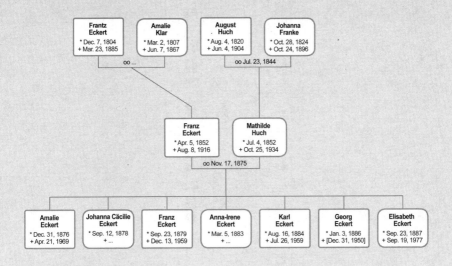

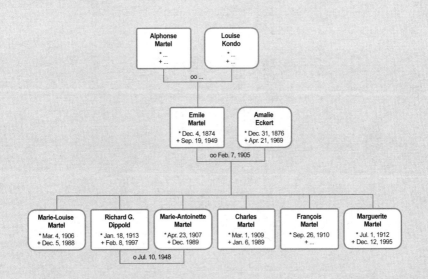

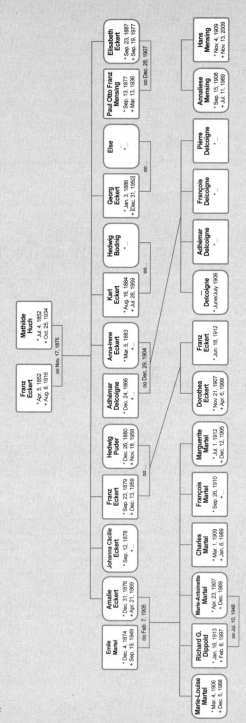

# 약어

- c.: 라틴어 "circa"의 약자 = 대략, ~경
- cf.: 라틴어 "confer"의 약자 = 직역은 "한데 모으다" = 비교 자료, 다음과 비교하라
- Chin.: Chinese
- Comp.: Compilation(편집)
- et al.: 라틴어 "et alia"의 약자 = 그 외
- Ed.: Editor
- Eds.: Editors
- e.g.: 라틴어 "exempli gratia"의 약자 = 예를 들면
- f.: 다음 페이지에 이어서
- Jap.: Japanese
- Jg.: 독일어 "Jahrgang"의 약자 = 발행년도
- Jr.: Junior
- KJ: Korea Journal
- Kor.: Korean
- lit.: literally 직역하면
- loc. cit.: 라틴어 "loco citato"의 약자 = 상기 인용문에서, 위와 상동
- MOAG: Mitteilungen der Deutschen Gesellschaft für Natur und Völkerkunde Ostasiens(독일 자연과학과 문화인류 학회지)
- no.: number
- OAH: Organization of American Historians(미국역사학자협회)
- OL: Der Ostasiatische Lloyd(덕문신보德文新報)
- p.: page
- pp.: pages

- q.v.: 라틴어 "quod vide"의 약자 = 다음을 참조
- sic: 라틴어 "sic erat scriptum"의 약자 = 원문대로(의심나는 또는 명백히 그릇된 원문을 그대로 인용할 때)
- Sr.: 수녀
- vol.: volume 책, 단행본
- vols.: volumes

# 사진자료

.

## 여는 글

**도판1**  파울 게오르크 폰 묄렌도르프, 1883년경. - At : http://de.wikipedia.org/wiki/
Paul_Georg_von_M%C3%B6llendorff, 한스 알렉산더 크나이더 편집

**도판2**  카를 안드레아스 볼터, 1902년. - 컬렉션 : 바바라 미세 예거후버.

**도판3**  마리 앙투아네트 손탁, 1904년. - 컬렉션 : 크리스티안 멘징, 한스 알렉산더 크나
이더 편집

**도판4**  요하네스 볼얀, 1905년 - 컬렉션 : 크리스티안 멘징, 한스 알렉산더 크나이더 편집

**도판5**  리하르트 분쉬, 1903년경. - Claussen-Wunsch, Gertrud (Ed.) : Dr. med.
Richard Wunsch, Arzt in Ostasien, Büsingen / Hochrhein 1976

**도판6**  일데폰스 플뢰칭어 수사, 1909년. - Picasa Web Albums : Willibrord Drievers's
Gallery. - At : https://picasaweb.google.com/104826247687139834533/
Flotzinger#

## 1부 프란츠 에케르트

**도판7**  프란츠 에케르트, 1905년 2월 7일. © 한스 알렉산더 크나이더

**도판8**  프란츠 에케르트, 1907년. © 한스 알렉산더 크나이더

**도판9**  노이로데 시청. - At : http://www.vogel-soya.de/bilder/neurode.html

**도판10**  페리 제독, 1856-58년경. - At : https://en.wikipedia.org/wiki/Matthew_C._
Perry

**도판11**  무쓰히토 일왕, 1880년. - At : https://en.wikipedia.org/wiki/Emperor_Meiji

**도판12**  교토에서 도쿄로 옮겨가는 메이지 일왕, 1869년. - 메이지 유신. - At : http://

de.wikipedia.org/wiki/Meiji-Restauration

도판 13 프랑스인들이 만든 일본 최초의 현대식 철갑함(코데츠), 1869년. - 일본의 철갑함 코데츠. - At: http://en.wikipedia.org/wiki/Kotetsu

도판 14 요코하마의 '펜턴의 관악 군악대 제10연대'. - At: http://geocities.jp/saitohmoto/hobby/music/hoikushoka/hoikushoka.html#kimigayo

도판 15 『고긴와카슈』, 1226년. -At: http://de.wikipedia.org/wiki/Kokin-wakash%C5%AB

도판 16 펜턴의 '기미가요'. - At: http://www.geocities.jp/saitohmoto/hobby/music/hoikushoka/hoikushoka.html#kimigayo

도판 17 베를린 빌헬름슈트라세 76번지 건물, 1880년. 훗날 독일 외무부가 일부 사용. - Auswärtiges Amt. - At: https://de.wikipedia.org/wiki/Ausw%C3%A4rtiges_Amt

도판 18 1920년대 도쿄 시바 공원. - At: https://commons.wikimedia.org/wiki/File:Shiba_Park.jpg.

도판 19 '사쿠하치'를 연주하는 전사, 우타가와 구니요시(1797-1862) 제작. 컬렉션: 토마스 울브리히

도판 20 에케르트의 일본 국가 표지. - At: http://redfox2667.blog111.fc2.com/blog-entry-247.html

도판 21 루터 화이팅 메이슨(1828-1896). - At: http://en.wikipedia.org/wiki/Luther_Whiting_Mason

도판 22 음악조사위원회에서 학생들과 함께 있는 메이슨, 1881년. At: http://geocities.jp/saitohmoto/hobby/music/hoikushoka/hoikushoka.html#kimigayo

도판 23 도쿄음악학교: 소가쿠도(奏樂堂) 공연장. - At: http://www.burari2161.fc2.com/kyuutoukyouongakugaxtukou.htm

도판 24 육군사관학교, 1907년. - At: http://en.wikipedia.org/wiki/Imperial_Japanese_Army_Academy

도판 25 1880년대 도쿄에서 마틸데와 프란츠 에케르트. - 컬렉션: 크리스티안 멘징, 한스 알렉산더 크나이더 편집

도판 26 1899년 4월 '사보이아'호에서. 왼쪽부터 장교 옆에 아말리에, 앞쪽에 아이들 두 명 엘리자베트와 게오르크, 게오르크 뒤편에 마틸데와 프란츠 에케르트 부부. - 컬렉션: 크리스티안 멘징, 한스 알렉산더 크나이더 편집

도판 27 1921년 슐레지엔의 바드 라이네르츠: 요양원을 담은 파노라마 경관. - Historische Bilder aus der Grafschaft Glatz (Schlesien). - At: http://www.grafschaft-glatz.de/bilder/glatz/reiner.htm

도판 28  2006년 바드 조덴 알렌도르프의 파노라마 경관. - At: http://de.wikipedia.
org/wiki/Bad_Sooden-Allendorf

도판 29  바드 조덴의 지휘자 아돌프 마이어 말슈테트(1873-1930), 1905년 9월 22일자 우
편엽서. - 컬렉션: 토마스 울브리히

도판 30  민영환(閔泳煥, 1861-1905), 1904년. - Willard Dickerman Straight and Early
U.S.-Korea Diplomatic Relations, Cornell University Library. - At: http://
rmc.library.cornell.edu/Straight/. 설명: 민영환 (1861-1905), 1905년 11월 18
일에 치욕적인 을사조약 체결 후 비분강개하여 상소를 거듭하다가 절망하여 11
월 30일 아침 여섯시경에 자결 순국하였다. e Source:『사진으로 보는 독립운동』,
1996, v.1, p. 56.

도판 31  시위대의 조선 군사 교련관들과 러시아 교관들, 1897년. - Bishop, Isabella
Bird: Korea and Her Neighbours. Reprint, SEOUL: Yonsei University Press,
1970, p. 435.

도판 32  프로이센의 하인리히 왕자, 1914년. - At: https://en.wikipedia.org/wiki/
Admiral_of_the_Fleet_(Royal_Navy)

도판 33  라이프치히'호. 1889년 프리츠 스톨텐베르크의 목판화. - At: http://
de.wikipedia.org/wiki/Kreuzerfregatte

도판 34  마르세유의 구 항구. - At: http://commons.wikimedia.org/wiki/File:The_
Library_of_Congress-_(Old_Harbor_(Vieux-Port),_Marseille,_France,_with_
Hotel_Beauvau_at_right)_(LOC).jpg

도판 35  요하네스 볼얀, 1904년. - © 한스 알렉산더 크나이더

도판 36  1902년 명동성당을 배경으로 한 서울 거리. - 김/정 1989, p.142.

도판 37  1907년 오른쪽에 독일 영사관이 보이는 서울 경관. - 포토 앨범 - 헤르만 산더,
p. 170.

도판 38  1904년 에케르트의 정원에서. 왼쪽 앞줄부터: 안나 이레네와 아말리에 에케르
트; 뒷줄 리하르트 분쉬 박사, 마틸데 에케르트, 요하네스 볼얀. - 컬렉션: 크리스
티안 멘징, 한스 알렉산더 크나이더 편집

도판 39  남대문과 정동을 배경으로 남산에서 서울을 굽어본 풍경, 1906년. - 컬렉션: 크
리스티안 멘징, 한스 알렉산더 크나이더 편집

도판 40  에케르트의 대한제국 애국가 표지, 1902년. - 서울 미국 공사관, 1902년 7월 4일.
복사본은 저자 소유

도판 41  대한제국 태극장 훈 3등. - At: http://1sk0234.egloos.com/8282723

도판 42  에케르트와 군악대, 1904년경. - 컬렉션: 크리스티안 멘징, 한스 알렉산더 크나

이더 편집

도판 43  1906년 탑골공원에서 군악대와 공연을 하고 있는 에케르트. - 컬렉션: 크리스티안 멘징, 한스 알렉산더 크나이더 편집

도판 44  에케르트 악단, 1904년. - 컬렉션: 크리스티안 멘징, 한스 알렉산더 크나이더 편집

도판 45  프란츠 에케르트의 교주만 행진곡. - 남궁요열: 『개화기의 한국음악. 프란츠 에케르트를 중심으로』, 서울: 세광음악 출판사, 1987년, 78쪽.

도판 46  1905년 3월 15일에 독일 공관 앞에서 그라프 폰 몰트케와 그의 일행. - 컬렉션: 크리스티안 멘징, 한스 알렉산더 크나이더 편집

도판 47  탑골공원, 1904년경. -컬렉션: 윌러드 디커맨 스트레이트와 초기 U.S.-한국 외교 관계, 코넬 대학 도서관. - At: https://commons.wikimedia.org/wiki/File:Pagoda_Park_in_Seoul,_Corea.jpg

도판 48  1906년 서울 남산에서 친구들과 함께 있는 에케르트 일가. - 컬렉션: 크리스티안 멘징, 한스 알렉산더 크나이더 편집

도판 49  1906년 서울의 일본 통감부 청사. - 카펜터 컬렉션, LOC, digital ID: cph 3c02972

도판 50  1906년 탑골공원에서 프란츠 에케르트와 백우용(손에 지휘봉을 들고 있는)과 군악대. - 컬렉션: 크리스티안 멘징, 한스 알렉산더 크나이더 편집

도판 51  1909년 자택 정원에서 에케르트. - 컬렉션: 크리스티안 멘징, 한스 알렉산더 크나이더 편집

도판 52  양화진 외인 묘지에 있는 프란츠 에케르트의 묘, 1926년. - Eckardt, Andre. "Unserem Mitgliede Franz Eckert dem Pionier deutscher Musik in Japan zum Gedächtnis". In: MOAG, vol. 21 (1927): between no. D and E.


## 2부 프란츠와 마틸데 에케르트 부부의 자녀들

도판 53  1892년 도쿄에서 마틸데 에케르트와 자녀들. 왼쪽에서부터 오른쪽으로: 게오르크, 카를, 프란츠, 엘리자베트, 마틸데, 아말리에 그리고 안나 이레네. - 컬렉션: 크리스티안 멘징, 한스 알렉산더 크나이더 편집

도판 54  1904년 아말리에 에케르트. - 컬렉션: 크리스티안 멘징, 한스 알렉산더 크나이더 편집

도판 55  1904년 아말리에 에케르트. - 컬렉션: 크리스티안 멘징, 한스 알렉산더 크나이더 편집

도판 56  1905년 2월 7일 앙투아네트 손탁 여사. - 컬렉션: 크리스티안 멘징, 한스 알렉산

더 크나이더 편집

도판 57   1907년 6월 15일자 J. 보에르의 '손탁호텔' 광고. - 중구 정동 - 이화여자고등학
         교: 심손 기념관(1915), 손탁호텔(1902), 이화여고 100주년 기념관(2004). http://
         m.blog.naver.com/archur/220191251031

도판 58   1904년 레이멘(Lyeemoon)호를 타고. 왼쪽에서부터 리하르트 분쉬, 아말리에, 엘
         리자베트 오토 멘징. - 컬렉션: 크리스티안 멘징, 한스 알렉산더 크나이더 편집

도판 59   1904년 서울 프랑스 공관 세미나 참석자들. 아말리에: 앞줄 오른쪽에서 두 번째. 에
         밀 마르텔: 둘째줄 왼쪽. - 컬렉션: 크리스티안 멘징, 한스 알렉산더 크나이더 편집

도판 60   1905년 2월 7일에 아말리에 에케르트와 에밀 마르텔의 결혼식 직전에 찍은 사
         진(프랑스 공사관 앞에서). 왼쪽부터 앞줄: 요하네스 볼얀, 에밀 마르텔, 아말리에 에
         케르트, 피에르 베르토, 프란츠 에케르트. 뒷줄: 라포르트 부인, 마틸데 에케르트,
         콜랭 드 플랑시, 베르토 부인, 두앵. 셋째줄: 에르네스트 라포르트, 엘리자베트 에
         케르트, 콘라트 폰 잘데른. 맨뒷줄: 베르토, 트레망세, 알폰스 트레뮬레. - 컬렉
         션: 크리스티안 멘징, 한스 알렉산더 크나이더 편집

도판 61   1907년 소풍. 왼쪽에 프란츠 에케르트, 앞쪽에 일본인 하녀와 마리 루이즈, 마리
         앙투아네트와 에밀 마르텔, 에밀 마르텔 뒤에 아말리에와 어머니 마틸데. - 컬렉
         션: 크리스티안 멘징, 한스 알렉산더 크나이더 편집

도판 62   1906년 에케르트의 정원에서. 왼쪽부터: 오토 멘징, 엘리자베트 에케르트, 마틸
         데 에케르트와 마리 루이즈 마르텔, 프란츠 에케르트, 헤드비히, 아말리에 마르
         텔. - 컬렉션: 크리스티안 멘징, 한스 알렉산더 크나이더 편집

도판 63   히틀러 유겐트-1938년 8월 17일 일본 방문. - At: http://zweiter-weltkrieg-
         lexikon.de/forum/viewtopic.php?f=11&t=1389&start=0

도판 64   1938년 일본에서 히틀러 유겐트. - At: http://zweiter-weltkrieg-lexikon.
         de/forum/viewtopic.php?f=11&t=1389&start=0

도판 65   1941년 12월 진주만 공격. - At: http://en.wikipedia.org/wiki/Attack_on_
         Pearl_Harbor

도판 66   오리건 주 포틀랜드의 캘버리 묘지. - 2007년 빌 마이어스가 찍은 사진. - At:
         http://www.findagrave.com/cgi-bin/fg.cgi?page=pis&PIcrid=39166&PIpi
         =8486966&PIMode=cemetery

도판 67   포틀랜드 캘버리 묘지에 있는 아말리에 마르텔의 묘비. Created by: J McL,
         Record added: 2015년 3월 9일. - At: http://findagrave.com/cgi-bin/fg.c
         gi?page=gr&GSln=Martel&GSfn=Amalie&GSiman=1&GScid=39166&GR
         id=143537613&

리. - At: http://www.champagnat.org/en/611.php?caso=otros=tempos_view&Pais=CH

도판 86 지그마링겐 성. - 2010년에 Salsaloco가 찍은 사진. - At: http://en.wikipedia.org/wiki/Sigmaringen_Castle

도판 87 메종 알포르 시청. - 2009년에 Thesupermat가 찍은 사진. - At: http://commons.wikimedia.org/wiki/File:Mairie_de_Maisons_Alfort_automne_2009.JPG?uselang=de

도판 88 톈진 프랑스 조계지의 동쪽 풍경. - At: http://asia.library.cornell.edu/Tianjin/foreign.html

도판 89 벨포르 시. - 프랑슈 콩테 지역의 도시들과 요새. - At: QuestMachine: http://wwwquestmachine.org/article/Villes_et_des_citadelles_de_Franche_Comt%C3%A9

도판 90 1955년 마르게리트 마르텔 - 컬렉션: 크리스티안 멘징, 한스 알렉산더 크나이더 편집

도판 91 포틀랜드와 후드 산의 스카이라인. - At: https://commons.wikimedia.org/wiki/File:Portland_and_Mt_Hood.jpg

도판 92 포틀랜드 캘버리 묘지의 마르게리트 F. 마르텔의 묘. Created by: J McL. Record added: 2014년 3월 7일. - At: http://www.findagrave.com/cgi-bin/fg.cgi?page=pv&GRid=132273841&PIpi=104593385

도판 93 프란츠 에케르트 주니어, 1892년 도쿄. - 컬렉션: 크리스티안 멘징, 한스 알렉산더 크나이더 편집

도판 94 1900년 베를린 공과대학. - At: http://www.pressestelle.tu-berlin.de/fileadmin/a70100710/Fotos/Pressestellenarchiv/hauptgebaeude2_01.jpg

도판 95 서울 자택에서 프란츠 에케르트와 아들 프란츠, 1906년경. - 컬렉션: 크리스티안 멘징, 한스 알렉산더 크나이더 편집

도판 96 프란츠 에케르트의 집 발코니에서, 1908년경. 마틸데와 프란츠 에케르트 옆의 헤드비히. -컬렉션: 크리스티안 멘징, 한스 알렉산더 크나이더 편집

도판 97 헤드비히와 프란츠 에케르트 주니어, 1958년. - 컬렉션: 크리스티안 멘징, 한스 알렉산더 크나이더 편집

도판 98 1892년 안나 이레네, - 컬렉션: 크리스티안 멘징, 한스 알렉산더 크나이더 편집

도판 99 1904년 12월 29일 안나 이레네 에케르트와 아데마 델콩네의 결혼식. 손탁호텔 앞에서. - 컬렉션: 크리스티안 멘징, 한스 알렉산더 크나이더 편집

도판 100 1904년 12월 29일 아데마 델콩네와 새신부 안나 이레네. - 컬렉션: 크리스티안

멘징, 한스 알렉산더 크나이더 편집

도판 117  마리아 리크메르스, 1892년. - At : http://de.wikipedia.org/wiki/Maia+Rickmers_
(1891)

도판 118  1903년 '수에비아'호의 고용 증명서. - 컬렉션: 크리스티안 멘징, 한스 알렉산더
크나이더 편집

도판 119  '수이 안'호. - 컬렉션: 크리스티안 멘징, 한스 알렉산더 크나이더 편집

도판 120  슈나이더(왼쪽)와 엘리자베트 에케르트, 1905년경. - 컬렉션: 크리스티안 멘징,
한스 알렉산더 크나이더 편집

도판 121  엘리자베트 에케르트와 오토 멘징의 약혼식, 1906년. - 컬렉션: 크리스티안 멘
징, 한스 알렉산더 크나이더 편집

도판 122  1911년 샤미엔다오의 자택 앞에서 멘징 일가, - 컬렉션: 크리스티안 멘징, 한스
알렉산더 크나이더 편집

도판 123  요한나 멘징. - 컬렉션: 크리스티안 멘징, 한스 알렉산더 크나이더 편집

도판 124  광저우에 있는 오토 멘징의 선상가옥. - 컬렉션: 크리스티안 멘징, 한스 알렉산더
크나이더 편집

도판 125  '브룬힐데'호, 1930년경. - 컬렉션: 크리스티안 멘징, 한스 알렉산더 크나이더 편집

도판 126  오스나브루크에서 받은 오토 멘징의 선장 자격증. - 컬렉션: 크리스티안 멘징,
한스 알렉산더 크나이더 편집

도판 127  1934년 '쿨머란트'호, - 컬렉션: 크리스티안 멘징, 한스 알렉산더 크나이더 편집

도판 128  1934년 한커우에 정박해 있는 선박들, - 컬렉션: 크리스티안 멘징, 한스 알렉산더
크나이더 편집

도판 129  1934년 6월 5일 중국에서 받은 오토 멘징의 선장 자격증. - 컬렉션: 크리스티안
멘징, 한스 알렉산더 크나이더 편집

도판 130  상하이에서 차우차우와 오토 멘징, 1935년경. - 컬렉션: 크리스티안 멘징, 한스
알렉산더 크나이더 편집

도판 131  1920년 콜베르크에서 엘리자베트 멘징과 자녀들 한스(왼쪽)와 아날리제, - 컬렉
션: 크리스티안 멘징, 한스 알렉산더 크나이더 편집


## 3부 나의 인생

도판 132  아말리에 마르텔, 1959년경. - 컬렉션: 크리스티안 멘징, 한스 알렉산더 크나이
더 편집

도판 133  다이묘 저택이 보이는 에도(현재의 도쿄)의 파노라마, 1856년 또는 1866년. 이탈

리아계 영국인 사진작가 펠리체 베아토(1832-1909)가 찍은 사진. - At: http://
commons.wikimedia.org/wiki/File:Edo_Panorama_old_Tokyo_color_
photochrom.jpb

도판 134 인력거, 1898년. 요코하마에서 T. 에나미가 찍은 사진. - Photo stream of
Okinawa Soba on flickr. - At: http://www.flickr.com/photos/24443965@
N08/2361173611/

도판 135 피에르 마리 오주프 대주교, 1829-1906. - Mission étrangère de Paris. Les
MEP au service de l'église d'Asie et de l'océan Indien. Le Japon. - At:
http://mepasie.org/rubriques/haut/pays-de-mission/le-japon

도판 136 메이지 일왕, 1852-1912. - At: https://en.wikipedia.org/wiki/Emperor_Meiji

도판 137 일본 국가 '기미가요.' - At: http://de.wikipedia.org/wiki/Kimi_Ga_Yo

도판 138 도쿄음악학교: 소가쿠도(奏樂堂) 공연장, 1890년에 설립된 가장 오래된 도쿄 예
술국립대학. - At: http://www.baxleystamps.com/litho/ogawa/ogawa_
tokaido.shtml

도판 139 1890년 도쿄의 니혼바시 거리. - Sights and Scenes on the Tokaido. 20
Plates with 44 Images of Kazumasa Ogawa, 1892. - At: http://www.
baxleystamps.com/litho/ogawa/ogawa_tokaido.shtml

도판 140 1881년 일본 남부 '파리 외방전교회(MEP)'의 신부들과 신학교 학생들. - History
of Christianity in Japan. Development of the Church (1873-1900) - At:
http://historyofchristianityinjapn.wordpress.com/category/roman-
catholic-missions/

도판 141 OAG 로고. - Deutsche Gesellschaft für Natur- und Völkerkunde
Ostasiens, or: Ostasiatische Gesellschaft, OAG. - At: http://www.oag.jp/

도판 142 1865년 니코의 도쇼구(東照宮) 신사. - At: https://commons.wikimedia.org/
wiki/Category:Nikkō_Tōshō-gū?uselang=de

도판 143 묘기산. - At: http://www.45.tok2.com/home/todo94/driving/driving2005gunma.
htm

도판 144 1900년대 홍콩 항. 카노푸스급 전함 세 척과 스위스트슈어급 전함 한 척이 정
박중인 홍콩 항, 1900년대. - At: http://www.weayourhistory.org.uk/
component/option,com_gallery2/Itemid,277/?g2_itemId=21344

도판 145 실론 콜롬보 항, 1880-1890. - At: http://ebenvantonder.wordpress.com/oom-
jan-vertel-oom-uncle-jan-tells-me/oom-jan-vertel-oom-uncle-jan-
tells-me-about-johannes-weillem-kok/

도판 146 마르세유의 노트르담 드 라 가르드 성당. - At: http://en.wikipedia.org/wiki/
Notre-Dame_de_la_Garde

도판 147 1905년 노이로데와 라이헨바흐가 있는 슐레지엔의 지도. - At: https://
de.wikipedia.org/wiki/Schlesien

도판 148 브레슬라우(현재 폴란드 브로츠와프) 시청, 1895년경. 동쪽에서 본 풍경. - At:
http://commons.wikimedia.org/wiki/File:Breslau_um_1900.jpg

도판 149 북쪽 헤센 주와 인접한 바덴(1806-1945)의 지도. - At: http://en.wikipedia.
org/wiki/Baden

도판 150 서울의 조망, 1901년. - 컬렉션: 스테레오 그래프 카드, 워싱턴 D.C. 인쇄물과 사
진 의회 도서관. - At: http://hdl.loc.gov/loc.pnp/cph.3b27008

도판 151 조선 병사들, 1904년. 고정된 총검을 들고 팔 훈련중인 조선 병사들, 서울 1903
년. - 컬렉션: 스테레오 그래프 카드, 워싱턴 D.C. 인쇄물과 사진 의회 도서관. -
At: http://loc.gov/pictures/collection/stereo/item/2003666469

도판 152 선글라스를 쓴 조선 양반, 1904년경. 설명: 중년의 조선 양반 두 명이 길을 걸어
가고 있다. 그들은 조선의 전통의상인 저고리와 바지에 두루마기를 걸친 차림이
다. 두루마기는 외투 윗부분에 두 개의 긴 고름으로 묶어 입는다. 바지는 바짓단
아래 끝에서 대님으로 묶는다. 바지의 양쪽 허리춤에는 돈을 담는 '주머니'가 있
다. '흑립' 또는 흔히 갓이라고 부르는 모자는 말총으로 만든다. 신발은 고무신이
다. 선글라스는 조선 양반 상류층들의 현대식 복장을 반영한다. - 윌러드 디커맨
스트레이트와 초기 U.S.-한국 외교 관계, 코넬 대학 도서관. - At: http://rmc.
library.cornell.edu/Straight/

도판 153 일본 우편물 운송선 '가마쿠라'호. - At: http://www.photoship.co.uk/
JAlbum%20Ships/Old%20Ships%20K/slides/Kamakura%20Maru-01.html

도판 154 1903년 부산 부두에서 하선하는 모습. - 컬렉션: 스테레오 그래프 카드, 워싱
턴 D.C. 인쇄물과 사진 의회 도서관. - At: http://www.loc.gov/pictures/
collection/stereo/item/2003666502/

도판 155 1903년 제물포 항과 부두. - 컬렉션: 스테레오 그래프 카드, 워싱턴 D.C. 인쇄물
과 사진 의회 도서관. - At: http://www.loc.gov/pictures/collection/stereo/
item/2003666521/

도판 156 고종 황제와 순종 황태자, 1904년경. - 설명: 대한제국 의식용 예복을 차려 입고
모습을 드러낸 고종(왼쪽)과 후계자인 아들 순종. 이런 서양식 복장은 1895년에
고종 황제의 명으로 시작되었다. - 윌러드 디커맨 스트레이트와 초기 U.S.-한국
외교 관계, 코넬 대학 도서관. - At: http://rmc.library.cornell.edu/Straight/

도판 157 손탁 호텔(오른쪽)과 그 부근, 1909년경. – 2011년 10월 13일에 서울 역사 박물관에서 열린 정동 역사에 관한 학회에서 입수.

도판 158 마리 앙투아네트 손탁, 1904년. – 컬렉션: 크리스티안 멘징, 한스 알렉산더 크나이더 편집

도판 159 서울 주재 러시아 공사관, 1895년경. – 잘못된 고증은 두고두고 해악을 끼친다 – 동아일보사의 "사진으로 보는 한국 백년", 진성당거사. – At: http://veritasest.egloos.com/1842623

도판 160 프랑스 공사관, 1900년경. – At: http://commons.wikimedia.org/wiki/File:French_legation_to_Korea,_c.1900.jpg

도판 161 1905년 2월 7일 손탁호텔 앞에서 아말리에 에케르트와 에밀 마르텔의 결혼식 직후. 앞쪽: 에밀 마르텔과 아말리에 에케르트, 두 번째줄 왼쪽부터: 알폰스 트레몰레(한국 황실의 프랑스 고문), 프란츠와 마틸데 에케르트 부부, 앙투아네트 손탁, L. 브라운, 라포르트(일본인), 이름 모를 한국인, 요하네스 볼얀. 마지막 줄 왼쪽부터: 독일 부영사 고트프리트 나이, 엘리자베트 에케르트, 이름 모를 인물, 에르네스트 라포르트, 이름 모를 인물. – 컬렉션: 크리스티안 멘징, 한스 알렉산더 크나이더 편집

도판 162 부산의 거리 모습, 1904년경. – 컬렉션: 스테레오 그래프 카드, 워싱턴 D.C. 인쇄물과 사진 의회 도서관. – At: http://www.loc.gov/pictures/collection/stereo/item/2003666576/

도판 163 1906년 서울 거리의 옹기 상인. – 컬렉션: 스테레오 그래프 카드, 워싱턴 D.C. 인쇄물과 사진 의회 도서관. – At: http://www.loc.gov/pictures/collection/stereo/item/2003665557/

도판 164 1904년 귀스타프 샤를 마리 뮈텔 주교. –컬렉션: 크리스티안 멘징, 한스 알렉산더 크나이더 편집

도판 165 1901년 프랑스어 학교에서 에밀 마르텔과 제자들, – 김형은: 프랑스와의 관계의 주춧돌. 옛 서울: 프랑스 공사관. 2009년 8월 3일. – At: http://joongangdaily.joins.com/article/view.asp?aid=2098235

도판 166 전통 복장을 한 일본 여성들, 1910년경. – At: http://www.past-to-present.com/photos.cfm?reference=G14319

도판 167 아말리에와 둘째딸 마리 앙투아네트, 1907년. – Courtesy of Susanna Zachert

도판 168 서울에 있는 일본인과 한국인 아이들, 1915년경. – 코윈 목사와 넬리 테일러 컬렉션. 서던 캘리포니아 대학 (USC). – At: http://www.usc.edu/libraries/archives/arc/libraries/eastasian/korea/resources/kda-taylor.html

도판 169 제1차 세계대전에 참전한 프랑스 군인들, 1916년경. – At: http://toyhaven.

blogspot.com/2009-09-war-inpictures-3-grunt.html

도판 170 공습 전 베르됭에서 프랑스 군사들, 1916년. - At : http://www.wereldoorlog1418.
nl/dagtocht-verdun/index.html

도판 171 동대문 근처 교회, 1916년경. - 코원 목사와 넬리 테일러 컬렉션. 서던 캘리포니
아 대학 (USC). - At : http://www.usc.edu/libraries/archives/arc/libraries/
eastasian/korea/resources/kda=taylor.html

도판 172 보니파시오 사우어 대주교. - At : http://english.cbck.or.kr/bishops/1406

도판 173 양화진 외인 묘지에 있는 프란츠 에케르트 묘, 2012년 11월. - ⓒ 한스 알렉산더
크나이더

도판 174 서울 백동의 베네딕도회 수도원, 1925년. - Picasa Web Albums : Willibrord
Driever's Gallery. - At : https://picasaweb.google.com/104826247687139834533

도판 175 성심여학교 정문, 2010년. - ヤン・レッツェル. - At : http://ja.wikipedia.org/
wiki/%E3%83%A4%E3%83%B3%E3%83%BB%E3%83%AC%E3%83%83%
E3%83%84%E3%82%A7%E3%83%AB

도판 176 더블린의 휴전기념일, 1919년. - At : http://www.andrewcusack.
com/2009/02/01/victory-parade-dublin/

도판 177 경성제국대학교, 1930년경. - At : http://www.resistance333.web.fc2.com/
english/ruling.htm

도판 178 슐레지엔의 라티보르. - At : http://vogel-soya.de/bilder/ratibor.html

도판 179 1914년에 건설된 조선호텔. - Lankov, Andrei : (487) Room 201. In : The
Korea Times, Opinion, 01-24-2008. - At : http://www.koreatimes.co.kr/
www/news/opinion/2011/02/165_17865.html

도판 180 톈진에 있는 생 루이 학교, 1940년. -At : http://www.tarasovsaga.com/#Picture
Gallery

도판 181 덕원에 있는 베네딕도회 수도원, 1928년경. - Picasa Web Albums : Willibrord
Driever's Gallery. - At : https://picasaweb.google.com/104826247687139834533

도판 182 톈진에 있는 생 루이 학교 신도들, 1936년. - At : http://www.champagnat.
org/en/220306001.php?Pais=CH

도판 183 톈진에 있는 프랑스 영사관, 1898년. - Bundesardhiv, Bild 116-127-016/
Unknown/CC-BY-SA. - At : http://commons.wikimedia.org/wiki/
File : Bundesarchiv_Bild_116-127-016,_Tientsin_franz%C3%B6sisches_
Konsulat.jpg

도판 184 1938년 덕원에 있는 베네딕도 수도원. 맨 앞줄 가운데에 앉아 있는 보나파시오

사우어. - Picasa Web Albums: Willibrord Driever's Gallery. - At: https://picasaweb.google.com/10482624687139834533

도판185 1950년대 말의 조선호텔. - The Sullivan Saga. - At: http://www.sullivansaga.com/seoul-south-korea1957-1962/welcome-to-korea.html

도판186 1930년대 교토. - 교토 기타야마 고문서관. - At: http://www.pref.kyoto.jp/archives/shiryo1/tnbunrui/tn2.html

도판187 톈진의 빅토리아 공원. - At: https://us.midnightinpeking.com/downloads/tientsin/

도판188 경성 남대문로, 1940년경. - At: http://resistance333.web.fc2.com/english/ruling.htm

도판189 1940년경, 경성 종로. - At: http://resistance333.web.fc2.com/english/ruling.htm

도판190 톈진에 있는 일본 조계지, 1940년대. - At: http://www.panoramio.com/photo/4618368

도판191 샤를 드골, 1942년. - At: http://de.wikipedia.org/wiki/Charles_de_Gaulle

도판192 미국 공사관, 1904년. - 윌러드 디커맨 스트레이트와 초기 U.S.-한국 외교 관계, 코넬 대학 도서관. - At: http://www.flickr.com/photos/cornelluniversitylibrary/4096170274/

도판193 한성전기회사, 1920년. - 1920년대 종로서(서울역사박물관 자료사진).

도판194 한국에서 철수하는 일본 군대, 1945년. - At: http://de.wikipedia.org/wiki/Ch%C5%8Dsen-Armee

도판195 미군 지프 윌리스 MB, 1941년. - At: http://danmoldovan.blogspot.com/2011/01/70-years-of-jeep-history.html

도판196 1948년 7월 10일에 서울에서 열린 마리 앙투아네트 에케르트와 리차드 G. 디폴드의 결혼식. -컬렉션: 크리스티안 멘징, 한스 알렉산더 크나이더 편집

도판197 서울에서 아말리에 마르텔, 1948년. -컬렉션: 크리스티안 멘징, 한스 알렉산더 크나이더 편집

도판198 마르텔 일가의 새로운 동네 근처 중학천, 1929년. 국립중앙박물관 유리건판 사진 전시. 월간조선 2008년 2월호.

도판199 바오로 마리아 로기남 대주교.

도판200 앙투안 공베르 신부. - At: http://ansung365.com/ansunglove/sub_02.php

도판201 서울 양화진 외인 묘지에 있는 에밀 마르텔의 묘. ⓒ 한스 알렉산더 크나이더

도판202 1950년 4월 서울 남대문. -At:http://gogi22.egloos.com/4705508

도판 203 1950년 6월 28일, 서울로 진입하는 북한 군대. - At : http://clydemcdonnell.blogspot.com/2010/08/korean-war.html

도판 204 1950년 서울에 있는 UN 전쟁포로들. - At : http://m.sisainlive.com/articleView.html?idxno=1257

도판 205 1950년 10월 서울의 폐허에서. -서울에 있는 자신의 집 폐허에서 난로 잔해를 들여다보는 여인. 1950년 10월 1일. - 미국 사진 고문서관 : Photo #187890

도판 206 한강을 건너는 서울 피난민들, 1950년. - 미국 사진 고문서관 : Photo #103323

도판 207 1950년 9월 1일 남쪽으로 향하는 피난민들. -남한에 있는 어느 수용소로 향하는 난민이 금해와 마산 사이의 도로를 따라 보따리를 전부 들고 가는 모습. 미국 사진 고문서관 : Photo #59220

도판 208 1950년 11월 1일 서울의 돌무더기를 뒤지는 한국 여성들과 아이들. -쓸만한 것이나 땔감을 찾아 서울의 돌무더기를 뒤지는 한국 여성들과 아이들. 1950년 11월 1일. F. L. Scheiber.(육군) NARA FILE # : 111-SC-351697 WAR & CONFLICT BOOK # : 1503

도판 209 1950년 9월 18일 인천항에 상륙하는 미국 군대. Hunkins.(육군) NARA FILE # : 111-SC-363216 WAR & CONFLICT BOOK # : 1383

도판 210 1950년 38선 횡단. - 38선. 북한의 수도 평양에서 철수하는 미국 군대. 그들은 38선을 다시 가로질렀다. 1950년. NARA FILE # : 306-FS-259-21 WAR & CONFLICT BOOK # : 1433

도판 211 1950년 12월 19일 흥남부두를 떠나는 북한 피난민들. - 흥남에서 피난을 가기 위해 물에 뜰 만한 것을 찾아 사용하는 북한 피난민들. 1950년 12월 19일.(육군) NARA FILE # : 080-G-424513 WAR & CONFLICT BOOK # : 1480

도판 212 북한에서 미군 전쟁포로들, 1951년경. - At : http://www.thefirstpost.co.uk/47914,in-pictures,news-in-pictures,in-pictures-the-korean-war,5

도판 213 북한 벽동군에 있는 전쟁포로 수용소. - At : http://www.kmike.com/oz/77/PyokTong.htm

도판 214 1951년 3월 23일 문산의 낙하산 부대원들. - 한국 문산 187연대전투단의 낙하산 부대원들. - At : http://kr.blog.yahoo.com/gasiriitgo/1540

도판 215 북한에서 미군 전쟁포로들, 1950년. - At : http://ki.warmemo.co.kr :8101/warmemo/jsp/srch/searchDetail.jsp?mode=query&dir=&cat=&query=&old_check=&field=&sort=&order=&qa=%C1%DF%B1%B9%B1%BA&qo=&qn=&npp=50&cpage=2

도판 216 1951년 6월 9일 M-26 탱크 앞에 있는 한국인 소녀. -한국 행주에서 정지된

M-26 탱크 옆에서 남동생을 등에 업고 피곤한 듯 터덜터덜 걸어가는 한국 소녀. Maj. R. V. Spencer, UAF.(육군) NARA FILE #:080-G-429691 WAR & CONFLICT BOOK #:1485

도판 217 1950년 12월경 북한에서 동상 사상자. - 기다리고, 또 기다리고. 공산군의 포위를 뚫고 나오려 장진강 전투에서 연합했던 미 해병대 1사단과 제7보병사단의 병사들은 궁지에 몰리며 심한 동상에 걸렸다. 동상 피해자들이 미군 비행기들의 미 공군 전투 사령부 소속 비행기들이 데리러 와주기를 기다리면서 굳은 표정들을 짓고 있다. 항공기들은 갖가지 공급 물자, 배급품, 탄약들을 부대에 가져다주었다, c.12/1950. - National Archives: ARC Identifier 542211/Local Identifier 342-AF-78466AC.

도판 218 1951년 2월 1일 아버지를 업고 얼어붙은 한강을 건너는 피난민. - 미국 사진 고문서관: Photo #103324

도판 219 1951년 1월 8일 피난민들. - 남쪽으로 이어지는 긴 행렬: 강릉에서 제1군단의 후퇴를 차단하면서 눈발을 뚫고 묵묵히 행진하는 끝없는 한국 피난민 행렬, 미 육군 월터 캘무스(Walter Calmus) 상병 사진.(육군) NARA FILE #:111-SC-356475 WAR & CONFLICT BOOK #:1477

도판 220 1951년 1월 24일 서울의 피난민들. - 미국 사진 고문서관: Photo #88448

도판 221 1951년 1월 3일 눈 덮인 산. - 적군의 정확한 위치를 찾아내기 위해 서울 북쪽 10마일 가량 눈 덮인 산을 헤치며 작업하는 19 보병연대 군인들. Pfc. James J. Jacquet. (육군) NARA FILE #:111-SC-355544 WAR & CONFLICT BOOK #:1431

도판 222 1950년 8월 25일 살해된 민간인 피난민들. - 북한군을 피해 달아나다 용산 근처 게릴라군의 습격으로 밤사이에 사선에서 붙잡혀 살해된 민간인 피난민들. Cpl. Ingram.(육군) NARA FILE #:111-SC-347020 WAR & CONFLICT BOOK #:1507

도판 223 1950년 북한의 언덕에서 항복하는 중국군. - 고무 밑창 신발에 덧신을 신고 누더기를 걸친 중국 공산군이 미 해병 7사단 '찰리 중대'에 항복하고 있다. NARA FILE #:127-GK-234J-A5377

도판 224 1951년 8월 5일 휴식을 취하고 있는 노인. - 한 한국 노인이 서울에서 파괴된 건물들 앞 거리에서 휴식을 취하고 있다. G. 디미트리 보리아. (육군) NARA FILE #:111-C-6787 WAR & CONFLICT BOOK #:1483

도판 225 얼어붙은 한강을 건너는 피난민 행렬, 1951년 1월. 중공군과 북한 공산군이 밀려오기 전에 남쪽으로 달아나려 줄을 지어 얼어붙은 한강을 건너는 피난민들. 부서진 다리 파편들이 배경으로 보인다. INP. (USIA) NARA FILE #:306-PS-52-2719 WAR & CONFLICT BOOK #:1478

도판 226 만포와 압록강, 2008년. - At : http://goodjcs.cafe24.com/xe/?mid=world&document_srl=1966&sort_index=readed_count&order_type=desc

도판 227 일본식 단팥죽 오시루코. - Shiruko. - At : http://pt.wikipedia.org/wiki/shiruko

도판 228 1951년경 체포된 북한 간호사. - At : http://www.rt66.com/~korteng/SmallArms/NKNurse.htm

도판 229 1951년 개성에 있는 정전회담 건물. - 국립 고문서관 : ARC Identifier 292618

도판 230 1951년 개성의 북한 장교들. - 국립 고문서관 : ARC Identifier 292621

도판 231 1951년 11월에 마량산 317고지에서 체포된 영연방사단의 전쟁포로들. - At : http://www.rt66.com/~korteng/SmallArms/BCD1.htm

도판 232 1952년 4월 10일 한국 전쟁 피난민들 : "피난 — 연령대도 다양한 이 한국인 가족은 미 해군 수송 트럭을 타고 최전방 근처의 위험 지역에서 탈출하고 있다." - 극동 아시아 주둔 해군 사령관의 사진과 설명, 1952년 4월 10일자. - 미 해군 역사 박물관 사진, 사진 #: NH97135

도판 233 평양에서 피난을 기다리는 북한 민간인들, 1951년경. - 항공과 우주 박물관 #: 78804 AC

도판 234 네이팜탄을 투하하는 F-51 무스탕기, 1951년경. 미 공군 제5비행대의 18번 전투폭격단이 북한에 있는 군사단지에 네이팜탄 2개를 투하하고 있다. 멀리 왼쪽에 또 다른 UN 비행기가 보인다. - 항공과 우주 박물관 #: 51-131-3-3-6-PS

도판 235 1951년 9월 4일 미해군 강습상륙함(USS Boxer) 위를 선회하는 함상전투기(F4U). - 북한에서 전투 임무를 수행하고 돌아오는 전투기 F4U(콜세어)가 비행 갑판에서 다음 타격에 나설 비행기들을 기다리며 미 상륙함 위를 선회하고 있다. 배 위를 맴도는 헬리콥터 한 대도 보인다(육군) NARA FILE #: 080-G-433003 WAR & CONFLICT BOOK #: 1414

도판 236 1952년 3월 판문점 군사 정전 협정지. 이 사진은 1952년 3월에 촬영되었고, 시설은 나중에 개선되었다.(미 공군 사진) - USAF 국립 박물관. [100617-F-1234S-127.jpg]

도판 237 1953년 4월 21일 판문점에서 이루어진 전쟁포로 교환. - 판문점에서 전쟁포로들(최근에 UN 전쟁포로 교환으로 본국 송환된)이 구급차에서 내리고 있다. 전경에 텐트를 향해 걸어가고 있는 이들. - 국립 고문서관 : - ARC Identifier 542188 / Local Identifier 342-AF-B83243AC

도판 238 1953년 판문점에서 UN 당국에 인도되는 전쟁포로들. - UN 당국에 석방되는 전쟁포로들은 본국 송환의 첫 단계였다. 여기서 공산주의자들은 남한과 북한의 경계인 판문점에서 UN군에게 전쟁포로들을 인계한다. (미 공군 사진). - USAF 국립 박물관. [100617-F-1234S-113.jpg]

404

크나이더 편집

도판 258 파리 주재 미국 영사관 탈레랑 호텔(가운데 건물), 1952-2007. 장 으젠 뒤랑 (1845-1926) 사진. - At : https://commons.wikimedia.org/wiki/File :Hotel_ Saint_Florentin_(ancien),_Hotel_de_Talleyrand,_Consulat_des_Etats- Unis-_Paris_-_Mediatheque_de_1%27architecture_et_du_patrimoine_-_ APMH00019194.jpg

도판 259 SS '리베르테'호. - At : https ://i.ytimg.com/vi/VK9mA1fV07Q/ maxresdefault.jpg

도판 260 1950년대 뉴욕의 자유의 여신상을 지나는 '리베르테'호. - 뉴욕을 떠나는 '리베르 테'호. - At : http://cruiselinehistory.com/?p=3895

도판 261 1934년 뉴욕 항 부두. - At : http://cruiselinehistory.com/?p=1178

도판 262 1991년 12월 뉴욕시의 스카이라인. - At : https://commons.wikimedia.org/ wiki/File :Lower_Manhattan_Skyline_December_1991_3_cropped.jpg

도판 263 포틀랜드 국제공항. - 마이크 티그(Mike Teague) 사진, 2005년 9월. - At : http:// en.wikipedia.org/wiki/Portland_International_Airport

도판 264 2007년 오리건 주 포틀랜드 파노라마 경관. - 오리건 주 포틀랜드 도심을 지나 는 윌래멋 강. 이 이미지는 사진 열장으로 만들어졌다. 오른쪽에서 왼쪽으로 셸우 드, 로스 아일랜드, 마큄, 호손, 모리슨, 번사이드, 스틸(부분적으로 보이지 않는 검은 다리), 프레몬트(멀리 왼쪽의 아치교)이다. 오른쪽으로 왼쪽으로 보이는 산은 마운트 후트, 마운트 아담스(꼭대기만 보이는) 그리고 마운트 세인트 헬렌스 산이다. - At : http://en.wikipedia.org/wiki/Portland,_Oregon

도판 265 후드 산을 배경으로 한 포틀랜드. - At : http://www.happyzebra.com/ timezones-worldclock/currentlocal.php?city-Portland

도판 266 오른쪽부터: 장남 프란츠 에케르트, 그의 아내 헤드비히, 카를 에케르트, 카를 에 케르트의 네 딸 중 하나, 1958년경. - 컬렉션: 크리스티안 멘징, 한스 알렉산더 크나이더 편집

도판 267 포틀랜드를 흐르는 윌래멋 강. - At : http://www.brianbrooksappraisals. com/NorthwestExperts

도판 268 1955년 가을에 포틀랜드의 자택에서. 앞: 아말리에 마르텔, 뒷줄 왼쪽부터: 리차 드 G. 디폴드, 마리 앙투아네트 디폴드 그리고 마르게리트 에케르트. - 컬렉션: 크리스티안 멘징, 한스 알렉산더 크나이더 편집

# 참고문헌

## 서구 문헌

- Allen, Horace N.: *A Chronological Index. Some of the Chief Events in the Foreign Intercourse of Korea. From the Beginning of the Christian Era to the Twentieth Century.* Compiled by Horace N[ewton] Allen, Seoul 1901.
  Supplement to "*A Chronological Index*", Including the Years 1901 and 1902, pp. 3, 6, 11.
- Baelz, Erwin: *Das Leben eines deutschen Arztes im erwachenden Japan.* Stuttgart 1931.
- "Battle of Korea: The Boys Come Home". *In: Life Magazine*, Monday, May 11, 1953.
- Beasley, William G.: *The Meiji Restoration.* Stanford, California 1972.
- "Besuch Seiner Koeniglichen Hoheit des Prinzen Heinrich in Seoul". In: *OL*, vol. 13, July 1, 1899, pp. 687f.
- Bolljahn, Johannes: "Das koreanische Schulwesen". In: *Deutsche Zeitschrift für Ausländisches Unterrichtswesen.* Leipzig, Jg. 5, H. 3 (April 1900), pp. 192-209.
- Bolljahn, Johannes: "Das Schulwesen in Korea". In: *Zeitschrift für Philosophie und Pädagogik.* Langensalzen, April 1899, S. 125-127.
- Boose, Donald W., Jr.: "Fighting while Talking: The Korean War Truce Talks". In: *OAH Magazine of History*, vol. 14, no. 3: The Korean War (Spring, 2000), pp. 25-29.
- Boyd, Richard and Tak-Wing Ngo (Eds.): *State Making in Asia.* New York 2006.
- Brandt, Max von: *Dreiunddreissig Jahre in Ost-Asien. Erinnerungen eines deutschen Diplomaten.* 3 vols. Leipzig 1900-1901.
- Bräsel, Sylvia: *Fräulein Son(n)tag (1838-1922). Eine deutsche Pionierin mit*

*interkulturellem Background am koreanischen Kaiserhof.* Published on July 9, 2014. (PDF).

- Burks, Ardath W. (Ed.): *The Modernizers: Overseas Students, Foreign Employees and Meiji Japan.* Westview Press, Boulder, Colorado, 1985.

- Carlson, Lewis H.: *Remembered prisoners of a forgotten war. An Oral History of Korean War POWs.* New York, St. Martin's Press; April 18, 2002.

- Claer, Alexander von: Bericht aus dem Jahre 1904. Unpublished manuscript.

- Claussen-Wunsch, Gertrud (Ed.): *Dr. med. Richard Wunsch. Arzt in Ostasien.* Authentische Berichte über Medizin und Zeitgeschehen von 1901-1911 in Korea, Japan und China aus der Feder des kaiserlich-koreanischen Hofarztes. Büsingen/Hochrhein: Krämer Verlagsgesellschaft 1976.

- Coyos, Célestin: *Ma captivité en Corée du Nord. Paris:* Bernard Grasset 1965.

- Crosbie, Philip: *March till they die.* Browne & Nolan, Dublin 1955.

- Curt Netto 1847-1909. *Aquarelle und Zeichnungen aus Japan 1873-1885. Ausstellung im japanischen Kulturinstitut Köln vom 6. bis 23. Mai 1980.* (Exhibition Catalogue), Köln 1980, pp. 26, 45.

- Deane, Philip: *I should have died.* Athenaeum, New York 1977.

- Deane, Philip: *Captive in Korea.* Hamish Hamilton; 2nd Edition, London 1953.

- Dettmer, Hans A.: *Grundzüge der Geschichte Japans.* Darmstadt 1985.

- "Der Deutsche, der Nationalhymnen für Asien schrieb". In: *Ost-Dienst. Die unabhängige deutsche Ostkorrespondenz,* Hamburg. Beilage: Korea-Dienst, no. 143 (May 1983).

- "Der Freundschafts- und Handelsvertrag zwischen Deutschland und Korea". In: *Daheim,* zweite Daheim-Beilage zu Nr. 2, Leipzig 1883.

- "Die letzten Tage und Stunden im Schwesternkloster Wonsan". In: Schicksal in Korea. Deutsche Missionare berichten. St. Ottilien 1974, pp. 32-37.

- Directory & Chronicle for China, Japan, Corea, Indo-China, Straits Settlements, Malay States, Siam, Netherlands India, Borneo, The Philippines, &c. The Hongkong Daily Press Office, Hongkong and London, 1904-1911.

- Eckardt, Andre: "Unserem Mitgliede Franz Eckert dem Pionier deutscher Musik in Japan zum Gedächtnis". In: *MOAG,* vol. 21 (1927), between magazine D and E.

- Eckardt, Andre: *Wie ich Korea erlebte.* Frankfurt 1950.

- Eckert, Franz: "Die japanische Nationalhymne". In: *MOAG,* vol. 3, no. 23 (March

1881), p. 131.

- Eppstein, Ury: "Musical Instruction in Meiji Education. A Study of Adaptation and Assimilation". In: *Monumenta Nipponica*, Sophia University Tokyo, vol. 40, no. 1 (Spring 1985), pp. 1-37.

- Franz, Edgar: "Deutsche Mediziner in Japan - Ein Beitrag zum Wissenschaftstransfer in der Edo-Zeit". In: *Japan Studien*. Jahrbuch des Deutschen Instituts für Japanstudien, vol. 17 (2012), pp. 31-56.

- Franzius, Georg: *Kiautschou. Deutschlands Erwerbung in Ostasien*. 2nd Edition, Berlin (c. 1899-1900).

- "Fräulein Antoinette Sontag". In: *OL*, vol. 23, Sep. 24, 1909, p. 625.

- Fuess, Harald: "E. Meyer & Co. at the Eastern Frontiers of Capitalism: The Leading Western Merchant House in Korea, 1884 to 1914". In: *Zeitschrift für Unternehmensgeschichte* (ZUG), vol 61, no. 1 (2016), pp. 3-30.

- Galliano, Luciana: *Yōgaku. Japanese Music in the 20th Century*. The Scarecrow Press 2002.

- Genthe, Siegfried: *Korea. Reiseschilderungen*. Berlin 1905. (= Dr. Georg Wegener (Ed.). Genthes Reisen. Vol. 1: Korea).

- Giesen, Walter: "Musik und Ongaku: Bilanz der Ignoranz". In: Kracht, Klaus [et al.]: *Japan und Deutschland im 20. Jahrhundert*. Wiesbaden 1984, pp. 167-188.

- Gottschewski, Hermann: "Hoiku shôka and the melody of the Japanese national anthem Kimi ga yo". In: *Journal of the Society for Research in Asiatic Music [of Japan]* (Tōkyō Ongaku Kenkyū), no. 68, 2003, pp. 1-17, 23-24.

- Gottschewski, Hermann: "Traditionelle und westliche Musik als Identitätssymbole der Moderne: Die Nationalhymnen Japans und Koreas um 1900". In: OAG-Notizen, 12 (2013), pp. 39-48.

- Gottschewski, Hermann, and Kyungboon Lee, "Franz Eckert und 'seine' Nationalhymnen. Eine Einführung", *OAG-Notizen* 12 (2013), pp. 27-48.

- Hall, John Whitney: *Das Japanische Kaiserreich*. Fischer Weltgeschichte, vol. 20. Frankfurt/Main, Hamburg 1968.

- Hamilton, Angus: *Korea. Das Land des Morgenrots. Nach seinen Reisen geschildert von Angus Hamilton*. Leipzig 1904.

- Hammitzsch, Horst: "Geschichte Japans". In: Barloewen, Wolf-D. v. (Ed.): *Abriss der Geschichte außereuropäischer Kulturen*, vol. 2: *Nord- und Innerasien,*

*China, Korea, Japan*, bearbeitet von Hans Findeisen, Bertold Spuler, Werner Eichhorn, Roger Goepper, Bruno Lewin, Horst Hammitzsch. München, Wien 1964, pp. 240-319.

- "Handel-, Freundschafts- und Schiffahrtsvertrag zwischen dem Reich und dem Königreich Korea. Vom 26. November 1883". In: *Stenographische Berichte über die Verhandlungen des Deutschen Reichstags. 5. Legislaturperiode, 4. Session. 1884*: vol. 4, Anlagen zu den Verhandlungen des Reichstages: Aktenstück Nr. 171, pp. 1303-1322.

- Harms, Anette: *Lernen, wie Japan von anderen lernte. Ausländische Einflüsse auf das japanische Bildungswesen im ausgehenden 19. Jahrhundert.* Waxmann: Münster, New York, München, Berlin 1997.

- Henderson, Gregory: "A History of the Chong Dong Area and the American Embassy Residence Compound". In: *Transactions of the Korea Branch of the Royal Asiatic Society*, vol. 35 (1959), pp. 1-31.

- Herold, Heiko: *Reichsgewalt bedeutet Seegewalt. Die Kreuzergeschwader der Kaiserlichen Marine als Instrument der deutschen Kolonial- und Weltpolitik 1885 bis 1901.* Oldenbourg Wissenschaftsverlag: München 2013.

- Hoppner, Inge and Sekikawa Fujiko (Eds.): *Brückenbauer. Pioniere des japanisch-deutschen Kulturaustausches.* Iudicium: München, Tokyo 2005.

- Huffman, James: *Modern Japan: An Encyclopedia of History, Culture, and Nationalism.* London 1997.

- Hulbert, Homer B.: "Korean Vocal Music". In: *The Korean Repository*, vol. 3 (Feb. 1896, pp. 45-53.

- Jansen, Marius B.: "The Meiji Restoration". In: Jansen, Marius B. (Ed.): *The Cambridge History of Japan*, vol. 5: The nineteenth century. New York 1989, pp. 308-366.

- Jansen, Marius B.: *The Making of Modern Japan.* Cambridge: Harvard University Press 2000.

- Japan Directory for Tokyo, Yokohama, Kobe, Osaka, Kyoto, Nagasaki, Nagoya, Shidzuoka, Nemuro, Kushiro, Otaru, Niigata, Hakodate, Sapporo, Moji, Shimonoseki, Formosa and Korea. Printed and Published by the "Japan Gazette" Co., Yokohama. 1912-1915.

- Jones, F[rancis] C[lifford]: *Extraterritoriality in Japan and the diplomatic relations resulting in its abolition 1853-1899.* New Haven 1931; Reprint, New York 1970.

- Kaspar, Adelhard and Placidus Berger: *Hwan Gab. 60 Jahre Benediktinermission*

*in Korea und der Mandschurei.* Münsterschwarzacher Studien vol. 15,
Münsterschwarzach 1973.

* Kauf, Tabea : Izawa Shūjis *"Lieder für die Grundschule"* (Shōgaku shōka, 1892).
Eingeleitet, übersetzt und kommentiert. Bachelorarbeit zur Erlangung des
akademischen Grades Bachelor of Arts im Fach Regionalstudien Asien/Afrika.
Humboldt-Universität zu Berlin, Philosophische Fakultät Ⅲ, Institut für Asien-
und Afrikawissenschaften. Berlin, Feb. 1, 2011.

* Kim, Hoi-eun : *Doctors of Empire: Medical and Cultural Encounters Between
Imperial Germany and Meiji Japan.* Toronto : University Toronto Press, Buffalo,
London 2014.

* Kleiner, Jürgen : *Korea. Betrachtungen über ein fernliegendes Land.* Frankfurt/
Main 1980.

* Kleiner, Jürgen : *Korea: Auf steinigem Pfad.* Berlin 1992.

* Kim, Jang-Soo : *Korea und der "Westen" von 1860 bis 1900. Die Beziehungen
Koreas zu den europäischen Großmächten, mit besonderer Berücksichtigung
der Beziehungen zum Deutschen Reich.* Frankfurt a. M., Bern, New York 1986.

* Kneider, Alexander : *"Der Kgl. Preuß. Musikdirektor Franz Eckert als
Kapellmeister am koreanischen Kaiserhof".* In : Komitee 100 Jahre deutsch-
koreanische Beziehungen (Ed.) : *Bilanz einer Freundschaft. Hundert Jahre
deutsch-koreanische Beziehungen.* Bonn 1984, pp. 36-38.

* Kneider, Hans-Alexander : *"Deutsche Botschafts- und Konsulatsangehörige in
Korea bis zum Jahre 1910".* In : 한국외국어대학교 논문집 제33집, Seoul 2001, pp.
575-598.

* Kneider, Hans-Alexander : *"Franz Eckert: Königlich Preußischer Musikdirektor
am koreanischen Kaiserhof".* In : *Daf-Szene Korea. Rundbrief der Lektoren-
Vereinigung Korea,* no. 17 : 'Deutsches in Korea'. Seoul, May 2003, pp. 18-21.

* Kneider, Hans-Alexander : *Globetrotter, Abenteurer, Goldgräber. Auf deutschen
Spuren im alten Korea. Mit einem Abriss zur Geschichte der Yi-Dynastie und
der deutsch-koreanischen Beziehungen bis 1910.* München : Iudicium Verlag,
Second Edition, 2010.

* Koh, Byong-ik : *"The Role of Westerners Employed by the Korean Government
in the Late Yi Dynasty".* In: *International Conference on the Problems of
Modernization in Asia,* June 28 - July 7, 1965, Seoul, Korea University, pp. 249-257.

- "Korea". In: *OL*, vol. 16, Jan. 17, 1902, p. 51; July 11, 1902, p. 550.
- "Korean Taste of Western Music Traces Back to 1901". In: *The Korea Times*, Friday, August 13, 1982, p.5.
- Kracht, Klaus [et al.]: *Japan und Deutschland im 20. Jahrhundert*. Harrassowitz, Wiesbaden 1984.
- Kreiner, Josef (Ed.): *Deutschland - Japan. Historische Kontakte*. Bonn 1984.
- Kroebel, Emma: *Wie ich an den koreanischen Kaiserhof kam. Reise-Eindrücke und Erinnerungen*. Berlin-Schoöneberg: Jacobsthal & Co. 1909.
- Kugelmann, Willibald: "Gründungsbericht der Abtei St. Benedikt in Seoul, ihrer Verlegung nach Tokwon und Tätigkeit der Benediktiner im apost. Vikariat Wonsan". In: Kaspar, Adelhard and Placidus Berger: *Hwan Gab*. Münsterschwarzach 1973, pp. 80-111.
- Kuh, K. S.: "100 Jahre deutsch-koreanische Beziehungen". In: Kuh, K. S. (Ed.): 한 *Korea. Kulturmagazin*, Jg. 1983, vol. 3, pp. 7-23.
- Leben und Sterben unserer Schwester Immaculata Martel OSB, heimgerufen in das ewige Reich am 5. Dez. 1988 in Taegu, Sasu-dong, Korea. [PDF].
- Lech, Raymond B.: *Broken Soldiers*. Urbana and Chicago, University of Illinois Press, August 2000.
- Lee Kyungboon: "Die erste koreanische Nationalhymne: Ihre Quelle, Franz Eckerts Bearbeitung und die Frage der Text-Musik-Relation". In: *OAG-Notizen*, 12 (2013), pp. 30-39.
- Leifer, Walter (Ed.): 묄렌도르프 (P.G. von Möllendorff). Seoul 1983.
- Lensen, Georg Alexander: *Balance of Intrigue. International Rivalry in Korea & Manchuria, 1884-1899*. Tallahassee: Florida State University Book, 1982, 2 vols.
- Magnus, Friedrich: "Ein Besuch am Hofe von Korea". In: *Globus*, vol. 82, no. 10 (Sep. 1902), pp. 158-161.
- Martel, Charles and Georges Perruche: "Prisonniers française en Corée". In: *Cahiers d' Histoire Sociale*, no. 3, Albin Michel 1994, pp. 116-146.
- Martin, Bernd: *Japan and Germany in the Modern World*. Providence and Oxford 1995.
- Meissner, Kurt: *Deutsche in Japan 1639-1960*. Tokyo 1961, p. 57.
- Meissner, Kurt: "Unwissenschaftliches aus der 'Gelehrtenkolonie' in Tokyo in den 89er Jahren". In: *Nachrichten der OAG*, no. 65.

- "Memorial Service Due for Eckert". In: *Korea Times*, 31 July 1983.
- Moellendorff, R[osalie]. von: P. G. *von Moellendorff. Ein Lebensbild.* Leipzig 1930.
- Nakasone Genkichi: *Die Einführung der westlichen, besonders deutschen Musik im Japan der Meiji-Zeit.* Münster: LIT Verlag 2003. [Sociology vol. 38].
- Neff, Robert: "First gentlemen's club in Seoul established in 1889". In: *The Korea Times*, 20 Oct. 2010.
- "News Calendar". In: *The Korea Review*, vol. 1, no. 2 (February 1901), p. 74; no. 9 (September 1901), p. 412.
- "News Calendar". In: *The Korea Review*, vol. 2; no. 8 (August 1902), p. 365; no. 12 (December 1902), p. 557.
- "News Calendar". In: *The Korea Review*, vol. 4, no. 12 (December 1904), p. 559.
- "News Calendar". In: *The Korea Review*, vol. 5, no. 2 (February 1905), p. 79.
- Ogawa, Masafumi: "American Contributions to the Beginning of Public Music Education in Japan". In: *The Bulletin of Historical Research in Music Education*, vol. 12, no. 2 (July 1991), pp. 113-128.
- "Personal Nachrichten". In: *OL*, vol. 8 (1893/94), May 11, 1894, p. 531; vol. 16, Nov. 14, 1902, p. 928; vol. 17, Jan. 23, 1903, p. 156.
- Podjacka, Monika: "Mieszkaniec Nowej Rudy dokonał transkrypcji, Hymnu Narodowego Japonii. In: info Nowa Ruda". *Urząd* Miasta w Nowej Rudzie, 15 września 2006, no. 121, pp. 1, 3.
- Renner, Frumentius (Ed.): *Der fünfarmige Leuchter. Beiträge zum Werden und Wirken der Benediktinerkongregation von St. Ottilien.* Vol. 2: *Klöster und Missionsfelder der Kongregation von St. Ottilien.* St. Ottilien 1971.
- Records of the Political Archive of the Imperial German Foreign Office:
- Korea 1: Allgemeine Angelegenheiten (General Affaires) 1901-1910, vols. 32-38. [R 18932 - R 18938].
- Schmiedel, Otto: *Die Deutschen in Japan.* Leipzig 1920.
- Schmidlin, Prof. Dr.: "Im Lande der Morgenstille". In: *OL*, vol. 28, June 20, 1914, p. 591.
- Schmidt, Martin H. (Ed.): *Franz Eckert - Li Mirok - Yun Isang. Botschafter fremder Kulturen. Deutschland - Korea.* (Regardeur III. Schriftenreihe für Kunst, Künstler, Betrachter, Heft 3, Second Edition, Norderstedt 2010).
- Seidl, Rudolf: "Die deutsch-japanischen Kulturbeziehungen auf dem Gebiete der Wissenschaften". In: *Ostasiatische Rundschau*, vol. 20 (1939), pp. 242-244, 299f.

- Steiniger, Helmuth: "Erinnerungen an Richard Wunsch (1869-1911). Ein deutscher Arzt in Ostasien - Leibarzt des letzten koreanischen Kaisers". In: *Deutsche Medizinische Wochenschrift*, vol. 136 (2011), pp. 2676-2678.
- Swale, Alistair D.: The Meiji Restoration: Monarchism, Mass Communication and Conservative Revolution. Palgrave Macmillan UK, 2009.
- Tanimura Masajirō: "Franz Eckert (1852-1916). Spiritus rector der Blasmusik in Japan, Bearbeiter der japanischen Nationalhymne 'Kimigayo'". In: *Brückenbauer. Pioniere des japanisch-deutschen Kulturaustausches*. Berlin, Tokyo 2005, pp. 218-227.
- "Thanksgivings and Intercessions". In: *Morning Calm*. Newssheet of the Korean Mission Partnership, Seoul, September 2007.
- Underwood, Peter A., Samuel H. Moffett, and Norman R. Sibley (Eds.): *First Encounters*: Korea, 1880-1910. Seoul 1982.
- "Vizeadmiral Bendemann in Port Arthur und Korea." In: *OL*, vol. 15 (1901), p. 849.
- Wagner, Wieland: *Japans Außenpolitik in der frühen Meiji-Zeit (1868-1894). Die ideologische und politische Grundlegung des japanischen Führungsanspruchs in Ostasien*. Stuttgart 1990.
- Weber, Norbert: *Im Lande der Morgenstille. Reise-Erinnerungen an Korea*. St. Ottilien 1916.
- Wertheimer, Fritz: "Seoul: Blicke in die Hauptstadt Koreas". In: *OL*, vol. 24, no. 4 (Jan. 28, 1910), pp. 106-108.
- Wigand: "Eine Audienz beim Kaiser von Korea". In: *Die Flotte*, vol. 10, no. 3 (March 1907), pp. 37-39.
- Williams, Herold S.: *Shades of the Past or Indiscrete Tales of Japan*. Tokyo, Rutland 1959, pp. 266-271.
- Woo, Chul-Koo: "Centenary of Korean-French Relations". In: *KJ*, vol. 26, no. 6 (June 1986), pp. 4-16.
- Yim, Kap-son: "German Contributions in Yi Era Integral Part of Nation's History". In: *The Korea Herald*, Sunday, March 5, 1967
- Zellers, Larry: *In Enemy Hands: A Prisoner in North Korea*. University Press of Kentucky 1999.
- Zoe, Cincaid: "Composer of Japan's National Anthem Organized Bands Here". In: *The Japan Advertiser*, Tokyo, Dec. 7, 1926, p. 10.

# 아시아 문헌

## 한국어

- 김영우: 한국 개화기의 교육. 서울: 교육과학사, 1997년.
- 김영자(편저): 조선왕국 이야기, 100년 전 유럽인이 유럽에전한. 서울: 서문당 1997.
- 김원모: 미스 손탁과 손탁 호텔. 鄕土서울, 56호, 1996년, 175-220쪽.
- 舊韓國外交文書, 德案. 2권(1882-1906). 서울: 高麗大學校亞細亞問題硏究所, 1966년.
- 나까무라 리헤이(中村理平): 한국의 이왕조(李王朝) 궁정음악교사 에케르트 민경찬 옮김. 낭만음악, 제1호 서울 1997년 겨울호, 99-120쪽.
- 남궁요열(南宮堯悅): 개화기의 한국 음악 - 프란츠 에케르트를 중심으로. 音樂敎育, 7월호, 서울: 世光音樂出版社, 1987년.
- 남궁요열(南宮堯悅): 이 땅에 음악의 씨앗을 뿌려준 은인 프란츠 에케르트. 월간음악, 2월호, 통권29, 1973년, 38-39쪽.
- 남궁요열(南宮堯悅): 舊韓末이래 洋樂80年史 정리. 한국일보, 서울 1982年 7月 14日.
- 노동은: 『한국근대음악사 1』, 서울: 한길사, 1995.
- 박도(엮음): 개화기와 대한제국. The Time of Enlightenment & the Korean Empire, 1876-1910. 서울: 눈빛출판사, 2012년.
- 박영석(朴永錫, 편저): 韓獨修交 100年史. 서울: 韓國史硏究協議會, 1984.
- 박혜정: 서양음악의 전래와 수용 - 1880대를 기점으로 한 개화기 중심으로 국악과교육 제23집, 23호, 2005년 12월.
- 불려지지 않은 〈제2의 愛國歌〉 악보 발견. 조선일보, 1985년 12월 1일.
- 빈대욱(賓大旭): 韓國 軍樂隊의 發展 方向에 關한 調査硏究 - 海軍 軍樂隊를 中心으로. 〈齊州大學校 敎育大學院〉, 2007년 8月. (PDF)
- 에케르트의 〈대한제국애국가〉. 음악동아, 서울, 1986년 일월, 102-104쪽.
- 유진영: 대한제국 사기 독일인 군악대장 프란츠 에케르트 (1852-1916)의 활동에 관한

연구. 한국독일사학회: 독일연구 제23호, 2012년 6월, 73-101.

- 이경분, 헤르만 고체프스키 공저: 「프란츠 에케르트는 대한제국 애국가의 작곡가인가? - 대한제국 애국가에 대한 새로운 고찰」, 『역사비평』 101호, 2012겨울, 373-401쪽.
- 이광린(李光隣): 舊韓末의 官立 外國語學校에 대하여. 鄕土서울, 20호, 1964년, 5-34쪽.
- 이광숙: 개화기의 외국어교육: 1883-1911, 서울: 서우대학교출판문화원, 2014년.
- 이매랑(李每浪): 韓國音樂史. 서울: 大韓民國藝術院, 1985년.
- 이민원: 명성황후시해와 아관파천. 韓國史學硏究叢書 36, 서울: 國學資料院, 2002.
- 이상만(李相萬): 舊軍樂隊長 "에케르트". 新東亞, 1983년 8월, 490-491쪽.
- 이세라: 한국의 서양음악 수 과 발전에 있어서 양악대의 영향. 제4회 세계한국학대회발표논문, 한국학중앙연구원, 2008년 9월. (PDF)
- 이순우: 손탁호텔: 근대서울의 역사문화공간 서울: 도서출판 하늘재, 2012년.
- 이유선(李有善): 韓國洋樂百年史. 서울: 음악춘추사, 1985년.
- 이유선(李有善): 韓國洋樂八十年史. 서울: 中央大學校 出版局, 1968년.
- 이정희: 대한제국기 군악대 고찰. 서울: 韓國音樂硏究, 第44輯, 2008년 12월, 165-194쪽.
- 이현종(李鉉淙): 舊韓末 外國人 雇聘考. 韓國史研究, 8호, 1972년, 113-148쪽.
- 이홍직(李弘稙) (편저): 國史大事典. 2 권, 서울: 세진출판사, 1981년.
- 장사훈(張師勛): 黎明의 東西音樂. 서울: 寶晉齋, 1974년.
- 전성환: 황제의 명을 받아 민 영환이 가사를 지은 에케르트의 〈대한제국 애국가〉. 음악동아, 서울, 1986년 일월, 102-104쪽.
- 정진섭: 『Franz Eckert가 한국 군악대 형성에 미친 영향과 발전방안에 대한 연구』, 중앙대학교 교육대학원 석사학위논문, 2003년 6월.
- 朝鮮洋樂의 夢幻的 來歷(1). 東明, 13호, 1922년 11월, 376쪽.
- 朝鮮洋樂의 夢幻的 來歷(2). 東明, 14호, 1922년 12월, 381쪽.
- 朝鮮洋樂의 夢幻的 來歷(3). 東明, 15호, 1922년 12월, 382쪽.
- 朝鮮洋樂의 夢幻的 來歷(4). 東明, 63호, 1922년 12월, 383쪽.
- 주영하: 식탁 위의 한국사. 메뉴로 본 20세기 한국 음식문화사. 서울: 휴머니스트, 2013년 09월 02일.
- 최성연(崔聖淵): 仁川鄕土史料. 開港과 洋館歷程. 인천: 京畿文化社, 1959년.
- 최종고: 한강에서 라인강까지: 한독관계사. 서울: 유로서적, 2002년.
- 최종고: 韓獨交涉史. Geschichte der deutsch-koreanischen Beziehungen. 서울: 홍성사, 1983년.
- 최창언: 한국 근대음악사: 대한제국애국가와 프라츠 에케르트. 음악저널, 2009년 11월호 ~ 2011년 3월호.

- 韓國 첫 洋樂지도자 프란츠 에케르트 追慕모임. 한국경제신문, 1983년 7월 31일.
- 홍순호: "에밀 마르텔 (Emile Martel)의 생애와 활동". 교회와 역사 93호. 서울: 한국교회 사연구소, 1983년.
- 홍순호: 한불인사교류와 프랑스 고문관의 내한. 한불수교 100년사. 서울: 한국사연구 협의회, 1986년, 95-132쪽.
- 황성신문 (皇城新聞), 1900년 12월 18일.

## 일본어

- 秋山龍英: 日本の洋楽百年史. 東京 1966.
- "Franz Eckert". In: 日本歷史大事典, 東京, vol. 19, p. 290.
- エツケルト, フランツ. In: 音樂事典, 東京, vol. 1, p. 253.
- 遠藤宏: 明治音樂史考. 東京 1948.
- 伊沢修二: 洋楽事始: 音楽取調成績申報書. 山住正已 (Ed.), 재판, 東京 1971.
- 小坂貞雄: 外人の 觀たる 朝鮮外交秘話 / [エミール マルテル述]. 朝鮮外交秘話出版 會, 京城 1934.
- 中村理平: 洋樂導入者の軌跡. 日本近代洋樂史序說. 東京 1993.
- 野村光一: フランツ・エッケルト - 音樂敎育の推進. In: 音樂お雇い外国人, vol. 10, 東京 1971, pp. 143-161.
- 野村光一: お雇い外国人. 東京 1971.

# 온라인 자료

[다음의 온라인 사이트들은 2012년 1월부터 2017년 5월 사이에 검색했다]

## 서양 사이트

- Abingdon, Oxfordshire. Civilian POWs return home from Korea. - Civilian Internees Home Video Newsreel Film: At: http://www.britishpathe.com/record.php?id=30944
- Act on National Flag and Anthem (Japan). At: http://en.wikipedia.org/wiki/Act_on_National_Flag_and_Anthem_(Japan)
- Alton, David: "Korea's Legacy back in the Spotlight". - Catholic Exchange. Turning Faith into Action. September 2nd, 2009. At: http://catholicexchange.com/2009/09/02/121553/
- Amtsbezirk Weihendorf. At: http://www.territorial.de/obschles/ratibor/weihendf.htm
- An American in China: 1936-39. A Memoir. At: http://www.willysthomas.net/MukdenChina.htm
- Archbishop Gustave-Charles-Marie Mutel, M.E.P. †. At: http://www.catholic-hierarchy.org/bishop/bmutel.html
- Archbishop Paul Marie Kinam Ro †. At: http://www.catholic-hierarchy.org/bishop/bro.html
- Archbishop Pierre-Marie Osouf, M.E.P. †. At: http://www.catholic-hierarchy.org/bishop/bosouf.html
- Armistice Day. At: http://en.wikipedia.org/wiki/Armistice_Day
- Baden. At: http://en.wikipedia.org/wiki/Baden
- Belfort. At: http://en.wikipedia.org/wiki/Belfort
- Bernried am Starnberger See. At: http://de.wikipedia.org/wiki/Bernried_am_

Starnberger_See

- Biography of George Blake. At: http://www.nationalcoldwarexhibition.org/explore/biography.cfm?name=Blake,%20George
- Bishop Adrien-Jean Larribeau. At: http://www.gcatholic.com/dioceses/diocese/taej0.htm#8751
- Bishop Andrien-Jean Larribeau, M.E.P. †. At: http://www.catholic-hierarchy.org/bishop/blarri.html
- Bräsel, Sylvia: "Johann Bolljahn (1862-1928): Begründer des Deutschunterrichts in Korea - zur interkulturellen Karriere eines pommerschen Lehrers in Ostasien." - Deutsch-Koreanische Gesellschaft e.V. At: http://korea-dkg.de/story/johann-bolljahn-1862-1928-begr%C3%BCnder-des-deutschunterrichts-korea-%E2%80%93-zur-interkulturellen-karrie
- Breslau. At: http://www.jewishvirtuallibrary.org/jsource/judaica/ejud_0002_0004_0_03508.html
- Busan. At: http://en.wikipedia.org/wiki/Busan
- Carl von Waeber. At: http://de.wikipedia.org/wiki/Carl_von_Waeber
- "Cease-Fire: Sunday in Kaesong". In: Time, Monday, Jul. 16, 1951. At: http://www.time.com/time/magazine/article/0,9171,889073,00.html
- Charles de Gaulle. At: http://en.wikipedia.org/wiki/Charles_de_Gaulle
- Columban Martyrs. At: Columban Fathers, Missionary Society of St. Columban: At: http://columban.org/5824/general-information/e-newsletter/columban-maryters/
- Concessions in Tianjin. At: http://en.wikipedia.org/wiki/Concessions_in_Tianjin
- Congregation of the Mission. At: http://en.wikipedia.org/wiki/Congregation_of_the_Mission
- Cruising the Past. At: http://cruiselinehistory.com/?p=3895
- Das Genealogische Orts-Verzeichnis: Sudoll, Trachkirch, Sudol, Raciborz-Sudol. At: http://trove.nla.gov.au/ndp/del/article/18509607?searchTerm=Salvation+Army+Internees
- De Gaulle, Charles AndréJoseph Marie (1890-1970). At: http://encyclopedia.farlex.com/de+Gaulle,+Charles+Andr%C3%A9+Joseph+Marie
- Die Märtyrer von Teokwon. At: http://www.missionsbenediktiner.de/seligsprechung/cms/kategorie/index.php?kategorieid=59&parentid=59

418

- Eckert, Franz. At: Rathay-Biographien: http://www.rathay-biographien.de/persoenlichkeiten-/E—/Eckert_Franz/eckert_franz.htm
- Emperor Gojong and Prince Imperial Yi Wang. At: http://asianhistory.about.com/od/southkorea/ig/Korea-s-Imperial-Family/Emperor-Gojong—Prince-YiWang.htm
- Emperor Gojong of the Korean Empire. At: http://en.wikipedia.org/wiki/Emperor_Gojong_of_the_Korean_Empire
- Emperor Meiji. At: http://www.hyperhistory.net/apwh/bios/b3meiji.htm
- Emperor Meiji. At: http://en.wikipedia.org/wiki/Emperor_Meiji
- Emperor Sunjong of Korea. At: http://asianhistory.about.com/od/southkorea/ig/Korea-s-Imperial-Family/Emperor-Sunjong.htm
- Emperor Sunjong of the Korean Empire. At: http://en.wikipedia.org/wiki/Emperor_Sunjong_of_the_Korean_Empire
- Empress Dowager Eishō. At: http://en.wikipedia.org/wiki/Empress_Eish%C5%8D
- Empress Myeongseong. At: http://en.wikipedia.org/wiki/Empress_Myeongseong
- Empress Myeongseong aka Queen Min of Korea. At: http://todayshottopic.com/2007/12/13/empress-myeongseong-aka-queen-min-of-korea/
- Estabrook, Shorty: The Tiger Survivors Story — Capture and Beyond. At: http://24thida.com/stories_by_members/estabrook_tiger_survivors.html
- Father Emil J. Kapaun. At: http://www.frkapaun.org/frkapaunbooklet.html
- Foreign concessions at Tianjin (Tientsin). At: http://ozebook.com/wordpress/archives/7996
- Former Liberal senator Philippe Gigantes dies. - CBS News, Friday, December 10th, 2004. At: http://www.cbc.ca/canada/story/2004/12/09/gigantes041209.html
- Franz Eckert: At: http://en.wikipedia.org/wiki/Franz_Eckert, and: - http://de.wikipedia.org/wiki/Franz_Eckert
- Franz Eckert: - http://www.um.nowaruda.pl/index.php?option=com_content&view=article&id=705&Itemid=131
- French military mission to Japan (1872-1880). At: http://en.wikipedia.org/wiki/French_military_mission_to_Japan_(1872%E2%80%931880)
- George Blake. At: http://en.wikipedia.org/wiki/George_Blake

- Gagaku. At: http://en.wikipedia.org/wiki/Gagaku
- Gisaeng (기생). At: http://sc2220.wetpaint.com/page/Gisaeng+(%EA%B8%B0%EC%83%9D)
- Gyeongin Line. At: http://en.wikipedia.org/wiki/Gyeongin_Line
- Hagiography Circle. An online resource on contemporary hagiography. - North Korea. At: http://newsaints.faithweb.com/new_martyrs/North%20Korea.htm
- Hamburg-Amerikanische Packetfahrt Actien-Gesellschaft (HAPAG). At: The Ships List. http://www.theshipslist.com/ships/lines/hamburg.html
- Hashimoto, Wakayama. At: http://en.wikipedia.org/wiki/Hashimoto,_Wakayama
- Hibachi. At: http://en.wikipedia.org/wiki/Hibachi
- Hiromori Hayashi. At: http://en.wikipedia.org/wiki/Hiromori_Hayashi
- History of Myeong Dong Cathedral. At: http://www.mdsd.or.kr/pilgrim/eng/default.htm
- How Could A War Be Forgotten? - The Korean War. At: http://www.squidoo.com/koreanwar
- How Sister Mary Clare, of Korea, Was Laid to Rest. Pious Action of Roman Catholic Sisters. "Her Bitter Cavalry". - From 'The Church Times (UK)', 15th April, 1954: At: http://www.illyria.com/irish/irish_clare.html
- Huffman, James: The Meiji Restoration Era, 1868-1889. - http://aboutjapan.japansociety.org/content.cfm/the_meiji_restoration_era_1868-1889.
- Ikeda, Tamio: "Collectionner les estampes Japonaises?". In: Bulletin de l' Association Franco - Japonaise (AFJ), 25 Ans, no. 103, Paris, Hiver 2009/2010. At: http://www.tanakaya.fr/article_bafj.htm
- Imperial Japanese Army Academy. At: http://en.wikipedia.org/wiki/Imperial_Japanese_Army_Academy
- Imperial Japanese Navy. At: http://en.wikipedia.org/wiki/Imperial_Japanese_Navy
- Incheon. At: http://en.wikipedia.org/wiki/Incheon
- International School of the Sacred Heart. At: http://en.wikipedia.org/wiki/International_School_of_the_Sacred_Heart
- Interned British Civilians, North Korea (Repatriation). House of Commons debates, 2nd April 1953. At: http://www.theyworkforyou.com/debates/?id=1953-04-

02a.1372.4

- Ireland's links with Korea: Embassy of Ireland, South Korea: At: http://www. dfa.ie/home/index.aspx?id=82913
- Itō Hirobumi. At: http://en.wikipedia.org/wiki/It%C5%8D_Hirobumi
- Itō Hirobumi. At: http://www.nndb.com/people/516/000097225
- Japan during World War I. At: http://en.wikipedia.org/wiki/Japan_during_World_War_I
- Japan: "君が代"- "Kimigayo". At: nationalanthems.info: http://www. nationalanthems.info/jp.htm.
- Japanreference: Ito Hirobumi: http://www.jref.com/articles/ito-hirobumi.35/
- Jean-Marie Thiébaud: La première école française publique àSéoul. At: http:// www.editions-harmattan.fr/auteurs/article_pop.asp?no=2812&no_artiste=5768
- John William Fenton. At: http://en.wikipedia.org/wiki/John_William_Fenton
- John William Fenton. At: http://www.enotes.com/topic/John_William_Fenton#Bandmaster_in_Japan
- Johnnie Johnson's List - Civilian Deaths. At: http://www.koreanwar.org/tiger/civilian1.htm
- Joyce, Colin and Julian Ryall: "British soldier who wrote Japanese national anthem honoured". In: The Telegraph, 14 Oct. 2008. At: http://www.telegraph. co.uk/news/3192637/British-soldier-who-wrote-Japanese-national-anthem-honoured.html
- Kaiser-Wilhelm-Gedächtnis-Kirche 1954. At: http://de.wikipedia.org/wiki/ Kaiser-Wilhelm-Ged%C3%A4chtniskirche
- Karl Ivanovich Weber. At: http://en.wikipedia.org/wiki/Karl_Ivanovich_Weber
- Keijō Imperial University. At: http://en.wikipedia.org/wiki/Keij%C5%8D_Imperial_University
- Keijo Imperial University Multimedia Information. At: http://www. globalarchitectsguide.com/library/Keijo-Imperial-University.php
- Kim Hyung-eun: "An old house for a new neighbor."In: JoongAng Ilbo, July 12, 2009. At: http://article.joinsmsn.com/news/article/article.asp?Total_ID=3683891
- Kim Hyung-eun: "Cornerstone of relations with France."In: JoongAng Daily, August 03, 2009. At: http://joongangdaily.joins.com/article/view. asp?aid=2908235

- Kimigayo. At: http://en.wikipedia.org/wiki/Kimigayo
- Kisaeng. At: http://en.wikipedia.org/wiki/Kisaeng
- Kokin Wakashū. At: http://en.wikipedia.org/wiki/Kokin_Wakash%C5%AB
- Koehler, Robert: Korea's Catholic Churches: Gupodong Catholic Church. April 21, 2007. At: http://www.rjkoehler.com/2007/04/21/koreas-catholic-churches-gupodong-catholic-church/
- Koehler, Robert: Myeongdong Cathedral. At: http://www.rjkoehler.com/2007/07/30/myeongdong-cathedral/Wikipedia:
- Kommandant des französischen Sektors von Berlin. At: http://de.wikipedia.org/wiki/Kommandant_des_franz%C3%B6sischen_Sektors_von_Berlin
- Komponistenporträt: Franz Eckert. At: Hessischer Musikverband e. V.: http://www.hessischer-musikverband.de/index.php?id=126
- Korea Electric Power Corporation. At: http://www.answers.com/topic/korea-electric-power-corporation-adr
- Korea Electric Power Corporation (Kepco). At: http://www.fundinguniverse.com/company-histories/Korea-Electric-Power-Corporation-Kepco-Company-History.html
- Korea Related Newspapers-Alphabetical List. At: http://www.hawaii.edu/asiaref/korea/korea.files/news.pdf
- Korean War. At: http://en.wikipedia.org/wiki/Korean_War
- Korean War Educator: Missing in Action/Prisoners of War. At: http://www.koreanwar-educator.org/topics/pow_mia/index.htm
- Korean War Project - Dallas - Texas. Camp 7, POW Camp Pyoktong. At: http://www.koreanwar.org/html/units/pow/camp7.htm
- Korean War 60th Anniversary. At: http://koreanwar.defense.gov/
- Kriemhild. At: The Statue of Liberty - Ellis Island Foundation, Inc.: http://www.ellisisland.org/shipping/Formatship.asp?shipid=3658
- Lankov, Andrei: "(487) Room 201". In: The Korea Times, Opinion, 01-24-2008. At: http://www.koreatimes.co.kr/www/news/opinon/2011/02/165_17865.html
- "Lazarites, Lazarists, or Lazarians". In: 9th Edition of Encyclopedia Britannica - free ninth edition online encyclopedia Britannica, Volume 14 [KAO - LON]. At: http://www.libraryindex.com/encyclopedia/pages/cpxlawcise/lazarites-lazarists-lazarians-paris.html

- Lee Beom-seok (Prime Minister). At: http://en.wikipedia.org/wiki/Lee_Beom-seok_(Prime_Minister)
- Life in a Korean Prisoner of War Camp. At: http://www.britains-smallwars.com/korea/pow.html
- Liste der Gouverneure von Tokio. At: http://de.wikipedia.org/wiki/Liste_der_Gouverneure_von_Tokio
- Lucas, Norman: "Ein Showman a la James Bond. Die Geschichte des aus London geflüchteten Sowjet-Spions George Blake". In: Der Spiegel, 31 Oct. 1966. At: http://www.spiegel.de/spiegel/print/d-46414947.html
- Luther Whiting Mason. At: http://en.wikipedia.org/wiki/Luther_Whiting_Mason
- Manazan, Sister Mary John, OSB: "In the Service of Love". Lives of Some Missionary Benedictine Sisters of Tutzing. Rome, Italy, September 1985. At: http://www.osb-tutzing.it/en/IN_THE_SERVICE_OF_LOVE_by_Sr_Mary_John.pdf
- Marist Brothers. At: http://en.wikipedia.org/wiki/Marist_Brothers
- Maryknoll missionary follows in steps of missionary bishop in North Korea. - CNA, Catholic News Agency. At: http://www.catholicnewsagency.com/news/maryknoll_missionary_follows_in_steps_of_missionary_bishop_in_north_korea/
- Mass murder of US POWs in the Korean War. By Hugo S. Cunningham, 2008: At: http://www.cyberussr.com/hcunn/e-asia/korea-pow.html
- Meiji. At: http://www.britannica.com/EBchecked/topic/373294/Meiji
- Meiji Restauration. At: http://de.wikipedia.org/wiki/Meiji-Restauration
- Meiji Restoration. At: http://en.wikipedia.org/wiki/Meiji_Restoration
- Metropolitan Archdiocese of Tōkyō東京, Japan. At: http://www.gcatholic.com/dioceses/diocese/toky0.htm
- Militärmusik. At: http://de.wikipedia.org/wiki/Milit%C3%A4rmusik
- Missing in Action/Prisoners of War. Civilian POWs. At: http://www.koreanwar-educator.org/topics/pow_mia/index.htm
- Missions Étrangères de Paris. Animation Culturelle et Pastorale: 1907-1953: de l'occupation àla partition. At: http://animation.mepasie.org/rubriques/gauche/salle-des-martyrs/mission-xviie-xxe/coree/coree-1907-1953-de-loccupation-a-la-partition
- Missions Étrangères de Paris. Les MEP au service des églises d'Asie et de l'océan Idien: La Corée. Naissance de l'Église en Corée. At: http://www.mepasie.org/

rubriques/haut/pays-de-mission/la-coree

- Mount Myōgi. At: http://en.wikipedia.org/wiki/Mount_My%C5%8Dgi
- Music Education in Japan, 1868-1944. At: http://www.u-gakugei. ac.jp/~takeshik/mused1868j.html
- Myeongdong Cathedral. At: http://en.org/wiki/Myeongdong_Cathedral
- Neff, Robert: "First gentlemen's club in Seoul established in 1889". In: The Korea Times, 20 Oct. 2010. At: http://www.koreatimes.co.kr/www/news/ nation/2011/01/117_74910.html
- Nikkō 日光. At: http://www.wa-pedia.com/japan-guide/nikko_toshogu.shtml
- Nikkō, Tochigi. At: http://en.wikipedia.org/wiki/Nikk%C5%8D,_Tochigi
- Nippon Yusen. At: http://en.wikipedia.org/wiki/Nippon_Yusen
- Notre-Dame de la Garde. At: http://en.wikipedia.org/wiki/Notre-Dame_de_la_ Garde
- Notre-Dame de la Garde. At: http://www.marseille-tourisme.com/en/in- marseille/what-to-do/city-of-art/notre-dame-de-la-garde/
- Nowa Ruda. At: http://en.wikipedia.org/wiki/Nowa_Ruda
- Neurode - Nowa Ruda wczoraj i dziś. Neurode - gestern und heute. At: http:// www.neurode.private.pl/foto1.htm
- OAG, Deutsche Gesellschaft für Natur- und Völkerkunde Ostasiens. At: http:// www.oag.jp/
- Olesky, Dagmara: "Franz Eckert". In: Urząd Miejski w Nowej Rudzie, 09 Kwiecień (April) 2008. At: http://www.um.nowaruda.pl/index.php?option=com_ content&view=article&id=359&Itemid=81
- Operation Big and Little Switch. At: http://www.state.nj.us/military//korea/ factsheets/opswitch.html
- Operation Big Switch. At: http://en.wikipedia.org/wiki/Operation_Big_Switch
- Ōyama Iwao. At: http://en.wikipedia.org/wiki/%C5%8Cyama_Iwao
- O-yatoi gaikokujin. At: http://de.wikipedia.org/wiki/O-yatoi_gaikokujin
- Pacific Wrecks - Tientsin. At: http://www.pacificwrecks.com/provinces/china_ tientsin.html
- Panmunjom: At: http://en.wikipedia.org/wiki/Panmunjom
- Philippe Gigantès. At: http://en.wikipedia.org/wiki/Philippe_Gigant%C3%A8s
- Pierre Marie Osouf. At: http://www.wikimanche.fr/Pierre_Marie_Osouf

- Portland, Oregon. At: http://en.wikipedia.org/wiki/Portland,_Oregon
- Power, Guy: A Brief History of Toyama Ryu. At: http://www.smaa-hq.com/articles.php?articleid=14
- President Charles AndréJoseph Marie de Gaulle (1890-1970). At: http://www.maritimequest.com/warship_directory/france/aircraft_carriers/charles_de_gaulle_r91/fs_charles_de_gaulle_general_de_gaulle.htm
- Pyeongyang. At: http://en.wikipedia.org/wiki/Pyongyang
- Ratibor. At: http://www.die-ratiborer.de/de/ratibor.php
- RCA. At: http://en.wikipedia.org/wiki/RCA
- Red bean soup. At: http://en.wikipedia.org/wiki/Red_bean_soup
- "Religion: Strike the Shepherd". In: Time, in Partnership with CNN, Monday, Nov. 10th, 1952. At: http://www.time.com/time/magazine/article/0,9171,817234,00.html
- Remembering the Tiger Death March. At: http://www.npr.org/templates/story/story.php?storyId=16126825
- Remembrance Day. At: http://www.cultureandrecreation.gov.au/articles/remembrance/
- Rickshaw. At: http://en.wikipedia.org/wiki/Rickshaw
- Royal Lincolnshire Regiment. At: http://en.wikipedia.org/wiki/Royal_Lincolnshire_Regiment
- Ryne, Eileen: "Called to Korea Never to Return". In: The Baltimore Sun, Article Collections, June 11th, 2000. At: http://articles.baltimoresun.com/2000-06-11/news/0006100007_1_forgotten-war-korean-war-north-korean
- Saint Maur International School, Yokohama. At: http://www.stmaur.ac.jp/
- Sanderson Back: China at War 1937-1949. At: http://www.san.beck.org/21-5-ChinaatWar1937-49.html
- Seishin Joshi Gakuin. At: http://www.tky-sacred-heart.ed.jp/index.html
- Seoul Anglican Cathedral English Mission: At: http://en.wikipedia.org/wiki/Seoul_Anglican_Cathedral_English_Mission
- Shenyang. At: http://en.wikipedia.org/wiki/Shenyang
- Shimonoseki, Yamaguchi. At: http://en.wikipedia.org/wiki/Shimonoseki,_Yamaguchi
- Short Biography General Charles de Gaulle. At: http://www.biographyonline.

net/politicians/charles_de_gaulle.html
- Sisters of Charity of St. Paul. At: http://en.wikipedia.org/wiki/Sisters_of_Charity_of_St._Paul
- SS Europa (1928). At: http://en.wikipedia.org/wiki/SS_Europa_(1928)
- St. Benedict's Abbey Seoul. At: http://www.inkamana.org/ohio/seoul.htm
- Sunjong of the Korean Empire. At: http://en.wikipedia.org/wiki/Sunjong_of_the_Korean_Empire
- Szczepanski, Kallie: Timeline of the Korean War. America's Forgotten War. At: http://asianhistory.about.com/od/warsinasia/tp/Korean-War-Timeline.htm
- Takeshi Kensho: Music Education in Japan, 1868-1944. At: http://www.u-gakugei.ac.jp/~takeshik/mused1868j.html
- Tanabe, Wakayama. At: http://en.wikipedia.org/wiki/Tanabe,_Wakayama
- "The Centennial of Korea - U.S.A. Relations: A Retrospect". - Paper for Korea-U.S. Centennial Program, sponsored by Tong A. Ilbo, Seoul, May 1982. At: http://www.dwnam.pe.kr/201centi.html
- The International School of the Sacred Heart History. At: http://www.issh.ac.jp/index.php?sc=0205&mode=folder
- The Marist Brothers. At: http://www.maristbr.com/
- "The U.K.-Korean Relationship Since the 17th Century". In: Diplomacy, International Magazine: At: http://www.diplomacykorea.com/magazine/sub.asp?pub_cd=200606&c_cd=52&srno=388
- Tianjin. At: http://www.newworldencyclopedia.org/entry/Tianjin
- Tigersurvivors Story. Capture and Beyond. At: http://tigersurvivors.org/tigersurvivorsstory.html
- Tokyo University of the Arts. At: http://en.wikipedia.org/wiki/Tokyo_University_of_the_Arts
- Toyama-ryū. At: http://en.wikipedia.org/wiki/Toyama-ry%C5%AB
- Toyama-ryu, the way of the military sword. At: http://www.japaneseswordsmanship.com.au/TOYAMA.html
- Tsukiji. At: http://en.wikipedia.org/wiki/Tsukiji
- Tutzing. At: http://de.wikipedia.org/wiki/Tutzing
- UK-Korean Relations. - British Embassy Seoul. At: http://ukinrok.fco.gov.uk/en/about-us/working-with-korea/bilateral-relations/

- US POWs in Korea - Johnson's List. At: http://www.koreanwarpowmia.net/Reports/Tiger.htm
- Victimes Civiles de la Guerre de Corée. Liste des Civils Français 'Tiger Survivors' - Biographies. At: http://france-coree.pagesperso-orange.fr/eurokorvet/france/prison_civils_fr.htm
- Victor Emile Marie Joseph Collin de Plancy. At: http://en.wikipedia.org/wiki/Victor_Emile_Marie_Joseph_Collin_de_Plancy
- Vnukovo International Airport. At: http://en.wikipedia.org/wiki/Vnukovo_International_Airport
- Vnukovo International Airport Expansion Project, Russia. At: http://www.airport-technology.com/projects/vnukovoexpansion/
- Western classical music in Japan was born here. At: http://taito-culture.jp/history/sogakudo/english/sogakudo_e_01.html
- What is Armistice Day? At: http://www.wisegeek.com/what-is-armistice-day.htm
- Winston Churchill. At: http://en.wikipedia.org/wiki/Winston_Churchill
- Wrocław. At: http://en.wikipedia.org/wiki/Wroc%C5%82aw
- Yokosuka, Kanagawa. At: http://en.wikipedia.org/wiki/Yokosuka,_Kanagawa

## 한국 사이트

- 各国驻华使节 (依国别区分): http://www.5doc.com/doc/682719
- 개화의 문을 열어준 「대한제국애국가」. 1902년 9월 7일 프란츠 에케르트 작곡 국가 최초 연주: http://www.hynews.ac.kr/news/articleView.html?idxno=5542
- 경인선: https://ko.wikipedia.org/wiki/경인선
- [그때 오늘]. 독일인 음악가 에케르트, 대한제국 군악대장 되다: http://article.joinsmsn.com/news/article/article.asp?total_id=4017845
- 나운영: 한국 양악 100년사 (1): http://www.launyung.co.kr/technote6/board.php?board=write05&command=body&no=20
- 남궁요열: http://ko.wikipedia.org/wiki/%EB%82%A8%EA%B6%81%EC%9A%94%EC%97%B4
- 대구수녀원에 생존했던 Franz Eckert의 외손녀, Sr. Immaculata Martel: http://

online4kim.net/xe/17655
- 대한제국 고종: https://ko.wikipedia.org/wiki/대한제국_고종
- 대한제국 순종: https://ko.wikipedia.org/wiki/대한제국_순종
- 대한제국 애국가: http://blog.naver.com/PostView.nhn?blogId=micro21c&logNo
  =20004049986&redirect=Dlog&widgetTypeCall=true
- 大韓帝國 愛國歌와 君が代 (기미가요): http://badoc.egloos.com/1042702
- 대한적십자사: http://ko.wikipedia.org/wiki/%EB%8C%80%ED%95%9C%EC%A0
  %81%EC%8B%AD%EC%9E%90%EC%82%AC
- 명성황후: https://ko.wikipedia.org/wiki/명성황후
- 뮈텔, Mutel, Gustave Charles Marie. - 가톨릭백과사전: http://www.sacerdos.net/
  sacerdosbbs/board.php?board=catholicdiction&page=258&sort=hit&command
  =body&no=1365
- 백우용(白禹鏞): http://culturedic.daum.net/dictionary_content.asp?Dictionary_Id
  =10029438&mode=title&query=%3Cb%3E%B9%E9%BF%EC%BF%EB%3C%2Fb
  %3E&dircode=0
- 백우용(白禹鏞): http://koreandb.nate.com/history/people/detail?sn=6394
- 백우용(白禹鏞) - 백과사전: http://people.aks.ac.kr/front/tabCon/ppl/pplView.
  aks?pplId=PPL_7HIL_A1883_1_0005074
- 백충빈: 나의 할아버지는 우리나라 최초의 군악대장이셨다: http://seoul13.or.kr/
  freeboard/161700
- 삼청동천: http://ko.wikipedia.org/wiki/%EC%82%BC%EC%B2%AD%EB%8F%9
  9%EC%B2%9C
- "상제는 우리나라를 도우소서···."대한제국의 잊혀진 애국가: http://www.
  royalcity.or.kr/sboard/board_type.asp?board_code=2&mode_tb=A13board_
  com&code=&comm_ad=&type_code=A13&num=83
- 서울시, 중학천 복개 사업 본격 추진: http://www.latimes.kr/news/articleView.
  html?idxno=3535
- 순명효황후(純明孝皇后) 민씨의 묘지문: http://blog.naver.com/PostView.nhn?blogI
  d=mrp0828&logNo=90087548397
- 신음악의 아버지 "프란츠 에케르트": http://trumpeter.co.kr/bbs/zboard.php?id
  =membertalk&page=513&sn1=&divpage=4&sn=off&ss=on&sc=on&select_
  arrange=name&desc=asc&no=13522
- 애국가의 역사. At: http://blog.daum.net/lovekbb2/4437522

- 애국가(愛國歌)의 역사: http://www.korearoot.net/korea/%EC%95%A0%EA%B5%AD%EA%B0%80/%EC%95%A0%EA%B5%AD%EA%B0%80%EC%97%AD%EC%82%AC.htm
- 애국가의 하느님과 태극기의 유래: http://www.daehansinbo.com/news/article.html?no=7348
- 에밀 마르텔(Emile Martel: 1874-1949): http://jungdong.culturecontent.com/main/view.asp?seq=cp0710a00226
- 에케르트: http://blog.naver.com/PostView.nhn?blogId=twinmemory&logNo=20120706583&viewDate=&currentPage=1&listtype=0
- 에케르트 군악대의 악기편성: http://culturedic.daum.net/dictionary_content.asp?Dictionary_Id=10029796&query=%BF%A1%C4%C9%B8%A3%C6%AE+%B1%BA%BE%C7%B4%EB%C0%C7+%BE%C7%B1%E2%C6%ED%BC%BA
- 에케르트와 그의 음악활동: http://culturedic.daum.net/dictionary_content.asp?Dictionary_Id=10029819&mode=all&query=%BF%A1%C4%C9%B8%A3%C6%AE%BF%CD+%B1%D7%C0%C7+%C0%BD%BE%C7%C8%B0%B5%BF&dircode=0
- 역사스페셜 9월 22일(목) 82회 다시 보기: - "우리 나라 최초의 국가는 금지곡이었다": http://www.feeling7.com/board/view.html?idx=3851&start=21&smode=&keyword=&scm=rdate&scv=desc
- 외교통상부 (MOFAT, Ministry of Foreign Affairs and Trade): 공관약사. At: http://fra.mofat.go.kr/kor/eu/fra/legation/history/index.jsp
- 이범석(1900년): http://ko.wikipedia.org/wiki/%EC%9D%B4%EB%B2%94%EC%84%9D_(1900%EB%85%84)
- 전규홍 제헌국회 초대 사무총장 별세. The Kyunghyang Shinmun: http://news.khan.co.kr/section/khan_art_view.html?mode=view&artid=200106011816171&code=100402
- 정동백과사전: 에밀 마르텔 (Emil Martel: 1874-1949): http://jungdong.culturecontent.com/main/view.asp?seq=cp0710a00226
- 제국의 황혼 '100년전 우리는' [216] - 대한제국의 군악대 교사 '에케르트': http://issue.chosun.com/site/data/html_dir/2010/07/14/2010071400605.html
- 종로도서관: http://ko.wikipedia.org/wiki/%EC%A2%85%EB%A1%9C%EB%8F%84%EC%84%9C%EA%B4%80
- 중학천 문화재 '덮어버린' 서울시: http://news.khan.co.kr/kh_news/khan_art_view.

html?artid=200912021744375&code=960201

- 최초의 國歌 하와이版 발견: http://news.naver.com/main/read.nhn?mode=LSD& mid=sec&sid1=103&oid=032&aid=0000079590
- 최필선: "한국 가톨릭 樂隊 연구(1890~1945년)", 부산교회사연구소 Busan Research Institut for Church History, 사보21, 2002년 2월 19일 화요일: http://history.catb. kr/new_sabo/edu_view.asp?h_id=201
- 탄생한지 7년만에 금지곡이 되어버린 노래, 대한제국 애국가: http://mpva.tistory. com/tag/%EC%97%90%EC%BC%80%EB%A5%B4%ED%8A%B8
- 평양직할시: http://ko.wikipedia.org/wiki/%ED%8F%89%EC%96%91%EC%A7% 81%ED%95%A0%EC%8B%9C
- 프란츠 에케르트 (Franz Eckert, 1852~1916) 독일 선교사: http://kcm.kr/dic_view.php? nid=22439&page=1&kword=&key=
- 프란츠 에케르트 묘소 – 대한제국 애국가 작곡가. At: http://cafe986.daum.net/_ c21_/bbs_search_read?grpid=bqz2&fldid=4gZo&contentval=00078zzzzzzzzzzzzzz zzzzzzzzzzzzz&nenc=&fenc=&q=1928&nil_profile=cafetop&nil_menu=sch_updw
- 한국근대의 음악원형 – 악대의 근대전개: https://www.culturecontent.com/ content/contentView.do?search_div=CP_THE&search_div_id=CP_THE008&cp_ code=cp0443&index_id=cp04430091&content_id=cp044300910001&print=Y
- [한국사 바로보기] 14. 태극기·애국가의 왜곡된 상징성: http://news.naver.com/main/ read.nhn?mode=LSD&mid=sec&sid1=103&oid=032&aid=0000080448
- 한국의 근대 서양음악 도입사와 대한 제국의 국가 by Franz Eckert: http:// online4kim.net/xe/16282
- 한국전쟁: https://ko.wikipedia.org/wiki/한국_전쟁


### 일본 사이트

- 趙秉式: http://www.geocities.co.jp/SilkRoad-Desert/3914/yjj_jbs.html
- ルル_: http://kotobank.jp/word/%E3%83%AB%E3%83%AB%E3%83%BC
- 奥 好義: http://ja.wikipedia.org/wiki/%E5%A5%A5%E5%A5%BD%E7%BE%A9
- 旧東京音楽学校奏楽堂: http://www.taitocity.net/taito/sougakudou/
- 新義州青年駅: https://ja.wikipedia.org/wiki/新義州青年駅
- 君が代について－4·第二の君が代: http://www.tpnoma.com/kimi/kimigayo4.html

- 君が代: https://wikimatome.org/wiki/君が代
- 駒場博物館で音楽指導者フランツ・エッケルトの展示を見た: http://ameblo.jp/reza-randmaster/entry-12169068719.html

# 지명과 선박명 색인

432

## 선박명

# 인명색인